동아시아의 전쟁과 철도

한국철도의 정치사

이 저서는 2011년 대한민국 교육부와 한국학중앙연구원(한국학진흥사업단)의
한국학총서사업(모던코리아 학술총서)의 지원을 받아 수행된 연구임
(AKS-2011-DAE-3105)

동아시아의 전쟁과 철도

한국철도의 정치사

초판 1쇄 발행 2017년 4월 25일

지은이 | 윤상원
펴낸이 | 윤관백
펴낸곳 | ▨ 도서출판 선인

등 록 | 제5-77호(1998.11.4)
주 소 | 서울시 마포구 마포대로 4다길 4(마포동 324-1) 곳마루 B/D 1층
전 화 | 02) 718-6252 / 6257
팩 스 | 02) 718-6253
E-mail | sunin72@chol.com

정가 20,000원
ISBN 979-11-6068-088-1 94900
      979-11-6068-010-2 (세트)

· 잘못된 책은 바꿔 드립니다.
· www.suninbook.com

동아시아의 전쟁과 철도

한국철도의 정치사

윤상원 지음

도서출판 선인

19세기 유럽에서 출현한 철도는 유럽인들에게 혁명과 진보의 상징이었다. 석탄과 철이 결합된 증기시대의 화신 즉, 산업혁명의 총아였다. 개인적 주체로서 자신을 자각하기 시작한 근대인들은 철도가 이성과 합리성의 세계를 열었고 무한한 진보로 나아가는 통로라고 생각했다. 철도는 근대문명과 사상의 전령사였다. 그러나 제국주의와 침략의 대명사로서 철도가 드러낸 야누스의 얼굴을 지나쳐서는 안 된다. 철도는 식민지에서 국민경제의 형성을 왜곡하고 현지의 주체적 발전을 억압하는 최첨단 도구였다. 두 차례 세계대전 이후 제국주의적 세계질서가 재편되고 냉전체제가 붕괴된 21세기의 철도, 특히 한반도철도의 역할은 무엇일까? 우리의 연구는 이 질문으로부터 시작하였다.

과거는 미래를 비춰주는 거울이다. 우리의 미래를 비춰줄 한반도철도 100여 년의 역사는 어떠한 모습이었을까? 우리의 연구는 이 질문의 대답을 찾아가는 과정이었다. 1899년 경인철도의 부설로 시작된 한반도철도의 역사는 수탈과 개발의 식민지기와 압축성장을 이룬 1970~80년대를 거쳐 KTX로 상징되는 현재에 이르기까지 수많은 굴곡의 과정을 겪어 왔다. 한반도철도는 일본제국주의의 침략선으로 출발했지만, 해방 이후 독립국가가 수립되면서 경제성장과 문화교류, 사회통합의 수단으로 중요한 역할을 수행했다. 동시에 지역불균등을 심화시키기도 했다. 이제 한반도철도는 한반도의 지정학적 위치를 활용하여 동북아 평화공존과 번영의 핵심라인, 즉 공생발전선의 역할을 수행해야 한다.

한국학중앙연구원 한국학진흥사업단의 한국학진흥사업의 일환으로 진행된 이 연구는 한반도철도의 역사와 미래를 함축하는 개념으로 '침략의 길에서 공생발전의 길로'라는 부제를 달고 시작했다. 역사지리, 정치, 사회, 문화, 경제 등 다섯 범주로 나누어 3년간의 연구와 2년간의 정리, 저술 작업을 거쳐 『한국 철도의 역사와 문화 총서』 5권을 발간하게 되었다. 각 권별로 독립적인 체제를 갖추고 기존 연구를 넘어서는 새로운 시각을 제시하고자 했다. 아울러 총서로서 통일성을 갖추기 위해 나름대로 노력했다. 그러나 여전히 아쉬움이 남는다. 혹시 있을지 모를 내용상 오류와 시각의 불명확함은 오로지 필자들의 책임이라는 말로 총서 발간의 무거움과 두려움을 표한다.

한반도철도의 역할은 단순한 교통수단에 그치는 것이 아니다. 한국 근현대 100년의 시간 동안 정치, 경제, 사회, 문화 각 영역에서 소통의 아이콘으로 변화·발전을 모색하고 있다. 이런 이유로 미래의 한반도철도는 동북아 공생발전망의 핵심으로 발전하여야 한다. 한반도철도의 역사와 문화를 다룬 본 총서가 향후 한반도의 통일과 경제발전 그리고 동북아 평화의 정책적 비전을 제시하는 데 조그마한 도움이라도 되었으면 하는 바람이다.

한반도철도의 역사와 문화를 연구하고 본 총서를 발간할 수 있도록 지원해 준 한국학중앙연구원 한국학진흥사업단에 감사의 말씀을 드린다. 앞으로도 근현대 한국 사회를 들여다볼 수 있는 연구에 대한 지속적인 지원이 한국에서 인문학을 육성하는 데 기여하리라고 기대한다. 또한 어려운 출판

환경에서도 쾌히 본 총서의 발간을 맡아주신 도서출판 선인에게도 심심한 감사의 뜻을 표한다.

2016년 11월
한국 철도의 역사와 문화 총서 연구책임자 정태헌 외 필자 일동

01

동아시아 철도의 세계화

시베리아횡단철도

1) 시베리아를 횡단하여 철도를 건설하라

세계에서 가장 긴 대륙횡단철도

시베리아횡단철도(TSR: Trans-Siberian Railway, Транссибирская магистраль)가 있다. 유럽의 모스크바와 극동의 블라디보스토크를 잇는 세계에서 가장 긴 대륙횡단철도이다. 이 철도의 종착역인 블라디보스토크역에는 철도의 길이를 나타내는 9,288km라고 쓰인 이정표가 세워져 있다. 현재 러시아의 특급열차 "러시아"호는 블라디보스토크역을 출발하여 6박 7일을 달려 모스크바의 야로슬라블역에 도착할 때까지 총 60여 개의 역에서 정차한다. 이 철도는 아시아대륙 동쪽의 끝 블라디보스토크에서 출발해 하바롭스크를 지나 동부 시베리아의 도시인 치타와 울란우데를 거쳐 바이칼 호를 남으로 끼고 이르쿠츠크, 노보시비르스크, 옴스크, 예카테린부르크를 거쳐 우랄산맥을 넘어 모스크바, 그리고 길게는 상트-페테르부르크, 그리고 핀란드의 헬싱키까지를 이어준다. 항공기가 등장하기 전에는 일본과 유럽을 잇는 연락운송에서 가장 빠른 교통수단이었다.

▲ 블라디보스토크역의 시베리아횡단열차 이정표

한편, 시베리아횡단철도에서 갈려져 나와 러시아와 중국의 서쪽 국경인 만저우리(滿洲里)를 거쳐 만주 북부지방을 동서로 관통하여 하얼빈을 지나 동쪽 국경인 수분하(綏芬河)에 이르고 나아가 우수리스크에서 시베리아횡단철도와 다시 결합하는 철도가 있다. 시베리아횡단열차의 대체노선으로 부설된 이 철도는 현재 중국에서 장춘철로(長春鐵路)로 불리고 있는데, 애초에는 동청철도 또는 중동철도(КВЖД: Китайско-Восточная железная дорога)로 불렸다.

이 동청철도의 중심도시인 하얼빈(哈爾濱)에서 갈려져 나와 남쪽으로 선양(瀋陽)을 거쳐 다롄(大連)에 이르는 노선은 동청철도 남만주지선 또는 남만주철도라고 불렸다.

이 모든 철도는 19세기 후반 제정러시아의 동아시아정책의 일환으로 부설되었다. 당시 러시아의 적극적인 동아시아정책은 만주로의 침투였다. 만주는 장차 러시아가 동아시아에서 제국으로서의 발언권을 획득할 수 있는 토대이자 중국 본토로 진출하기 위한 발판이었다. 또한 부동항을 얻기 위해 동쪽으로 진출하고 있던 러시아에게 만주는 매우 중요한 의미를 가지고 있었다. 그런 만주를 장악하기 위해 러시아는 유럽 러시아와 연해주를 연결하는 철도와 북만주를 가로지르는 철도를 건설했던 것이다.[1]

비테와 동청철도 부설권

시베리아횡단철도를 추진한 러시아의 대표적 인사는 당시 재무대신으로 차르의 신임을 얻고 있던 세르게이 유리예비치 비테(Сергей Юльевич Витте)였다. 그는 성장기부터 철도와 깊은 관련을 맺고 있었다. 지방 귀족이자 고위 관리의 아들로 태어난 비테는 1870년 국립오데사철도기구에 입학하였고, 졸업한 후에는 1877년 오데사철도 개발 책임자로 관료직에 진출했으며, 1889년 재무부 산하 철도국 책임자로 중앙 부서에 진출할 수 있었다. 승승장구의 길을 달린 비테는 1892년 2월 교통대신에, 8월에는 재무대신에 임명되었다. 비테가 재무대신에 임명될 수 있었던 배경은 당시 제정러시아의 차르였던 알렉산드르 3세의 총애를 받았기 때문이었다. 차르는 러시아의 군사적 외교정책을 반대하고, 러시아 국력을 강화할 수 있는 경제적 안정성을 중시하였다. 이러한 차르의 노선을 비테는 적극적으로 수행하였다.[2]

만주를 장악하기 위한 수단으로 러시아의 재무대신 비테가 설정한 것은 시베리아횡단철도의 공사에 보다 박차를 가하는 것 뿐 아니라, 치타에서 만주를 관통해 블라디보스토크에 이르는 동청철도의 부설이었다. 그리하여 그는 1895년 11월 11일 요동반도 반환협정이 체결된 지 3일 후 동청철도 계획을 공론화했다.

동청철도는 러시아령 치타에서 만주를 관통하여 블라디보스토크를 연결하는 총연장 800km에 달하는 시베리아철도의 만주관통구간을 지칭한다. 동청철도는 러시아와 중국 국경을 따라 건설 예정이었던 총연장 1,300km의 활모양의 아무르노선을 만주를 통과하는 800km의 직선노선으로 대치시킴으로써 경제적으로 철도부설비용의 절감뿐만 아니라 공사기간과 거리의 단축효과까지도 기대할 수 있었다. 이러한 경제적인 절감이유를 들어 비테는 시베리아철도의 일부구간을 만주에 부설할 경우 예상되는 정치적 부담과 군사전략상의 단점을 지적하는 비판도 일축할 수 있었다.[3]

비테는 이미 1895년 7월 26일자 보고서에서 그 속내를 드러내 보였다. 그는 차르가 1895년에 설립을 승인한 러청은행이 중국에서 러시아의 경제적 영향력을 강화시켜 줄 것이라면서, "시베리아횡단철도의 완공과 밀접하게 연계된 조치들을 이행하는데 러시아 정부의 매우 유용한 도구임을 입증하게 될 것"이라고 밝혔다. 이처럼 비테는 시베리아철도가 만주를 관통하는 단축노선을 채택해야 한다는 자신의 확신을 암시하였던 것이다.

하지만 비테의 만주철도계획은 많은 반대에 직면했다. 우선 외무부의 아시아국장 카프니스트는 비테의 정책과는 반대되는 축소된 철도계획을 제시했다. 그는 비테의 주장이 전략적, 정치적 고려는 무시하면서도, "앞으로 문제가 될 소지가 있는" 현 상황의 경제적 이점만을 강조하고 있다고 비판했다. 카프니스트는 철도의 경제적 개발은 러시아가 북만주의 내무행정을 통째로 인수하도록 만들 것이며, 또 그 같은 조치는 군사적 점령 없이는 불가능할 것이라는 점을 두려워하였다.[4]

카프니스트의 최소화된 계획의 이면에는, 만주 동삼성에서 중국의 인구와 이해가 불균형을 이루고 있다는 이유가 자리 잡고 있었다. 북서지방의 흑룡강성은 가장 넓은 지역이지만 인구는 가장 적으며(40만 명), 북동쪽의 길림성은 비교적 인구가 조밀하며(62만 명), 남쪽의 묵덴(심양)은 중국 이민을 대부분 수용하여 인구가 가장 많았다(472만 명). 중국에게 이 세 성 가운데 목단성은 매우 중요한 지역이지만 흑룡강성은 상대적으로 소홀히 다루는 지역이라고 카프니스트는 파악했다. 따라서 흑룡강성의 광활한 황무지를 관통하는 러시아 철도를 부설하는 것, 즉 "최소계획에 대해서는 중국이 거의 반대하지 않을 것"이

라고 주장했다.[5]

프리아무르 지역 총독인 두홉스코이 육군 중장도 1896년 1월 23일 비테에게 보낸 보고서를 통해 비테가 계획한 노선에 반대하였다. 그는 북만주 통과노선이 방어상 불가능하며, 비테의 계획은 프리아무르 지역의 자원개발 기회를 박탈할 것이라고 주장했다. 그리고 국제적 질시를 피하기 위해 최소화된 계획을 주장했다.

그러나 비테는 1896년 4월 12일 자신의 보고서에서 두홉스코이의 비판을 반박함으로써 자신의 입장을 다시 명쾌하게 정리했다. 그는 최소화된 노선도 북만주를 가로지르는 노선만큼이나 방어하기가 어려울 것이며, 동아시아의 실질적인 기지는 당연히 트랜스바이칼 지역이 되어야지 프리아무르 지역이어서는 안 된다는 것이었다. 그러나 비테의 보고서는 훨씬 더 중요한 의미가 있었다. 이것은 만주철도에 대한 비테의 광범한 정치, 경제, 전략적 계획을 최초로 솔직하고 명확하게 설명하고 있다.[6]

비테는 만주관통철도를 러시아의 동아시아 침투과정의 단지 하나의 출발점으로 생각하였다. 남쪽으로 향하는 여러 지선이 반드시 필요하게 될 것이며 그럼으로써 "곧 일련의 사건들이 뒤따를 것이었다." 철도는 만주의 수출입 무역의 대동맥이 될 것이었다.

비테는 철도의 정치적, 전략적 역할을 다음과 같이 말하고 있다. "이 철도는 러시아에게 블라디보스토크로의 병력 수송의 기회를 제공해 준다는 점에서 정치적, 전략적 중요성을 지니고 있다. 그것도 언제든지, 최단 노선으로 러시아의 병력을 서해에 연한 만주로, 그리고 중국 수도 가까이에 집중시키는데 중요한 역할을 하게 될 것이다. 위 지역에 상당 규모의 러시아 병력이 출현할 수도 있다는 가능성만으로도, 중국뿐만 아니라 동아시아 어디에서나 러시아의 국위와 영향력을 대폭 증강시켜 줄 것이다."[7]

결국 만주를 직선으로 횡단하는 노선이 받아들여졌고, 서해로 이어지는 지선은 주목적이 성취될 때까지 연기되었다. 1896년 3월 시베리아철도위원회의

총감독이자 의장인 쿨롬진이 주최한 특별위원회는 킬코프공, 두홉스코이 제독, 육군부, 해군부, 재무부, 내무부의 대표가 참석한 가운데, 시베리아횡단철도의 종착지를 안정성과 편리상 최적인 블라디보스토크로 한다는데 합의하였다.

러시아와 중국의 교섭

이제 러시아가 주장하는 동청철도를 중국이 수용하는 일만 남았다. 그래서 1896년 4월 18일에 북경주재 러시아공사 카시니는 공식적으로 만주관통철도에 대한 총리아문과의 교섭을 개시하였다. 1896년 10월 30일자 노스차이나 헤럴드에 '카시니협약'으로 알려진 '러·청특별협약' 전문이 실렸다. 결국 1896년 4월 30일 회의를 재개했지만 교섭은 실패로 끝났다.

하지만 비테는 또 다른 방법을 이미 준비하고 있었다. 그것은 중국의 실질적 지배자인 이홍장의 동의를 얻는 것이었다. 이를 위해 비테는 4월 30일 페테르부르크를 방문한 이홍장과의 교섭에 전력을 기울였다. 그는 만주관통철도의 조차권을 획득하기 위해 설득력 있는 두 가지 주장을 활용하였다. 즉 러시아와 중국 사이의 비밀방어동맹 체결과, 청일전쟁의 배상금을 위한 차관으로 이홍장에게 300만 루블을 분할로 지불하는 것이었다.[8]

결국 1896년 6월 3일 비테, 로바노프, 이홍장은 중국과 러시아 사이의 비밀동맹조약에 서명하였다. 이 동맹은 두 체결국이 동아시아에서 러시아, 중국 영토, 혹은 한국에 대해 일본이 공격할 경우 상대국을 원조한다는 사실을 규정하였다(제1조). 그리고 일본에 대한 군사작전을 전개하는 동안에는 중국의 모든 항구를 러시아전함에 개방하여야 하며(제2조), 동청철도의 궤폭은 시베리아철도와 같은 광궤로 한다고 규정했다(제3조). 이 추가 보장에 중국이 지불해야 할 대가는 다음의 4조에 담겨 있다.

위협받고 있는 지점에 러시아 지상군의 접근을 용이하게 하고 이들의 생존수단을 확보하기 위해서, 중국 정부는 블라디보스토크 방향으로 길림과 아무르강 지역의 중국 영토를 가로지르는 철도노선의 부설에 동의한다. 러시아 철도와 이 철도를 연결하는 것은, 중국 영토에 대한 어떤 침해나 중국 황제의 주권에 손상을 주기 위한 구실이 될 수는 없을 것이다. 이 철도의 부설권과 이용권은 러·청 은행에 부여한다. 이 목적을 위해 체결해야 할 계약 조항들은 페테르부르크 주재 중국 공사와 러청은행이 정식으로 논의할 것이다.[9]

제5조는 평화 시에 이 철도로 이동하는 러시아 군대는 "운송, 수송의 필요"에 따라 정당하다고 간주될 때에 한해 주둔할 권리를 가진다고 규정했다. 드디어 동청철도 부설권을 러시아가 획득했다.

이제 러시아의 주된 관심은 시베리아철도 및 동청철도와 연결되는 만주에서의 지선 부설권 획득과 부동항 확보로 모아졌다. 그런데 1898년을 전후하여 한반도를 비롯한 동북아시아의 국제정세가 변하기 시작했다. 러시아, 프랑스와 함께 삼국간섭의 일원으로 참여했던 독일은 독일인 선교사 피살사건을 구실로 자국의 함대를 통해 중국의 교주만(청도)을 1897년 11월 14일 점령하여 동아시아 국제정세의 변화의 물결을 일으켰다. 이에 러시아의 부동항 확보 계획은 탄력을 받기 시작했다.

우선, 1897년 러시아의 신임 외무대신이 된 무라비요프는 1897년 11월 23일 장문의 보고서를 차르에게 제출했다. 이 보고서는 동아시아에서의 러시아의 정치 및 해군 상황을 요약하고 러시아의 부동항 획득에 관한 상세한 기록을 담고 있다. 그는 독일이 교주만을 점령한 대가로 러시아는 부동항을 확보해야 한다고 주장했다. 주된 문제는 어디서 부동항을 취할 것인가 하는 점이었다. 그는 요동반도에서 한 항구를 획득할 것을 제의하였는데, 그동안 탐사해온 대련만이 러시아 해군의 필요에 부응한다고 생각하였다.

니콜라이 2세는 같은 날 이 보고서를 승인하며 무라비요프에게 다음과 같이 썼다. "짐은 이 보고서에서 내린 결론에 전적으로 동감하며, 이번 기회를 잃으면 안 되므로 이를 고려하여 이번 금요일 11월 26일 2시에 회의를 소집한다.

내 이름으로 이를 육군대신, 해군부 국장, 재무대신에게 통보해 주기 바란다. 짐은 장래 우리의 부동항이 요동반도나 한국해의 북동쪽 어딘가가 되어야 한다는 입장을 늘 견지해왔다."10)

11월 26일 차르가 소집한 회의에서 무라비요프는 자신의 견해를 다시 피력했다. 그러나 비테는 보상정책 성격을 지닌 부동항 확보는 1896년 6월 3일의 러청동맹의 정신을 위반하는 것이기 때문에 반대한다고 주장했다. 육군대신 반노프스키는 거의 의견을 제시하지 않았다. 해군부 국장 티르토프는 뤼순이 러시아 태평양함대의 필요를 충족시켜줄 곳으로 여기지 않았다. 오히려 한국의 항만들이 더 적합하다고 간주했으나 정치적 여건이 성숙하지 않았다고 판단했다. 따라서 당시 러시아는 어떠한 조치를 취하기보다는 2-3년 블라디보스토크를 사용하고, 한국의 항구를 획득할 기회를 찾아야 한다고 주장했다.

회의의 최종 결정은 결국 뤼순이나 다른 어떤 항구도 점령하지 말자는 것이었다. 부동항 획득의 열망이, 중국과 한국에서의 세력권과 영토쟁탈전에서 여타 열강을 자제시키려는 정책에 밀려난 것이다.

러시아의 뤼순항 점령

그러나 1897년 11월 26일과 12월 11일 사이에 니콜라이 2세와 무라비요프는 11월 26일의 특별각료회의의 결정을 뒤엎고 뤼순 점령을 결정했다. 곧바로 1897년 12월 19일에 뤼순항에 러시아 함대가 입항하였다. 한편 이홍장이 청일전쟁 배상금의 마지막 지불분인 1백만 냥의 차관을 얻기 위해 러시아에 접근하였던 1897년 12월 14일, 부동항을 획득할 수 있는 또 다른 기회가 찾아왔다. 16일에 비테는 이 차관을 다음과 같은 조건으로 지원한다는 데 동의하였다. ① 러시아만이 만주와 몽골에서의 철도부설권과 그곳의 광산 및 산업회사들의 운영권을 갖는다. ② 동청철도는 황해의 영구 동부의 한 항구까지의 지선부설권을 갖는다. ③ 러시아는 선택된 항만에 한 항구를 건설할 수 있으며 러시아기를 게양한 모든 선박이 이곳에 입항할 권리를 가진다. 그러나 이홍장은 러시아의 요구를 거부하였다. 이홍장은 러시아의 관심을 압록강 입구의 한 항구로 돌리고, 러시아가 뤼순에서 철수할 것이라는 구두 약속을 받아내려 하였다.

러시아 차관에 따른 조건들을 중국이 수용할 경우 러시아가 얻을 수 있는 이점은, 뤼순을 일시적이고도 불확실하게 점령함으로써 얻을 수 있는 이점보다도 가치가 있었다. 따라서 뤼순항 점령 2주 후, 러시아는 대중국 차관을 성사시키고 보다 영구적인 부동항 확보를 위해 철수를 준비하였다. 그러나 1898년 2월 1일 러시아 주재 중국 공사는 이홍장이 결국 러시아의 요구조건을 거부한다는 사실을 알려왔고, 비테의 계획은 실패로 돌아갔다.[11]

1898년 2월 1일 이후에는 부동항을 획득하는 것이 러시아 동아시아정책의 최우선적인 과제가 되었다. 임시 국무대신이 된 쿠로파트킨 장군은 공개적으로 뤼순항 보유를 주장하였고, 이제 비테도 반대의사를 철회했다. 비테는 뤼순에서 모두 철수하는 것보다는 동아시아에서의 목적을 자제하면서 대세에 동참하는 것이 더 나을 것이라고 생각했다.

2월 중순 특별각료회의가 개최되었다. 여기에는 해군제독 알렉산드로비치 대공, 비테, 무라비요프, 쿠로파트킨, 티르토프, 해군참모총장 아벨란 제독, 육군참모총장 사하로프 장군 등이 참여했다. 이 회의에서는 다음의 결의안이 채택되었다. ① 중립구역을 형성하기 위해 북쪽 지역, 즉 요동반도 남쪽 지역의 조차를 요구하고 ② 동청철도에서 요동반도의 한 항구까지의 철도부설권을 요구하고 ③ 그 같은 요구들을 충족시키기 위해 뤼순에 육해군 합동병력을 파견하기로 하였다.

1898년 2월 20일 무라비요프는 중국과 뤼순 조차 교섭을 재개하였다. 드디어 1898년 3월 27일에 중국과 최종적인 조차 조인이 이루어졌고, 결국 러시아는 그토록 오랫동안 염원해 왔던 부동항을 부여받았다. 이곳은 25년 동안 조차되는 것으로 양국의 동의에 따라 갱신될 수 있었다.[12]

동청철도는 북만주의 자원을 개발하고 러시아령 동아시아에 새로운 식량기지를 마련해 주었을 뿐만 아니라, 이론적으로 동청철도의 독점이 확실해짐에 따라서 러시아인이 만주의 국경지대를 확고한 방어지역으로 간주하게 만들었다. 두 번째로 해결된 문제는 뤼순과 대련만의 조차로 부동항을 확보한 것이다.

시베리아횡단철도 착공

상황이 러시아에게 유리하게 돌아가자 경봉철도를 통해 만주를 식민지로 삼으려는 꿈을 꾸던 영국도 러시아의 제국주의적 진출을 막기 위한 새로운 방안을 모색해야 했다. 그러나 영국으로선 특별히 선택할 카드가 없었다. 삼국간섭을 주도하여 중국에서 영향력을 확대해 나가고 있던 러시아는 영국의 경봉철도 건설 주임기사인 킨더의 해임을 거듭 요구하는 등의 방법으로 영국의 중국 침탈을 계속 문제 삼았기 때문이다. 영국의 수상(외상 겸직) 솔즈베리는 중국에서 영국 권익의 중심점을 양자강 유역에 두고자 했으므로, 만주 권익을 둘러싸고 러시아와 대립하기를 원치 않았다. 이러한 정세를 파악한 러시아는 북경 주재 공사 파블로프를 통해 "러시아가 길림을 거쳐 뤼순에 이르는 동청철도의 지선을 획득할 수 있다면 킨더의 경질을 요구하지 않겠다"라는 입장을 1898년 3월 18일 북경주재 영국 공사 맥도널드에게 전달했다. 이는 러시아의 동청철도 남만주지선 부설권의 획득과 영국에 의한 경봉철도 건설을 서로 인정하자는 교환제안이었던 셈이다.[13]

결국 영국은 러시아의 제안을 받아들여 1898년 4월 28일 러시아주재 영국대사 스콧(Charles Scott)과 외무대신 무라비요프가 교환 공문에 조인함으로써 영러철도협정을 체결했다. 영러철도협정의 골자는 러시아가 만주에서 철도를 건설하는 것을 영국이 승인하고, 러시아는 그 대가로 영국이 양자강 유역에서 갖는 철도권익을 승인한다는 '만양교환론'이다. 그러나 그 주안점은 협정의 부속 합의에 들어있는 경봉철도 차관 계약에 대한 수용에 있었다. 영러철도협정의 골자에 따르면, 영국은 산해관에서부터 만주까지 철도를 확장할 수 없다. 그러나 영국은 경봉철도에 대한 자국의 기득권을 러시아로부터 승인받는데 성공했다. 반면 러시아는 영국이 경봉철도 이외에 만주에서 철도권익을 획득하는 것에 반대할 근거를 얻었다.[14)]

이제 러시아는 1898년 3월 27일 맺은 조차조약으로 뤼순과 대련을 부동항으로 확보하였을 뿐만 아니라 1898년 4월 28일 영국과 영·러철도협정을 체결함으로써 만주장악 및 서해로 진출할 수 있는 모든 여건이 마련되었다. 1898년 러시아는 5월 5일에는 관동주조차조약 추가협정을 체결하였다. 그 제8조에서 러시아는 하얼빈에서부터 봉천을 거쳐 뤼순까지 이르는 동청철도 남만주지선과 두 개의 부속지선(뒤에 영구지선과 길장철도가 된다)의 부설권을 얻어냈다. 이리하여 러시아는 남만주 진출이라는 최대의 성과를 획득했다.

▲ 시베리아횡단철도와 동청철도

이상의 과정을 거쳐 1890년대 초 시베리아횡단철도 부설을 시작한 러시아는 1894년 바이칼 지역까지 철도 부설을 완공하였다. 이후 러시아는 노선을 단축하기 위해 중국의 동북지방에 철도를 놓고자 하였다. 러시아는 청과의 관계를 긴밀히 하여 삼국간섭의 대가로 요동반도를 조차하였다. 또한 청국과 대일방어동맹인 러청밀약을 성사시키면서 동청철도 부설 허가를 청국으로부터 받아냈다. 그리하여 1897년 8월에 청국과의 서쪽 접경도시인 만저우리(滿洲里)에서 시작하여 앙앙시(昂昂溪)－하얼빈(哈爾濱)을 지나 동쪽 접경도시인 동녕에 이르는 1500km의 공사가 실현되었다. 동청철도 구간은 러시아 방식의 광궤 노선으로 건설되어 1901년부터 운행을 시작하였다. 한편 동청철도 남만주지선은 하얼빈에서 시작하여 장춘(長春)－봉천(奉天)을 거쳐 대련에 이르는 950km의 노선으로, 뤼순과는 45km의 지선으로 연결되었다. 이렇게 하여 총연장 2,400km에 이르는 동청철도 전체가 운행을 개시한 것은 1903년 7월이었다.

2) 철도의 종점을 어디에 둘 것인가?: 러시아와 일본의 대립

경부철도 부설권

러시아의 동아시아로의 진출, 특히 시베리아철도를 통한 군대의 신속한 이동은 동아시아에 이해관계를 가지고 있던 여러 나라들의 위기의식을 고조시켰다. 또한 보다 직접적인 동아시아정책을 촉발시키는 계기가 되었다. 그 중에서도 가장 다급한 입장에 처해진 국가가 일본이었다. 일본은 1876년 강화도조약 체결 이후 한반도를 발판으로 하여 아시아대륙으로 진출하고자 하는 꿈을 품고 있었다. 그런데 영국이 중국의 철도 부설권을 획득하고, 러시아가 한반도 접경과 만주로의 진출을 꿈꾸고 있는 상황에서 일본은 자신들이 구상했던 정책이 실현 불가능해질지도 모른다는 인식을 하기에 이르렀다. 따라서 한반도에서의 자국의 우위권을 명확히 선언할 필요성을 느끼게 되었고, 그 출발점을 한반도에서의 철도부설권 획득으로 설정하였다.

러시아의 시베리아횡단 철도 부설이 동아시아에 미칠 영향을 처음으로 주목한 논의는 1888년 1월 육군 중장 야마가타 아리토모(山縣有朋)의 〈군사의견서〉였다. 1890년 3월, 수상이 된 야마가타는 이전의 〈군사의견서〉와 〈외교정략론〉에서 시베리아철도의 개통이 한반도에서 러시아의 영향력을 키워 동아시아 국제 정치에 변동을 불러올 원인이 될 것이라는 견해를 폈다. 그는 보다 구체적으로 1894년 1월 〈한국정책〉에서 부산에서 서울과 평양을 거쳐 의주에 이르는 한반도 종단철도 건설을 다음과 같이 제안했다.[15]

> 차제(此際)에 가장 긴급을 요하는 것은 당국 내에 철도를 시설하는 것으로서, 그 成否는 아국의 장래 주권에 크게 관련되는 것일 뿐만 아니라 바로 금회의 성적에도 비상한 감응을 갖는 것으로서, 될 수 있는 한 시급으로 착수하기를 희망하는 바입니다.[16]

> 부산 - 의주간의 도로(철도)는 동아시아 대륙으로 통하는 대도로서, 장래 지나를 횡단하여 곧바로 인도에 도달하는 철도가 될 것은 조금도 의심할 여지가 없을 뿐만 아니라, 우리나라가 패를 동양에 떨치고 오랫동안 열국 간에 웅시하기를 바란다면 이 길을 인도에 통하는 대도로 만들지 않으면 안 된다.[17]

그의 이러한 제안은 시베리아에서 만주까지 진출한 러시아 철도가 압록강을 넘어 한반도까지 연장되는 것을 막고, 한반도를 일본의 이익선 안에 두어야 한다는 그의 신념의 표현이었다.

이에 러시아가 시베리아철도 건설에 착수한 다음해인 1892년 4월 가와카미 소로쿠(川上操六) 참모차장은 서울 - 부산 구간 철도 부설을 위해 측량조사를 지시하였다. 이에 무로타는 이노우에 마사루(井上勝) 철도국장이 추천한 철도 기사 고노 아마미즈(河野天瑞)를 조선에 데려와 그해 10월에 측량을 마쳤다.

보고서에 따르면, 이 조사에서 선정된 노선은 뒤에 완공된 경부철도에 매우 근접한 것으로서 경부철도의 원형이라 할 만한 것이었다. 이것이 일본이 구상한 최초의 경부철도였다. 이로써 러·일의 철도 건설 경쟁이 시작되었다. 이 구상은 철도 부설권을 획득함으로써 해외에 그 세력범위를 확대하고 경제 권익을 확충하려는 유럽 제국주의의 원리를 일본이 실현하기 시작한 것이라는 점에서 커다란 의미가 있었다.

일본의 경부철도 부설 구상은 청일전쟁을 계기로 대조선외교의 최우선 정책으로 확립되었다. 조선정부가 일본의 철도부설권 요구에 응하지 않자 일본은 청일전쟁을 도발하기 직전인 1894년 7월 23일 군대를 동원하여 경복궁을 점령하고 조선정부의 대신들을 친일적 인사들로 교체하는 정변을 일으켰다. 그리고 일본은 서울 일원을 군사적으로 장악한 상황 하에서 친일정부를 강박하여 1894년 8월 20일 「조일잠정합동(朝日暫定合同)」을 체결하였다. 이 조약의 골자는 조선정부가 경부철도와 경인철도의 부설권을 일본에게 잠정적으로 양도한다는 것이었다. 조선이 일본에게 경부철도의 부설권을 잠정적으로 승인한 「조일잠정합동(朝日暫定合同)」의 체결로부터 경부철도의 부설권을 일본에게 정식으로 양도한 「경부철도합동(京釜鐵道合同)」(1898.9.8)의 체결에 이르는 4년여의 기간 동안 조선과 일본은 경부철도 부설권과 운수영업권 등을 둘러싸고 심각한 갈등과 대립을 빚었다.[18]

조선정부의 줄타기

당시 조선정부로서도 일본의 압력에서 벗어나기 위해 고심 끝에 찾아낸 해결책은 한반도의 철도 부설권을 서구열강들에게 허용하는 것이었다. 1896년 3월 경인철도의 부설권을 미국인에게, 그리고 동년 7월 경의철도의 부설권을 프랑스인에게 각각 승인하였다. 곧이어 고종이 찾아낸 해결책은 열강들의 집요한 철도이권 요구에 정면으로 대처하기 위해 1896년 11월부터 향후 1년 동안 외국에게 철도부설권의 양여를 불허한다는 칙령을 반포하였다. 이 기간 동안 조선정부는 서울-공주, 서울-목포 철도부설권을 요구하는 프랑스, 서울-원산의 철도부설권을 요구하는 러시아의 제의도 모두 거절하였다.

그럼 미국의 모르스(J. Morse)와 프랑스의 피브릴르(Fives-Lille)사가 경인철도 및 경의철도 부설권 획득 과정과 그 비용을 조달과정에서 나타난 열강들의 상호관계 속에서 러시아의 동아시아정책 속에 녹아있는 한반도정책을 보다 집중적으로 조망해보자.

미국인 모르스는 고종으로부터 경인철도 부설권을 획득했지만 사실 그에게는 이 사업을 추진할 만한 자금이 없었다. 그래서 미국에서 투자자를 모집하고자 했지만 동아시아의 작은 나라 조선이 가진 이권의 중요성을 크게 인식하지 못하고 있던 자본가들은 영국과 러시아, 그리고 일본의 군사적 충돌 가능성도 있던 한반도 철도 부설권 투자에 주저했다. 따라서 모르스는 이 사업을 포기하거나 다른 곳으로부터 자금을 끌어들여야 했다. 모르스는 우선 그 대상을 러시아로 설정했다. 러시아는 시베리아횡단철도 또는 만주의 남만주지선과 한반도의 철도를 어떤 형태로든 연결시키고자 하는 의도를 가지고 있었다. 원활한 논리 전개를 위해 러시아의 이런 의도를 먼저 밝혀보자.

러시아의 의도

앞에서 살펴본 것처럼 동청철도를 근간으로 서해의 요동반도 및 한반도 북서부의 부동항을 연결하는 지선의 부설을 염두에 두고서 장차 조선의 철도망을 시베리아 철도에 연결시키고자 의도했던 사람은 비테였다. 이는 조선을 러시아의 시장으로 확보하는데 있어 중요한 의미를 지녔다. 또한 당시 러시아에서 극동의 유일한 항구였던 블라디보스토크는 겨울에 어는 항구였기 때문에 시베리아철도의 종착역으로서 제 역할을 기대하기가 어려웠다. 따라서 철도로 연결할 수 있는 부동항의 확보는 필수 불가결했다.

1896년 1월 1일 태평향함대 사령관으로 임명된 알렉세예프 제독은 마산포를 획득하여 시베리아횡단철도를 원산을 거쳐 마산포와 연계시키는 방안을 제시하기도 했다. 그는 "마산포와 시베리아철도를 연결시키는 사업은 조선정부와의 협상을 통하여 당장이라도 착수가 가능한 바, 이는 대조선침투의 초석이 될 수 있을 것"이라고 판단했다.

비테와 알렉세예프의 견해와 유사한 제안을 한 사람은 시베리아철도 부설공사에 참여한 철도기사 톨마체프였다. 그는 블라디보스토크 항의 단점을 보완해주는 항구로서 뿐만 아니라 경제적인 대한 침투정책의 기점으로서 한반도의 북서부에 위치한 부동항의 필요성을 인식하고 1896년 7월 18일 블라디보스토크와 한반도의 한 항구를 연결하는 새로운 철도 부설을 건의하는 정책건의서를 재무대신에게 제출했다. 그는 한반도 서북부의 항구를 시베리아철도와 연결할 경우 유럽과 아시아를 잇는 세계무역의 주축으로 부상할 시베리아철도는 그 기능과 역할을 제대로 수행할 수 있을 뿐만 아니라 이미 조성된 친러적인 조선의 정치상황을 이용하여 대한해협의 통제권까지도 장악할 수 있다고 주장했다.

> 블라디보스토크에서 한국을 경유하여 한반도 서해안의 한 항구까지 철도를 부설하는 것은 우리에게 절대적으로 의지에 달려 있으며 (한국이 우리에게) 의존하고 있는 상황에서 국가의 부동항 확보를 약속하는 것과 같다. 이미 수차례에 걸쳐 우리의 금전적 및 군사적 지원을 요청한 바 있는 한국정부는 우리에게 그러한 항구를 제공하는데 부정적이지 않을 것이다. 게다가 이 문제에 대한 결정권이 있는 한국 국왕은 현재 우리 영사관의 보호를 받고 있다. 한국에서의 철도와 항구 건설을 하는데 있어 한국에 대한 우리의 관계는 우리와 부하라의 관계와 마찬가지로 우호적으로 설정될 수 있다. 장래에도 그와 같은 관계의 변동은 발생하지 않을 것이다. 왜냐하면 약소국인 한국이 일본과 중국의 침략으로부터 안전을 추구하기 위해 항상 우리와의 동맹 필요성을 인식할 것이기 때문이다.[19]

이를 통해 대한해협을 러시아가 장악함으로써 여타 열강 함대의 동해진출을 차단하는 한편 한반도를 연해주 지역 방위의 완충지대로 이용할 수 있을 뿐만 아니라 이 지역 방위에 소요될 막대한 경비를 연해주 지역의 경제적 활성화에 사용할 수 있다는 것이다.

> 한국측이 러시아와의 친선관계를 확립해야 한다는 필요성을 가지게 되면 블라디보스토크에서 한반도 남서부 지역의 부동항을 연결하는 철도를 부설하는 데 큰 정치적 어려움은 없을 것이다. 전략적인 측면에서나 상업적인 측면에서도 레클뤼의 표현대로 위에 언급한 항구를 획득하는 것이 러시아에게 국가적으로 매우 중요한 의미를 지닌다. 러시아가 한국해와 일본해를 모두 감시하고 통제할 한국해협의 항구를 차지한다면 러시아는 동아시아 해안의 절대 강자가 될 것이다.[20]

톨마체프의 정책건의서는 비테의 견해와 궤를 같이 하는 것으로서 조선의 철도망을 시베리아철도에 연결시키려는 비테의 정책으로 구체화되었다. 우선, 1896년 10월 10일 비테는 러시아 임시외무대신 쉬슈킨에게 조선철도의 궤도를 유럽식 표준궤(4.85피트)가 아닌 러시아식 광궤(5피트)로 변경할 것을 조선정부에 요구하도록 하였다. 또한 그는 자신의 정책을 동아시아 현지에서 수행하고 있던 주청 러시아 상무관이자 러청은행 상하이 지점장이었던 포코틸로프에게 자신의 대한진출정책을 수행하라는 임무를 부여하여 서울로 파견했다. 1896년 9월 서울에 도착한 포코틸로프는 조선의 철도궤간과 관련하여 안일하게 대처한 인물로 주한공사 베베르를 지목하고 조속한 그의 소환을 건의했다.

> 얼마 전 논의가 활발했던 한국 철도를 살펴보면, 러시아식인 광궤가 아닌 유럽식인 중궤로 결정되었습니다. 한국 철도 궤간 문제에 대해서 초기에 베베르는 러시아의 이익을 위해 적극적인 활동을 전개했습니다. 철도 문제에 대해서 베베르는 페테르부르크로 전보를 보내면서 광궤를 주장했으나 러시아외무부로부터 아무런 답변을 얻지 못했습니다. 그 결과 베베르는 한국 철도문제에 대해서 무

관심하게 대처해도 좋다는 의미로 해석했습니다. 6월에 발간된 한국 신문에서는 왕에 의한 지시에 의해서 유럽식인 협궤로 결정되었습니다. 결국 다른 많은 일 처럼, 베베르는 철도 궤간 문제에 대해서 한국정부의 자율적인 활동을 보장하게 되었습니다. 베베르는 모든 문제에 대해 러시아정부의 직접적이고 절대적인 지시만 지키려고 합니다. 만약 러시아가 한국의 일에 무관심한 태도를 표방하고, 현상유지 정책을 추진한다면, 당연히 베베르는 그러한 정치적 행동에 있어서 가장 적합한 인물입니다. 베베르는 한국에서의 풍부한 경험 때문에 많은 장점을 가지고 있습니다. 예를 들어 마치 페테르부르크의 살아있는 안내자처럼, 베베르는 한국에 대한 각종 조치와 관련하여 뛰어난 조언을 수행할 수 있습니다. 한 마디로 말해, 제 생각에는 만약 우리가 한국의 문제에 대해서 진지하게 논의한다면, 베베르는 페테르부르크에서 한국과 관련된 모든 러시아정책의 훌륭한 조정자가 될 수 있고, 지나친 논쟁을 억제시킬 수 있었을 것입니다. 저는 당연히 한국에서 베베르를 소환해야할 필요가 있다고 생각합니다.[21]

요컨대 러시아의 대한정책이 적극적인 침투정책으로 바뀜에 따라 이를 적극적으로 수행할 인물이 필요하며, 당연히 베베르는 소환되어야 했다. 그 결과 1897년 9월 비테가 임명한 재무성관리 알렉세예프가 조선정부의 재정고문으로 파견됨에 따라 베베르는 본국으로 소환되었다.

궤간 문제를 둘러싼 갈등

한반도철도를 시베리아 철도망에 연결시키려는 비테의 계획은 점차 그 실현 가능성이 높아져갔다. 1896년 11월 3일 한반도철도의 규격을 유럽표준식이 아닌 러시아식 광궤로 채택한다는 고종의 칙령이 발표되었으며 이는 곧바로 비밀전문으로 비테에게 보고되었다.

사실, 철도의 궤도 문제는 아주 중요하다. 철도의 노선과 궤간은 철도가 지니고 있는 독점성과 고정성 때문에 부설 주체의 의도에 따라 그 지역의 세력범위와 사회·경제 상황을 크게 재편성하게 된다. 조선정부는 1896년 7월 17일

철도국을 설치함과 더불어 「국내철도규칙」(칙령 제31호)을 반포한 바 있었다. 여기에서 조선정부는 앞으로 조선에서 부설되는 모든 철도는 표준궤를 채택하도록 규정하였다. 이것은 당시 중국에서 건설되고 있던 철도가 모두 표준궤였기 때문에 이와 연결될 운명에 있는 조선의 철도도 당연히 표준궤를 택해야 한다는 의도가 반영되어 있었다. 아관파천으로 조선정부에 직접적인 영향력을 행사하고 있던 러시아는 시베리아철도와 같은 광궤를 채택하도록 압력을 행사했다. 그리하여 1896년 11월 3일 조선철도는 광궤를 채택하도록 철도규칙이 개정되었던 것이다.

그런데 러시아의 남하를 우려하고 있던 미국과 일본이 이에 강력하게 반발하자, 조선정부는 다시 표준궤 채택을 선언하지 않으면 안 되었다. 그 결과 「경부철도합동」에서는 표준궤의 채택을 명시하게 되었던 것이다.

한반도철도가 표준궤를 채택함으로써 이들은 자연스럽게 만주·중국철도와 직접 연결되어 일본의 대륙침략을 선도하는 동맥으로서 기능하게 되었다. 반면에 한반도철도는 광궤를 채택한 러시아의 시베리아철도와는 동일선상에서 열차운행을 호환할 수 없게 되어 자동적으로 러시아와 일본의 세력권을 구분짓는 중요한 요소로 작용하게 되었다.

다시 이야기의 논점으로 돌아가 시베리아철도와 연결시키려는 비테와 러시아의 구상은 위에서 살펴보았듯이 러시아가 뤼순과 대련을 조차하고 남만주지선을 통해 시베리아철도를 연결하는 정책이 채택됨에 따라 한반도에서 러시아가 직접 철도 부설권을 획득하고자 하는 정책은 실현되지 못했다. 그러나 러시아입장에서 다행스러운 것은 "한국정부가 한국의 철도와 러시아의 철도와 연결하는 것이 전적으로 편리해지도록 러시아의 광궤를 받아들일 것을 이권 획득자들에게 의무로 제시했다는 점"이다. 이에 러시아는 프랑스가 철도부설권을 획득한 경의선과 의주에서 연결하고자 하는 방안을 모색해 나갔다.[22]

경인철도부설권과 러시아

이제 미국의 모르스의 경인철도부설권 재구매를 둘러싼 러시아의 동아시아 정책과 대한정책을 살펴보자.

앞에서 잠시 언급했듯이 모르스는 1896년 3월 경인철도부설권을 획득한 후 그 건설자금을 조달하기 위한 대상으로 러시아를 염두에 두고, 러시아와 접촉을 시도했다. 이와 관련하여 포코틸로프는 재무부에 수차례의 전문과 기밀문서를 보내 러시아중앙정부의 의사를 타진했다. 포코틸로프의 기밀문서는 러시아중앙정부의 동아시아정책과 관련하여 적극적인 대한정책을 추진하던 비테와 한반도보다 만주장악에 집중하고 있던 외무대신 무라비요프의 대한반도정책관련 논쟁을 촉발시켰다.[23] 1897년 6월23일과 7월 23일 발송된 암호전문에서 포코틸로프는 모르스로부터 경인철도 부설권을 획득하는 문제에 대해 결정해 줄 것을 요청했다.

> 자본금은 1백만 미국달러 입니다. 주식은 10,000주로, 거의 전부가 이권소유자의 수중에 있습니다. 이권소유자는 약 40베르스트의 철도 건설에 필요한 금액을 과장되게 책정해, 1백만 미국달러의 자본금을 전부 차용하고자 했습니다. 제 소견으로는, 일정한 대가만 지불하면 그가 모든 이권을 기꺼이 양도할 것으로 보입니다. 각하의 결정을 타전해 주십시오.[24]

모르스는 막대한 이윤을 남기고 러시아에 경인철도 부설권을 넘기기 위해 러시아의 광궤를 수용할 의사가 있음을 알렌을 통해 간접적으로 전달하기도 했다.

> 알렌은 우리의 바람에 매우 공감하며 현재 요코하마에 거주하고 있는 모르스가 제물포 - 서울 간 철도를 우리의 5피트 궤로 건설하도록 만드는데 협조할 것을 제게 약속했습니다. 며칠 후 미국인 동료가 제게 알려주기를, 확신하건대, 모

르스가 우리의 조언에 따르고 그것을 위해 전력을 다하겠다는 의사를 나타냈다
고 합니다.[25]

　모르스는 여전히 일본을 상대로 해서 경인철도 부설권을 팔아넘기려는 작업
도 동시에 진행했다. 1897년 6월 23일 포코틸로프가 보낸 암호 전문에 따르면
서울－제물포 간 철도부설 이권소유자들과 일본 신디케이트 사이에, 내년 봄
완공 후 상술한 철도를 일본인들에게 975,000 달러에 양도하는 계약이 성립된
것처럼 일본신문이 상당히 자세하게 다루기도 했다.
　상황이 급박하다고 판단한 외무대신 무라비요프는 경의철도 부설권을 가지
고 있던 프랑스의 피브릴르 철도회사를 통해 모르스의 제안을 수용할 것을
1897년 12월 11일 비테에게 건의했다. 그러나 비테는 1898년 1월 8일 답신에서
경인철도 부설권의 매입을 거절하면서, 그 이유로 "재무부는 모르스에게 주어
진 예의 철도 부설 및 사용에 대한 이권의 조건, 즉 이권이 어떤 권리를 철도
소유주에게 제공하는지와 소유주의 의무가 무엇인지에 대해 아는 바가 전혀
없기 때문입니다. …… 현 상황 하에서 한국의 어떠한 사업에도 러시아자본을
투입하는 일을 극도로 조심해야 한다고 판단하고 있다"고 밝혔다.
　비테의 이 같은 강경한 입장은 그가 한반도를 러시아의 철도망에 연결시키
기 위한 예비 작업에 이미 착수한 사실에 기인하고 있었다. 실제로 그는 1897
년 12월 5일 니콜라이 2세에게 올린 상주서에서 압록강하구 또는 조선 만에
위치한 한 항구와 동청철도를 연결하는 새로운 노선 및 블라디보스토크－포시
에트만－원산항－서울을 잇는 새로운 철로부설을 위한 사전 탐사작업의 착수
를 건의하였던 것이다. 더욱이 이 상주서에서 비테는 이 탐사작업을 비밀리에
진행해야 한다고 주장하면서, 이는 청나라 및 조선정부로부터의 공식적인 허가
를 받는 과정에서 초래되는 불필요한 시간낭비와 오해의 소지를 사전에 차단
하기 위함이었다. 따라서 한반도에서의 철도부설 공사는 러시아 기업들이 주
도해야 한다는 그의 주장은 러시아의 산업화뿐만 아니라 시베리아철도정책을

완성한다는 의미에서 그 중요성이 있었던 것이다.

경인철도 부설권 구매와 관련하여 비테와 무라비요프의 논란이 계속되는 사이 일본은 답보상태에 빠진 경부철도 문제를 타개하기 위한 간접수단으로서 미국인이 추진하고 있던 경인철도 건설 사업에 공동으로 참여할 것을 결정하였다. 그리고 이것을 경부철도를 장악할 수 있는 발판으로 만들려고 획책하였다. 일본의 이러한 노력은 나중에 큰 성과를 거두었다. 결국, 1899년 1월 1일 경인철도는 실제로 일본의 상업자본가들이 설립한 경인철도합자회사가 미국인 모르스로부터 부설권 등의 관련 권리를 매수하여 건설하게 되었다. 그리고 일본의 자본들은 이 경인철도 사업을 디딤돌로 삼아 경부철도주식회사를 창립하였던 것이다. 이로써 한반도에서 직접 철도부설권을 획득하고자 재무대신 비테와 프랑스회사를 통한 간접적인 철도부설권 획득 그 어느 것도 성공하지 못했다.[26]

이 후 경제적 침투를 통한 동아시아 전역에서 영향력 확대하고자 한 비테와 일본과의 관계약화를 고려하여 외교적, 군사적으로 일단 만주를 장악하고자 한 외무대신 무라비요프와 그를 이어 외무대신이 된 람즈도르프, 그리고 육군부 등의 대립과 갈등은 세기 전환기 러시아의 동아시아정책의 방향에 중요한 변수로 작용했다. 특히 한반도를 경제적으로 지배하려했던 비테의 정책이 실패로 돌아가고 외무부와 군부의 입김이 강화되면서 오히려 그들이 정책을 입안할 때 늘 고려 대상으로 삼았던 일본과의 전쟁의 암운은 한반도와 동아시아의 공기를 휘감았다.

일본의 경부철도부설권 확보

앞서 살펴본 바와 같이 일본의 조야에서는 대륙침략의 한 방편으로서, 일본의 힘으로 서울에서 부산 간에 철도를 부설하자는 의견이 대두되었다. 한 걸음 더 나아가 대륙 침략론자들 중 일부에서는 러시아의 남하에 대항하기 위해 일본으로부터 만주에 이르는 한반도 종관철도를 부설해야 한다는 주장도 제기되었다.

1880년대부터 등장한 일본의 경부철도 부설 구상은 그 후 점차 확대되고 고양되어, 청일전쟁기에는 대한 침략정책의 최우선 과제로 확립되었다고 할 수 있다. 그리고 일본의 한반도철도 구상은 철도를 통해 조선 및 아시아 대륙을 침략하려는 군사적 측면뿐만 아니라, 영업수입을 아울러 확보할 것을 주장하는 경제논리로까지 발전하였다. 일본의 정치계, 군부, 경제계의 각 주도세력들이 모두 경부철도가 내포하고 있는 군사성과 경제성을 한 가지 뜻으로 파악한 것은 아니었지만, 경부철도를 지렛대로 삼아 한반도를 장악해야 한다는 인식만큼은 동일하였다. 그들은 한반도를 일본이 지켜야 할 주권선 또는 이익선이라고 여겼다. 일본의 이러한 경부철도 부설 구상은 그 후 국제정세가 변하고 일본 산업자본이 확립되어 감에 따라 군사성과 경제성이 한 가지 뜻으로 통합되는 경제정책으로 정립되었다.

청일전쟁 이후 1894년 조선이 일본에게 경부철도의 부설권을 잠정적으로 허급한 「잠정합동조관(暫定合同條款)」의 체결로부터 경부철도의 부설권을 일본에게 정식으로 양도한 「경부철도합동(京釜鐵道合同)」(1898. 9. 8)의 체결에 이르는 4년여의 기간 동안 조선과 일본은 경부철도 부설권과 운수영업권을 둘러싸고 심각한 갈등과 대립을 빚었다.

조선정부는 일본의 압력에서 벗어나는 방편으로, 1896년 3월 경인철도의 부설권을 미국인에게, 그리고 동년 7월 경의철도의 부설권을 프랑스인에게 각각 허급하였다. 이렇게 되자 일본은 「잠정합동(暫定合同)」에서 일단 약속 받았다고 생각했던 경부철도에 대한 우선권조차 상실해 버릴 상황에 직면하게 되었다.[27]

일본은 답보상태에 빠진 경부철도 문제를 타개하기 위한 간접수단으로서 미국인이 추진하고 있던 경인철도 건설사업에 공동으로 참여할 것을 결정하였다. 그리고 이것을 경부철도를 장악할 수 있는 발판으로 만들려고 획책하였다. 일본의 이러한 노력은 나중에 큰 성과를 거두었다. 경인철도는 실제로 일본의 정상(政商)자본가들이 설립한 경인철도합자회사가 미국인 모스로부터 부설권 등의 관련 권리를 매수하여 건설하게 되었다. 그리고 일본의 자본가들은 이 경인철도 사업을 디딤돌로 삼아 경부철도주식회사를 창립하였던 것이다.[28]

결국 일본은 1898년 9월 한국 정부와 전문 15개조로 이루어진「京釜鐵道合同」을 체결함으로써 경부철도 부설권을 획득하였다. 이 조약은 일본측이 제시한 13개조의 원안에다 교섭과정에서 한국정부가 제안한 몇 가지 의견이 첨가되어 수정 보완된 것이었다.「경부철도합동」은 일본이 철도부설권과 그 영업권을 전유하고, 한국정부가 철도용지를 무상으로 제공할 것을 규정한 전형적인 불평등조약이었다. 일본은 이 조약에서 철도부설권을 확보하기 쉽도록 하기 위해 지엽적인 사항에 대해서는 한국측의 요구를 부분적, 일시적으로 받아들여 경부철도 부설이 마치 한국과의 공동사업인 듯한 인상을 풍겼다. 그렇지만 경부철도의 부설과 운영에 관련된 모든 분야에서는 일본이 독점적, 배타적 권리를 행사할 수 있도록 치밀한 규정을 마련해 놓았다. 따라서「경부철도합동」이 한국의 주권을 심각하게 침해한 것은 말할 필요도 없었다.

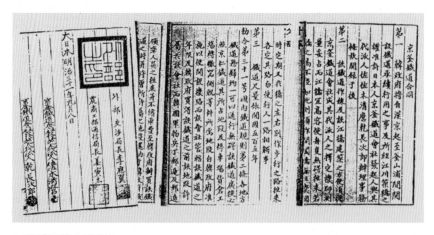

▲ 경부철도합동 계약서

러일전쟁 후에는 이「경부철도합동」조차 한 장의 휴지로 변해 버렸다. 왜냐하면 한국측의 조약체결 상대였던 경부철도주식회사가 해산되었기 때문이다. 그 때 일본정부는 한국정부의 의사를 조금도 고려하지 않은 채 경부철도를 일본의 국유로 만들어 한국통감부 철도관리국에 귀속시켜 버렸던 것이다. 따라서「경부철도합동」에서 규정한 한국측의 경부철도 매수권리 등은 아무런 의미를 갖지 못하게 되었다. 이런 과정을 통해 보더라도 일본의 경부철도 장악은 전형적인 침략행위의 하나였다고 해도 과언이 아니다.[29]

한편 일본의 한국철도 지배정책은 그들이 표방한「국방공위 경제공통(國防共衛 經濟共通)」이라는 표어에 압축되어 나타나 있다. 이 표어는 얼핏 보기에는 철도를 매개로 하여 한국과 일본이 군사적, 경제적으로 공존공영을 이룩하자는 내용을 담고 있었다. 그러나 그 본질은 일본이 한국철도를 장악함으로써 군사적, 경제적 침략을 한꺼번에 달성하려는 것에 지나지 않았다.

경부선 철도노선 선정

이와 같은 일본의 침략정책이 가장 선명하게 드러난 것이 바로 경부철도 노선의 선정이었다. 철도의 노선은 그것의 독점성과 고정성 때문에 부설 주체의 의도에 따라 철도연선의 사회 경제구조 뿐만 아니라 정치적 지배력을 크게 재편성하게 된다. 일본은 경부철도의 노선을 선정하기 위해 대규모적인 현장 답사만도 5회나 실시하였다.

원래「경부철도합동」제9조는 경부철도 지선의 부설권을 외국인에게 양도할 수 없도록 규정하고 있었다. 일본은 이 규정을 유리하게 이용하여 열강의 한국철도 부설권 장악을 방해하려고 고심했다. 이를 위해서는 경부철도의 노선을 절묘하게 선정할 필요가 있었다. 즉 한국 남부의 모든 철도가 경부철도의 지선으로만 부설될 수 있도록 노선을 선정하는 것이었다. 이렇게 되면 일본은 경부철도 하나만을 장악해도 열강의 세력침투를 물리치고 한국 남부의 모든 지역을 자신의 세력 하에 둘 수 있게 되기 때문이었다.

일본이 오늘날과 같은 경부철도 노선을 선정한 것은 경부철도 하나를 장악함으로써 한국 남부지역의 정치 군사 사회 경제를 한꺼번에 지배하고, 나아가서 일본과 만주를 시간적 공간적으로 최대한 밀착시키려는 데 그 목적이 있었다. 따라서 경부철도의 노선 선정에서 한국내의 물자유통이나 지역개발을 균형 있게 유지하려는 의도는 전혀 고려되지 않았다. 오히려 경기도, 충청도, 경상도는 물론 곡창인 호남지방과 영서지방의 물산까지도 경부철도에 집중케 함으로써 한국경제 전체를 일본경제 속에 강하게 포섭하려고 획책하였다.

그렇기 때문에 한국의 정치 군사 사회 경제를 우선적으로 고려하는 시각에서 본다면, 일본이 선정한 경부철도 노선은 서울과 지방 사이의 수송을 원활히 하고 전국각 지역을 균등하게 발전시키는데 있어서는 태생적 결함을 안고 있는 기형적 노선이라고 할 수 있다.[30]

러일전쟁 준비: 경부철도와 경의철도 속성공사

러일전쟁 전후 일본의 대한 침략정책의 골자는 한반도를 남북으로 종관하여 대륙에 접속하는 철도망을 구축하여 지배하는 것이었다. 즉 경부, 경의, 삼마철도를 속성건설하여 러시아의 함포사격으로부터 안전한 병참간선을 확보하는 일이 일본정부의 최대 급선무였다.

일본정부는 완만하게 진행되고 있던 경부철도 공사의 조기완공을 실현시키기 위하여 비상조치를 단행한다. 일본정부는 러일전쟁의 기운이 무르익어 가고 있던 1903년 12월 28일 경부선 속성공사에 필요한 비용과 인사조직, 감독체계를 규정한 칙령 제291호와 292호를 발포하였다. 그리고 두 칙령의 반포와 함께 경부철도주식회사에 1904년 12월 31일까지 초량−영등포 사이의 전 선로를 개통시킬 것을 명령하였다. 그리고 러시아와의 결전에서 경부철도의 완성이 지니고 있는 사활적 의미를 거듭 환기시켰다. 일본 언론도 일본정부가 경부철도 부설공사에 안이하게 대처해 왔음을 지속적으로 질타하였다. 이처럼 경부철도의 속성건설은 일본으로서는 한시라도 늦출 수 없는 긴급한 전쟁준비 수단이었다.

일본정부는 1903년 5월 24일 경부철도주식회사가 모집하는 사채 1천만 원에 대한 원리금의 상환을 보증한다는 특별명령을 발하여 자금난에 허덕이고 있던 회사를 최대한으로 지원하였다. 또한 일본정부가 하달한 경부철도 속성명령에 따라 경부철도주식회사의 임원진이 대폭적으로 교체되었다. 그리고 공사현장에서의 감독체제도 폭압적으로 강화되었다. 회사의 총재에 일본의 철도국장이 임명되어 경부철도주식회사는 민간회사의 탈을 벗어버리고 반관반민의 국책회사로 재편성되었다.

속성명령에 따라 경부철도의 공사체제도 정비되었다. 즉 건설부서를 공사시행, 자료구매, 자료배급의 3부로 나누어 각각 책임자를 새로 임명하였다. 공사시행부는 4개소의 건설사무소를 설치하여 영등포 건설사무소가 영등포—전의를, 조치원 건설사무소가 전의—영동을, 대구 건설사무소가 영동—대구를, 초량 건설사무소가 대구—초량의 공사를 각각 담당하도록 하였다.

그리고 이제까지 경부철도주식회사의 소수 기사가 지휘, 감독하던 공사체계를 강화하여 일본 철도작업국 내의 민완기사와 일본 국내의 각 출장소에서 철도의 설계 및 공사에 종사하고 있던 기사들을 대량으로 공사현장에 배치하였다. 즉 아직까지 미착수 구간이었던 부강—성현 사이의 120마일의 공구를 2개의 구간으로 나누어 각각 1명의 주임기사와 6명의 기사를 배치하여 10마일씩을 지휘, 감독하게 하고 또 그 휘하에 각 18명의 공사계와 동수의 조수를 할당하여 10마일당 평균 40여 명의 전문기사와 공사 관계자가 노동자의 지휘, 감독에 임하도록 공사체제를 강고히 하였던 것이다. 그리고 성현터널 공사와 같은 난공사에는 재료운반을 감독하는 주임기사 1명, 그를 보조하는 기수 4명을 별도로 배치하였다.

또한 공사의 속성을 재촉하기 위하여 계획상의 최급흥배를 80분의 1에서 50

분의 1로, 최대곡선반경을 20초로부터 15초로 완화하는 등의 조치를 취하고, 철도재료 중에서 궤조와 교량은 외국산을, 침목은 일본의 홋가이도산을 사용하도록 하였다. 이러한 여러 가지 조치는 경부철도의 모든 공사를 러일전쟁의 제1차 연도인 1904년 중에 그것도 혹한이나 폭우로 인해 공사가 불가능한 기간 4개월을 제외하면 불과 8개월 이내에 완공하도록 독려하기 위해 마련된 것들이었다.

▲ 경부철도 개통식(남대문정거장: 지금의 서울역. 1904. 5. 25)

한편 경부철도가 단계적인 과정을 거쳐 속성공사로 돌입해 갔던 것에 비해 경의철도는 러일전쟁의 발발과 함께 일본군대 그 자체가 군용철도로서 속성건설하게 되었다. 일본정부는 러시아에 선전을 포고하기 직전인 1904년 2월 9일에 참모본부, 외무, 육군, 체신 등 각 성의 총의로써 일본군 산하의 철도대대와 공병 5개 대대를 주력부대로 하는 임시군용철도감부를 설치하기로 결의하고,

같은 해 3월부터 이들을 한국에 상륙시켜 경의철도 부설공사에 착수하도록 하였던 것이다.

일본군대가 러일전쟁의 병참수송로로서 당장 이용하기 위하여 직접 건설하기 시작한 경의철도는 경부철도를 능가하는 속성공사 체제를 채택하였다. 철도감부의 도한에 앞서 아옥(兒玉) 병참총감이 산근(山根) 철도감에게 경의철도 부설방침으로 군수물자를 운반할 수 있을 만큼의 임기응변적 공사를 진행하라는 훈령을 내렸다. 이 명령은 경의철도의 속성건설을 획책하는 일본측의 입장을 적나라하게 보여주었다.

일본의 여론 역시 경의철도의 속성건설을 한층 더 격렬하게 촉구하였다. 즉 러일전쟁 도발 당시 경의철도의 속성건설은 일본 조야의 초미의 관심사였다.

그렇기 때문에 경의철도의 노선은 임시군용철도감부가 파견한 30여 명의 실측반이 주로 5만분의 1 지도를 이용한 도상 로케이션을 통해 선정했다. 그것도 용산-개성 사이의 노선은 이미 대한철도회사가 작성하였던 실측도를 탈취하여 그대로 채택하였다. 그리고 나머지 구간도 대부분 그전부터 존재하고 있었던 경의가도를 취하여 전쟁도발 후 3개월 사이에 311마일에 달하는 경의철도의 모든 노선을 선정할 수 있었다.

속성을 위주로 한 경의철도 공사는 임시군용철도감부가 총괄적인 감독을 맡고 철도대가 선로의 측량, 궤조의 부설, 교량의 가설을 담당하며, 공병대대가 노반공사를 전담하는 방식으로 추진되었다. 그러나 전체 48개 공구 311마일에 달하는 경의철도의 전 노선을 모두 임시군용철도감부가 직접 부설한다는 것은 처음부터 무리한 일이었다. 철도감부가 군사력을 배경으로 하여 무자비하게 한국인 역부를 철도공역에 동원하였지만, 감독자 수의 태부족과 철도재료의 공급 지연으로 인해 공사는 예정대로 진척되지 못하였다. 그리하여 철도감부는 대부분의 공사를 일본 토건회사에 청부하지 않으면 안 되게 되었다. 이로써 일본 토건회사들이 대거 한국에 상륙해 올 수 있는 또 하나의 계기가 찾아온 셈이었다.

속성공사의 강행에 의하여 경의철도의 모든 구간은 청천강, 대동강 등의 철교를 제외하고는 1905년 4월 말일까지 일단 개통을 보게 되었다. 비록 그것이 부실공사였다 할지라도 500킬로미터에 달하는 방대한 철도망을 1년여의 공사 기간 동안에 완공하였다는 것은 분명히 기적에 가까운 일이었다. 더구나 일본 정부가 경의철도의 부설공사에 지출한 금액은 1천 17만 원으로서, 1마일 평균 3만 1천여 원에 불과하였다. 공병대대에서 지출한 피복, 식량, 사무용품비 25만 원과 육군성에서 지출한 철도재료비 818만 원 및 수송비 140만 원을 가산한다 하더라도 총 건설비는 2천여만 원에 불과하여, 철도건설비는 1마일 평균 6만 1천여원에 지나지 않았다.

경의철도가 임금과 물가가 폭등하고 재료의 공급이 불충분한 전쟁기간 동안에 경부철도보다도 저렴한 가격으로 최단시일에 완공되었다는 사실은 한국인 노동자들에 대한 수탈과 탄압이 얼마나 가혹했는가를 명백하게 말해주는 것이었다. 실제로 공사기간 동안 일본은 철도연선에 철저한 군사지배 체제를 구축하여 철도용지와 건설재료를 약탈하고, 한국인들을 강제로 동원하여 무자비한 사역을 강요하였다. 그러므로 경부, 경의철도의 속성건설은 한국인에 대한 무단적 탄압과 살인적 수탈의 결과물이었다고 할 수 있다.[31]

일본이 경부철도와 경의철도의 속성건설을 위해 이렇듯 심혈을 기울인 이유는 러일전쟁 때문이었다. 하지만 러일전쟁 자체에서 일본군이 경부철도와 경의철도를 직접 이용하지는 못했다. 경부, 경의철도가 완공되기 이전에 러일전쟁이 종료되었기 때문이었다. 실제 철도를 둘러싼 러시아와 일본과의 전투는 한반도가 아닌 만주에서 전개되었다. 바로 동청철도 남만주지선을 둘러싼 전투가 그것이다. 아래에서 동청철도 남만주지선의 철도역을 점령하기 위해 러시아와 일본과에 벌어진 회전을 통해 근대전쟁에서 철도의 의미를 살펴보기로 하겠다.

02

\

철도역을 점령하라
러일전쟁의 회전들

1) 러시아와 일본이 전쟁을 시작하다

전쟁에 이르기까지

만주를 둘러싸고 러시아와 일본이 벌인 회담은 지루하게 계속되었다. 결국 회담을 통해 문제를 해결할 수 없다고 판단한 일본은 1904년 2월 10일 러시아에 대하여 선전포고하였다. 하지만 일본은 선전포고에 앞서 2월 8일 뤼순항에 있는 러시아의 태평양함대, 2월 9일에는 제물포항의 두 척의 전함을 공격하였다. 러일전쟁이 시작된 것이다.

전쟁준비를 마친 일본은 개전하기에 적당한 시기만을 노리고 있었다. 일본은 뤼순에 정박 중이던 태평양함대에 기습공격을 가하여 그 세력을 약화시킨 후, 해상에서의 패권을 장악하고 육전대를 상륙시키는 방법으로 남만주에서의 군사작전에 돌입하려 했다.

전쟁이 근시일 내에 발발할 가능성이 있음을 예측한 극동총독 알렉세예프는 극동에서 군사동원령을 포고할 수 있도록 차르의 윤허를 간청했다. 1904

년 1월 25일 니콜라이 2세는 뤼순과 블라디보스토크에서의 전투태세 돌입을 윤허하였으며, 남만주에 집결하게 될 러시아 부대를 엄호하기 위해서는 하나의 부대를 압록강에 파병할 필요가 있는 만큼, 파견대를 조직하라는 권고도 내려졌다.[1]

일본에서는 기습공격에 대한 준비가 빠른 속도로 진행되고 있었다. 1904년 1월 30일 일본이 병력수송을 위해 사세보(佐世保) 항에 60여 척의 수송선을 집결시켰다는 사실이 뤼순에 전해졌다. 러시아군 참모부의 계산에 따르면 위의 선박을 이용하면 이틀 안에 6개 사단의 병력을 한국에 수송·상륙시킬 수 있었다. 이러한 사실에 불안해진 극동총독 알렉세예프는 군사동원과 함대의 출항을 허락해 줄 것을 황제에게 재차 주청했다. 또한 일본의 개전 의지와 관련하여 명백한 증거를 포착한 러시아 극동군 참모부는 육군과 해군의 전투대비 태세를 높이기 위한 일련의 조치를 취해야 했다. 2월 1일 태평양함대의 지휘관은 순양함과 외항에 정박 중인 선박 및 구축함의 당직근무에 관한 훈령을 실행하도록 명령을 하달했다. 1904년 2월 7일 극동총독 알렉세예프는 러·일간의 외교관계가 단절되었다는 전문을 받았다.

한편 2월 4일 저녁 러시아 함대가 외항에 정박 중이라는 정보를 입수한 도쿄의 일본군 총참모부는 기습에 최적인 상황을 간과하지 않기로 결정했다. 궁정회의에서는 군사행동의 시작에 관한 결정이 내려진 후, 러시아 전함을 공격하고 한반도에 부대를 상륙시키라는 명령이 도고 헤이하치로(東鄉平八郎) 해군중장에게 하달되었으며, 일본 국내에서는 동원령이 발효되었다.[2]

2월 6일 아침 사세보 항에 정박 중이던 각 전함의 함장은 도고 해군중장의 장갑기함(裝甲旗艦)에 소집됐다. 본 회의에서 도고는 각 함장을 향해 이렇게 명령했다.

모든 함대는 본관과 함께 황해로 향하여, 뤼순과 제물포에 정박 중인 적의 군함을 공격한다. 본관의 편대(순양함 아사마 호 포함)를 위시하여 제4전투편대

장 우류(爪生外吉) 해군소장과 제9, 제14수뢰정 편대는 제물포로 향하여 적의
전함을 공격하고 아군의 상륙을 엄호한다. 제1, 제2, 제3전투편대는 구축함편대
와 함께 뤼순으로 직항하며, 구축함편대는 정박 중인 적의 함대를 심야에 공격
한다. 익일에도 공격을 멈추지 않는다.3)

장갑함 6척, 순양함 14척 그리고 35척 이상의 수뢰정으로 구성된 일본전투함
대는 연합함대 지휘관의 명령이 접수된 즉시 출항했다. 고속순양함과 수뢰정
으로 구성된 편대가 연합함대의 선봉이 되었으며, 장갑순양함과 구축함으로 이
루어진 주력함대가 그 뒤를 따랐다. 2월 7일 순양함 5척, 수뢰정 8척 및 3척의
상륙군 수송선으로 편성된 우류 해군소장의 제4전투편대가 주력함대로부터 떨
어져 나와 제물포로 향했다.

2월 8일 오후 러시아 함대기지로부터 44해리 떨어진 곳에 위치한 일본의 주
력함대는 도고 장군의 지휘하에 라운드섬으로 접근했다. 18시에 함대기함(艦
隊旗艦) 선상에 작전개시 신호가 올랐다. 연합함대의 지휘관은 수뢰정을 두 부
대로 양분했다. 그 중 10척의 수뢰정으로 구성된 제1대는 뤼순으로, 8척의 수
뢰정으로 구성된 제2대는 다롄으로 각각 향했다. 주력함대는 엘리오트 군도로
향했다.4)

뤼순항 기습

2월 9일 밤은 칠흑같이 어둡고 조용했다. 뤼순 외항에는 평시 작전명령에 따
라 태평양분함대 소속의 전함 16척이 정박 중이었다. 약 23시경 함대장 스따르
크 해군중장의 장두기함 뻬뜨로빠블로프스크 호에서는 적의 공격을 격퇴할 수
있는 대책을 수립하기 위해 함장회의가 개최되었다. 본 석상에서 비쯔게프트
해군소장은 함대장교들과의 고별 인사말에서, 일본은 러시아를 공격하지 않을
것이며, 전쟁은 없을 것임을 확언했다.

22시경, 뤼순으로부터 동쪽 20해리 해상에 위치하고 있던 경계근무 중이던 베스스프라쉬늬 호와 라스또로쁘늬 호는 탐조등으로 수평선을 비추고 있었는데, 이것이 자신의 위치를 알리는 것이어서, 일본 수뢰정은 러시아 전함을 우회할 수 있었다. 일본 함대는 경계근무중이던 러시아 수뢰정의 순항속도 및 항로를 계산하여 속도를 조절함으로써 그들보다 먼저 외항에 도착할 수 있었다. 등대의 불빛과 전함의 등불에 의거해 방향을 잡으면서 러시아 전함에 접근한 일본 함대는 멀지 않은 거리에서 16발의 어형수뢰를 발사했는데, 그 중 3발이 러시아 전함에 명중했다.

23시 35분 장갑함 레뜨비잔 호에서 첫 번째 폭발음이 들렸다. 러시아 전함의 좌현에 배치된 모든 함포가 일본 수뢰정을 향해 포문을 열었다.

일본 수뢰정의 공격을 직시했음에도 불구하고 오인사격을 방지하려는 의도에서 자기 전함을 향해 수뢰가 발사되거나 폭발음을 듣기까지는 응사를 자제하라는 명령이 병사들에게 하달되었다. 러시아 함대는 포격으로 일본 수뢰정의 공격에 대응했다. 외해에 나가 있었던 순양함과 수뢰정은 일본의 수뢰정을 추격하려 했으나, 심야에 적을 발견해 내는 것이 쉽지 않았다.

일본 수뢰정의 공격으로 레뜨비잔 호 좌현의 어뢰저장고가 관통되면서 3개의 격납실이 침수되었다. 장갑함 쩨사레비츠 호의 파손은 더욱 심각했다. 선미가 관통됨에 따라 침실용 갑판과 진료실, 어뢰발사관 저장창고, 어뢰고 등이 침수되면서 경사가 16도에 달했다. 순양함 빨라다 호의 좌현 68~75번 늑재가 수뢰에 명중되면서 75mm 포가 고장 났고 포갑판과 장교분실에서 화재가 발생했다. 쩨사레비츠와 빨라다 호는 내항으로 견인되었으며, 레뜨비잔 호는 선수를 육지로 향한 상태에서 외항 연안으로 예인되었다. 이 3척의 전함은 이후 장기간에 걸쳐 참전하지 못했다.[5]

2월 9일 구축함과 순양함 각 5척으로 편성된 러시아 분함대는 뤼순 외항에서 일본 함대와의 일전을 준비하고 있었다. 러시아군 통수부는 일본 측이 지난밤의 공격으로 러시아 함대를 약화시켰다고 여기고 있었을 것이며, 따라서 완벽한 승리를 거두기 위해 주력을 이끌고 재차 공격에 나설 것으로 예상했는데, 그것은 정확한 판단이었다.

8시경 랴오둥 반도 방면으로부터 데바(出羽) 장군 휘하의 제3전투편대인 순양함 치토세(千歳), 다까사고, 가사기(笠置) 및 요시노(吉野) 호가 모습을 드러냈다. 데바 장군은 러시아 전함이 정박지에 위치하고 있으며, 짐작컨대 간밤의 공격으로 인해 전함 3척만이 파손된 것 같다는 사실을 무전으로 주력부대에 보고했다. 일본은 러시아 함대가 해안포대의 엄호로부터 벗어나서 일본의 주력함대가 대기중인 외해로 출항하도록 유인하려는 목적에서 왜소하게 편성된 함대를 파견했던 것이다.

약 11시경 수평선에 12척의 일본 전함이 모습을 드러냈다. 장갑기함 미카사(三笠) 호를 필두로 하여 뤼순 방면으로 접근하고 있었다. 데바 장군의 순양함 편대는 장갑함과 장갑순양함에 합류했다. 러시아 함대는 양 측면에 각 2척의 순양함을 거느린 채, 일본 전함과 교전하기 위해 전진했다. 11시 20분 약 3.5해리 정도 접근했을 때 일본의 연합함대가 12인치 포를 발사하기 시작했다. 러시아 역시 응사했으며, 3개의 해안포중대가 지원포격을 가했다. 러시아군은 역광을 받으며 포사격에 임했으며, 포연이 수평선을 가렸다. 그럼에도 불구하고 사격은 정확했다. 약 10분 후 러시아 함대는 정박지가 협소했기 때문에 전투를 계속하면서 단종진의 형태로 8포인트 정도 좌측으로 이동했다. 11시 45분 일본 함대가 갑자기 바람 반대 방향으로 돌아서 정선했는데, 일본의 장갑함 중 한 척이 심하게 경사졌으며, 최후미에 위치한 순양함에서 폭발로 인한 화재가 발생했기 때문이었다. 거리가 멀어지자 러시아는 포격을 중지하고 약 14시경에 뤼순으로 귀항했다.[6]

뤼순항이 결국 함락되다

러시아의 극동군통수부가 심각한 실수와 착오에 빠져 있었음이 전쟁 첫날에 밝혀졌다. 불완전한 전쟁 준비, 준엄한 지휘력의 부재, 분함대 지휘부의 부주의, 스따르크 장군의 우유부단한 행동 등으로 인해 러시아 함대의 전력이 심각하게 약화되었으며, 일본군은 아무런 장애 없이 한국에 상륙할 수 있었다.

동시에 일본군 통수부는 기습의 의미를 재평가했다. 그렇게 유리한 상황(러시아의 전함은 개방되고 방어가 허술한 상태로 정박 중이었다)에도 불구하고 일본 함대는 결정적인 승리를 쟁취하지 못했다. 그러나 일본의 대중매체에는 매우 고무적인 기사가 게재되었다. 요코하마에서 출간되는 일간신문에는 전쟁 첫날과 관련하여 다음과 같은 기사가 게재되었다.

> 일본의 함대는······ 러시아 전함 3척을 파괴했다. 2월 9일 오후 일본 함대는 연안다면보루의 엄호를 받고 있었던 러시아 함대를 재차 공격했다. 재차 3척의 러시아 전함이 파손되었다. 한편 같은 날 오후에는 아군의 순양함편대가 제물포 근처에서 2척의 러시아 전함을 파괴했다. 단 15시간 만에 3회의 승리를 쟁취한 것이다.[7]

러시아 함대의 불행했던 전쟁은 이렇게 시작되었다. 그러나 수차례의 해상 전투에도 불구하고 일본군은 뤼순을 함락할 수가 없었다. 도고 제독은 항구의 해안 포대로부터 보호받는 러시아 함대를 충분히 공격할 수 없었다.

어쨌든, 이들 전투는 약 3천 명의 일본군의 제물포 상륙을 감추어 주었으며, 일본 군대는 인천으로부터 이동하여 서울을, 그리고 조선의 나머지 부분을 점령하였다. 당시 제물포 앞바다에는 각국의 전함들이 있었고 일본 해군에 항의하였으나 오히려 위협을 받고 피신하였으며, 2월 9일 오후까지 14:2로 벌어진 일본 해군과 러시아 해군의 전투에서 러시아 해군의 정예함인 바략함과 카레이츠함은 자침 또는 자폭하였다. 같은 날 일본은 인천항에 5만명의 병력을 상륙시켰다.

이후 일본은 뤼순항을 봉쇄하려 하였고 러시아군은 뤼순을 빠져나와 블라디보스토크으로 가려고 하는 가운데 서해상에서 격렬한 해상전투가 벌어졌다. 1904년 4월 12일, 두 대의 러시아 기함 페트로파블롭스크호와 포베다호가 뤼순항 밖으로 빠져나갔으나, 일본군의 기뢰가 폭발하여 페트로파블롭스크호는 곧바로 침몰하였다. 가장 유능한 러시아의 전략가였던 마카로프 제독은 페트로파블롭스크호에서 사망하였다. 6월 23일, 러시아 제독 빌헬름 비트게프트의 지휘하에 소함대가 전투를 시작하였으나 실패하였다. 6월 말, 일본의 포병이 항구를 포격하였다. 그리고 오랫동안 뤼순항을 봉쇄하였다.

▲ 뤼순항 해전 사진첩

1904년 8월 10일, 러시아 함대는 다시 포위를 돌파하여 블라디보스토크로 가려고 시도하였다. 하지만, 공해에 닿기 전에 도고 제독의 전함으로 구성된 소함대와 마주친다. 러시아에는 '8월 10일의 전투', 흔히 황해해전으로 불리는 이 전투에서 양측은 격렬한 포격을 주고받았다. 이 전투에서 일본은 두 척의 전함을 러시아 기뢰로 잃어 한 척만이 남게 되었지만, 러시아의 기함인 체사레비치(Tsesarevich) 전함이 함교에 직격탄을 맞아 함대 사령관인 비트게프트(Vitgeft) 제독이 사망하게 된다. 이로 인하여 러시아 함대는 다시 뤼순항으로 돌아가게 된다.

뤼순항에 있던 러시아의 전함들은 압록강을 건너 북쪽에서 내려와 뤼순을 포위한 일본 육군의 포격으로 침몰되었다. 육지로 포위된 도시를 빠져나가려는 시도 또한 실패하였다. 8월말의 요양(遼陽) 전투 후 러시아군은 선양(瀋陽)으로 후퇴하였다. 뤼순항은 결국 주둔군 지휘관이 상부와의 의논 없이 일본에 항구를 양도함으로 1905년 1월 2일 함락되었다.[8]

지구를 반바퀴 돌아서: 발틱함대의 항해

한편, 뤼순항을 둘러싸고 서해상에서 러시아해군과 일본해군이 격렬한 전투를 벌이고 있는 동안 러시아 차르 니꼴라이 2세는 '제2태평양함대(발틱함대)'를 편성해 극동으로 파견하여 일본함대를 괴멸시키라는 명령을 내렸다. 이에 따라 발틱함대는 로제스트벤스키를 사령관으로 10월 15일 먼 극동을 향해 출항한다.

그러나 불행하게도 러시아는 발트해 – 블라디보스토크항 사이 총 29,000킬로미터의 항로 중에 고장난 함정을 수리할 수 있는 독크나 석탄 공급을 할 수 있는 저탄소를 한 군데도 갖고 있지 못했다. 게대가 영국함대가 해상 함포훈련과 기동작전 그리고 각종 첩보활동을 통해 견제를 해서 러시아 함대는 항진에 방해를 받았다.

발트해를 떠난 로제스트벤스크 제독의 발틱함대는 작은 함정으로 하여금 수에즈운하를 통과하게 하고 큰 함정은 아프리카 남단 희망봉을 돌아 1905년 1월

9일 마다가스카르의 노시베 섬에서 서로 합류하도록 명령하였다. 이곳에서 발틱함대는 러시아에서 증파된 순양함 5척과 구축함 2척과 합류하였다. 희망봉을 돌아 마다가스카르에 도착한 발틱함대는 뤼순항이 함락되었다는 소식을 듣게 된다. 이 소식은 함대의 사기를 꺾어 놓기에 충분했다. 또한 러시아 함대는 뤼순에 있는 태평양함대와의 결합이라는 파병목적이 표면상으로는 사라지게 되었다. 전략적 판단에 따라 귀환령이 내려졌으면 하겠지만 그것은 국가위신이 달린 문제였다. 의미 없이 두 달을 대기하게 되었다. 발틱함대는 프랑스의 우호적 중립 속에 마다가스카르에서 대기하면서 함포사격 훈련과 오랜 항로로 지친 심신을 달래고 있었다. 그러나 시간이 지나면서 포탄 부족에 따른 훈련 성과가 무의미해지고, 습한 기후가 내려쬐는 가운데 강철 선박에 갇혀있는 생활이 모두를 지치게 만들었다. 마침내 3월에는 출항하여 싱가포르에 도착할 수 있었으나 다시금 추가파견대를 3주일 동안 더 기다려야 했다.[9]

53척으로 구성된 발틱함대는 항로를 블라디보스토크 방향으로 정하고 싱가포르를 출항하였다. 블라디보스토크에 가야 함정의 수리 뿐만이 아니라 병사들이 충분히 휴식하고 군수품을 받을 수 있으며 일본군과 전쟁을 준비할 수가 있었다. 그런데 블라디보스토크로 가려면 한국과 일본 사이의 대한해협을 지나거나 아니면 일본 열도를 돌아가야 했다. 대한해협은 일본 열도를 돌아가는 다른 경로에 비해 가장 가까운 지름길이었으나, 안개와 바위섬으로 인해 좌초할 위험도 컸고, 일본 해군의 주력이 결집한 가능성이 많은 위험한 길이었다. 하지만 로제스트벤스크 사령관은 그나마 단거리인 대한해협을 통과해 가기로 결정하였다.

결국 일본은 최후의 결전을 서면 방면이 아닌 대한해협이나 동해상에서 준비해야 하는 것이 확실해졌고 러시아 발틱함대가 의미 없이 시간을 허송하는 동안 전함 수리와 전투 훈련하는데 매진할 수 있었다. 일본 해군은 정비를 마친 전함을 1905년 1월 21일까지 대한해협에 집결하여 계속 훈련토록 했으며 해상정찰을 강화하였다. 뤼순함대를 함락시킨 이후 피해를 당한 많은 선박들도 수리를 마치자마자 대한해협 해상에서 실시되는 훈련에 가담하였다. 모든 훈련과 준비를 마친 일본 함대는 러시아 함대의 출현만을 기다리는 입장이 되었다.[10]

한편 일본 연합함대 사령관 도고는 뤼순함대를 격파한 후인 1905년 1월 21일 함대를 대한제국의 진해항에 집결시켰다. 그리고는 약 3개월간 해상훈련을 실시하여 함대의 함포 사격술이 거의 백발백중의 경지에 이르도록 준비시켰다. 군의 사기를 충천케 하고 충분한 해상전투 준비를 마친 일본군은 73척의 소형 함정을 동원하여 북상해 오는 발틱함대를 수색토록 명령하였다.

동해해전: 발틱함대의 궤멸과 일본의 승리

1905년 5월 23일 발틱함대는 오키나와 근해에서 마지막 석탄을 싣고 대한해협을 향해 북상하기 시작하였다. 이때 러시아 함대는 일본의 어뢰공격을 피하기 위해 8노트의 낮은 속도로 감속해 갔다. 로제스트벤스키 사령관은 대한해협 부근에 이르러 이 해역에 일본해군 함정이 매복되었을 것으로 판단하고 빠른 속도로 해협을 통과하기로 하였다. 그러나 이들 발틱함대는 어둠이 내리고 안개가 자욱한 해협을 은밀히 통과하다가 일본 함대의 추적에 발각되어 공격을 받고 전몰하였다.

만반의 준비를 갖춘 일본 해군은 5월 27일 먼 항해에 지친 러시아 함대를 대한해협의 동수로, 즉 쓰시마해협에서 궤멸시켰다. 그 다음날 아침 여명 속에 북진하던 러시아 함대는 초전에 부상당한 로제스트벤스키를 대신하여 지휘권을 받은 네바가토프가 투항함으로써 러일전쟁 최후의 전투가 마무리되었다. 그날 오후 2시경 북으로 도주하던 러시아 수뢰정 2척은 울릉도 남서쪽 70킬로미터 지점에서 항복하였다. 일본 함대는 달아나는 잔여 함대를 울릉도 앞 동해 해상에서 포위하여 항복을 받아낸 것이다. 이때 포획된 비도이브이함에는 치명적인 부상을 입은 로제스트벤스키 제독이 누워 있었다.[11]

▲ 동해해전에서 발틱함대의 최후

막강한 러시아 발틱함대 38척 중 34척 이상의 군함이 일본이 쳐놓은 포위망
에 걸려 침몰하거나 포획당하였고 5,000여 명 이상이 사상당하거나 포로로 잡
힘으로써 비참한 패배를 당하게 되었다. 동해해전은 러시아 함대 300년의 역사
중 가장 치욕적인 사건이었다. 18대의 전함이 파괴되었으며, 5척의 전함이 항
복하여 일본함대에 편입되었다. 순양함 3척은 마닐라로 어뢰정 1척은 상하이
에 억류되었으며, 겨우 2급 순양함 알마즈호와 어뢰정 두 척이 블라디보스토크
로 빠져나왔을 뿐이었다. 12척의 주력함을 포함한 96척의 일본 함대는 3척의
어뢰정과 116명의 인원을 잃었을 뿐이었다.[12]

동해해전 후, 일본군은 사할린 전체를 점령하였고, 러시아는 평화회담을 청
해야만 했다. 일본이 승리한 것이다.

2) 철도역을 점령하기 위한 전투

한반도에서 지상전: 평양전투, 정주전투, 압록강전투

러일전쟁 발발 초기 러시아군의 기본 전략은 일본군을 직접 공격하기 보다는 뤼순항을 방어하며 일본군의 해상진출을 차단하고 항구를 통한 육상으로의 병력 수송을 막아 압록강에서 저지하는 데 있었다. 따라서 한만 국경선인 압록강은 러시아가 일본을 저지하는 최후 보루선이 되었다.

한편 일본 육군의 작전계획은 우선 3개 사단으로 구성된 제1군이 한반도로 파견되어 압록강 방면으로 진격케 하고, 마찬가지로 3개 사단으로 구성된 제2군은 요동반도로 진격한 후 요양(遼陽)에서 합류하는 것이었다. 일본은 인천해전이 벌어지기 이전인 1903년 11월에서 1904년 2월 사이에 벌써부터 한반도에 병력을 상륙시키기 시작했다. 마침내 1904년 2월 4일 일본이 개전 결정을 내리자 일본 육군은 기고시 야스쓰나(木越安綱) 소장 지휘 하에 보병 4개 대대의 주력을 한반도의 조선임시파견대로 출동시켰다.

그러나 본격적으로 일본군이 한반도에 발을 들여놓게 된 것은 인천해전 이후의 일이었다. 일본은 2월 8일 인천해전을 도발하고 약 3천 명의 병사를 인천항에 상륙시키고 수도 서울로 입성하였다. 일본은 인천항 이외에도 해빙된 진남포를 통하여 일본군 200명의 근위사단 예비병력을 일차로 상륙시켰으며 곧이어 제2보병사단을 상륙시켰다. 그리고 원산 방면으로는 5천 명의 보병을 상륙시켰다. 이와 같은 과정을 거쳐 일본군 제1군은 한반도 남부의 진해, 서부의 인천과 진남포 그리고 동부의 원산을 통해 각각 육해군을 진주시켰고 평양으로 집결한 후 압록강 방면으로 진격해 나갔다. 그 결과 2월 8일 일본군은 서울에 1만 5,000명, 평양에 1만명, 원산에 5천 명 그리고 다른 여러 곳에 2만명 등이 배치되어 한반도를 실질적으로 장악하였다.

러일 간 최초 지상 무력충돌은 1904년 2월 14일 평양에서 벌어졌다. 의주를 출발한 러시아 미쉔코 선견기병지대는 2월 12일 고된 산악행군 끝에 안주에 도착하였다. 이곳을 거점으로 한 선견기병지대는 상부의 명령에 따라 더 이상 진군하지 않고 평양과 영변에 정찰병을 파견하여 정보를 수집하였다. 그러다가 러시아 정찰병 2명이 직접 7명의 일본군과 총격전을 벌이는 평양 전투가 벌어졌다. 그러나 러시아군은 당시 평양에 일본군이 단지 1개 중대 병력만이 입성해 있다는 정보를 파악하지 못한 채, 주민들로부터 일본군이 8천 명 이상 주둔해 있다는 말을 듣고 상부의 퇴각 명령에 따라 퇴각하고 말았다.

러시아군과 일본군의 본격적인 전투는 3월 15일 정주에서 벌어졌다. 러시아의 미쉔코 선견기병지대와 일본의 근위기병대 분대와 보병중대 간에 벌어진 전투에서 적극적으로 일본군을 격퇴시킬 의지가 없었던 러시아군은 얼어붙은 압록강이 녹아 주력부대와 분리, 고립되는 위험을 피하기 위해 퇴각해 버렸다. 이 전투에서 러시아군은 1명의 장교와 3명의 병사가 전사하였고, 4명의 장교와 12명의 병사가 부상을 당하는 손실을 입었다. 일본측은 5명이 죽었고, 12명이 부상을 당했다. 그러나 양국의 주장과는 달리 일본군은 120명이 부상을 당하여 이들을 후송하느라 500명의 노무자가 고용되었다는 주장에서도 볼 수 있듯이, 당시 전투는 상당한 규모를 띤 전투로 전개되었다고 짐작할 수 있다.

평양에서 제1차 교전과 정주에서 제2차 교전을 승리한 일본군은 압록강에 집결하여 4월 16~18일 압록강 전투를 시작하였다. 이 전투에서 러시아군은 결국 패배하여, 만주로 도강하려는 일본군을 저지하지 못하고 압록강 북안까지 내주고 말았다. 러시아군과 일본군은 압록강 전투에서 상당한 희생을 치러야 했다. 자술리치 휘하의 러시아 동부지대는 17일과 18일 전투에서만 해도 대포 2문과 기관총 8대를 상실했으며, 73명의 장교와 2,324명의 병사를 잃었다. 635명이 포로로 잡혔고 250필의 말을 상실하였다. 이에 반해 일본측은 비록 평가가 다양하게 나오고 있지만, 러시아측 피해의 3분의 1 수준의 손상을 당한 것으로 알려졌다. 일본군 사상자는 889명 내지 1,036명 정도로 추산되었다.

압록강전투 결과 일본군은 압도적인 군사력과 기술을 바탕으로 러시아를 물리쳤다. 그 결과 일본은 만주와 대한제국의 국경 사이에 존재하던 러시아 진지를 거의 접수하여 만주 전선에서 러시아에 대한 전력적 주도권을 완전히 거머쥘 수 있게 되었다. 일본은 제2군과 제3군을 요동반도로 상륙시키는데 커다란 사기를 얻게 되었으며, 뤼순항을 넘어 만주의 남부 내륙지역으로 깊숙이 침투할 수 있는 계기를 마련하였다. 반면에 러시아측은 압록강을 넘어 오는 일본 육군을 끌어들여 격파함으로써 일본 군사력을 분산시키려는 작전 계획이 수포로 돌아가 향후 전선운용에 큰 차질을 빚게 되었다.[13]

동청철도 남만주지선의 주요 거점 요양(遼陽) 전투

1904년 5월 30일 대련항이 일본군에 점령됨으로써 러시아군의 병력은 뤼순항의 방위병력과 만주의 야전군으로 분할되었다. 일본군은 동청철도 남만주지선의 주요 거점인 요양을 점령하기 위해 북으로 진격하였다.

만주의 러시아군 총사령관 쿠로파트킨의 전략은 요양 주변에 자신의 병력을 집중시키고 자신의 병력이 적의 수보다 많아질 때까지 계속 방어하는 것이었다. 따라서 한 동안 자신의 선발대가 예상된 일본측의 북진을 지연시키기는 하지만 우월한 일본측 병력과 전면적 전투에 휘말리지 않고 충분한 시간적 여유를 갖고 후퇴하는 것이었다. 그 사이에 러시아의 진지 전투의 특성에 따라 요양으로 통하는 길들을 보호하기 위해 강력한 요새가 구축되었다. 반면에 일본측 전략은 뤼순항을 포위하도록 남겨두고 그 외의 모든 병력을 가능한 한 신속하게 만주에서 집결하는 러시아군에 대적케 하는 것이었다.

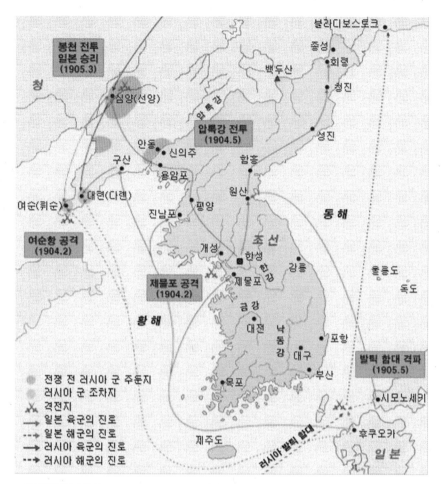

▲ 러일전쟁의 경과도

7월 말에 대석교(大石橋)에서 전투가 시작되었다. 오쿠 야스가다(奧保鞏)가 지휘하는 일본군 제2육전대가 자루바예프 장군이 방어하고 있던 대석교를 공격한 것이다. 7월 24일 여명에 전투가 시작되었다. 러시아군이 일본군에게 큰 손실을 입혔고 오쿠 장군에게는 예비병력도 거의 없었지만 자루바예프 장군은 야간에 후퇴하기로 결정했다. 러시아는 좋은 기회를 놓쳤고 후퇴는 러시아 병사들의 사기에 타격을 가한 결과가 되어 버렸다. 다음날 오쿠 장군의 제2육전대는 대석교를 점령하였다. 대석교는 영구(營口)항으로 연결되는 철도의 교차점이었다. 일본군이 이 철도를 장악하자 러시아군은 영구를 포기했다. 영구는 일본에서 직접 선박으로 수송하는 오쿠 장군 군대의 공급항이 되었다. 뿐만 아니라 대석교 전투로 북쪽으로의 길이 열리게 되었고, 일본의 제2육전대는 해성(海城)에서 교차로를 장악하고 북으로 진격하고 있던 제4육전대와 합류하게 되었다. 구로키 다메사바(黑木爲楨) 장군의 제1육전대도 비슷하게 진격하고 있었다. 따라서 8월 초까지는 일본의 3군 모두가 요양으로부터 약 30마일 이내의 지점에 합류했다.

일본인들은 최초의 대격돌로 기대되는 전투에 임할 준비가 되어 있었다. 돌이켜 보면 그것은 전례 없이 파괴적인 무기로 미증유의 긴 전선에서 대규모의 병력이 벌인 20세기의 대전투들 중 최초의 것이었다. 이 대전투의 전 병력을 지휘하기 위해 한 달 전에 일본으로부터 온 오오야마 이와오(大山巖) 장군 역시 자신의 참모부와 함께 그곳에 머무르고 있었다. 8월 23일까지 러시아측은 135,000명의 보병, 12,000명의 기마병, 599문의 포를 요양에 집중시켰으며, 일본측은 115,000명의 보병과 4,000명의 기마병 그리고 470문의 포를 배치했다.

전투 중 러시아측으로는 병력이 계속 보충되었다. 하지만 일본군엔 원병이 별로 없었다. 따라서 일본의 입장에서는 전투를 빨리 치르는 것이 나았다. 진격의 양 날개 중 한 곳에 병력의 압도적 집중을 이루기 위한 사단들의 재배치는 둘로 나누어진 일본군 병력을 분리시키는 산맥 때문에 어려웠다. 마찬가지로 측면포위를 위한 이동도 신속히 이루어지기 힘들었다. 따라서 정면공격보다는 단순한 전술이 채택되었다. 그러나 두 공격이 한 지점에서 만나는 이점은 두 진격로가 만나는 곳에서만 획득될 수 있기 때문에 두 길이 만나는 요양까지 러시아군을 밀어붙이고 그 지점에서 결정적 단계의 전투를 벌이는 것이 바람직스러웠다.

반면에 8월 24일까지 쿠로파트킨의 작전 계획은 요양의 남쪽에서 분견대를 가지고 강력하지만 신속성 있는 방어를 수행함과 동시에 강력한 예비병력을 집결시켜 적당한 때에 이 예비병력으로 수적으로 열세인 일본군에 반격을 가하는 것이었다. 따라서 분견대는 러시아의 반격이 준비될 때까지 적을 견디어낼 잘 준비된 전진진지까지 천천히 후퇴하도록 되어 있었다. 그러나 24일 쿠로파트킨은 신규 시베리아군단이 전투 시간에 맞추어 도착한다는 것을 알았다. 이 고무적 소식에 그는 자신의 계획을 바꾸었다. 즉 이제 그는 분견대가 전진진지로 후퇴하지 않고 자신들의 위치를 고수하게 하고 반격을 원래 의도했던 것보다도 일찍 가하기로 결정했다. 26일 맹렬한 전투가 시작되었다. 일본의 성공적 야간전투로 쿠포파트킨은 다시 한 번 계획을 수정했다. 결국 러시아군은 26일과 27일 밤 전진진지로 후퇴하고 말았다.

본격적 전투는 8월 30일에 벌어졌다. 일본의 6개 사단 병력이 요양의 남쪽 전진기지에 정면 공격을 가했으며 구로키 장군은 자신의 제12사단을 파견하여 요양 동쪽 15마일 지점 타이즈강의 북쪽 지류에서 도강하도록 했다. 이날 일본군의 주공격은 성공적이지 못했다. 당시 일본 지휘관은 전투에서 그렇게 많은 수의 병력을 지휘하는 기술을 아직 터득하지 못했다. 그러나 타이즈강을 건너는 구포키의 측면 포위작전은 성공적이었다. 이 작전은 쿠로파트킨의 동쪽 측면을 위협할 뿐만 아니라 묵덴으로 가는 그의 보급로마저 위협했다. 따라서 30~31일 밤에 쿠로파트킨은 전진기지를 방어하는 병력을 강력한 주진지로 후퇴하도록 명령했다. 이 주진지는 요양에 구축된 것이었다. 이 결정은 자신의 전선을 축소시켰다. 그리하여 타이즈강을 건넌 구로키는 교두보를 공격하기 위한 병력을 풀 수 있게 되었다.

이 대규모의 병력 재전개는 8월 31일과 9월 1일 밤에 수행되었다. 마지막 필사적 야간 공격을 준비하고 있던 일본인들에게는 아무런 소리도 들리지 않았다. 이 공격을 단행했을 때 일본의 보병들은 빈 참호를 공격하고 있음을 알게 되었다. 값비싼 실패 후 러시아 진지의 장악은 일본병사들의 사기를 상당히 높였지만 러시아군을 추격하기엔 너무 지쳐 있었다. 구로키의 병력은 여러 차례

약한 러시아 병력을 맞아 대패시켰다. 쿠로파트킨은 전진진지에서 후퇴한 병사들을 구로키에 맞서도록 배치했다. 그들은 9월 1일 집결하여 다음날 공격하려는 참이었다.

그러나 일본군이 만주산(滿洲山) 고지를 점령함으로써 쿠로파트킨의 계획을 무산시켰다. 만주산 고지는 9월 1~2일의 상당한 전투 결과 일본군들이 점령했다. 다음날 만주산 고지의 재탈환 기도는 성공하지 못했다. 자신의 공격을 이미 연기할 수밖에 없었던 쿠로파트킨은 슬루체프스키 장군에게 만주산 고지의 재탈환 임무를 맡겼지만 슬루체프스키는 지형을 잘 몰랐으며 자신이 책임질 상황에 빠지지 않으려고 항상 조심하는 사람이었다. 9월 3일 자정이 지나자 슈타겔버그 장군으로부터 시베리아 제1군단의 후퇴와 만주산 고지 최후공격의 실패 그리고 요양 주진지를 방어하는 지휘관으로부터 병력과 탄약이 떨어져간다는 보고에 접한 쿠로파트킨은 9월 3일로 계획된 구로키에 대한 공격을 취소하고 후퇴를 명령했다. 모든 병력은 묵덴으로 후퇴하게 되었다. 요양으로부터 50~60킬로미터 정도 후퇴한 러시아군은 9월 6일 묵덴 근교의 새로운 진지에 포진했다. 요양으로부터 러시아군이 후퇴함에 따라 대량의 비축 무기와 장비 그리고 식량 등과 함께 만주에서의 러시아군의 매우 중요한 기지가 일본군의 수중으로 넘어갔다.

요양전투에서 러시아군의 병력손실은 장교 541명과 사병 16,493명이었으며, 일본군은 장교 600명, 사병 23,243명의 병력손실을 입었다. 러시아군에 비해 일본군의 사상자가 훨씬 많았지만 요양전투는 의문의 여지 없는 일본군의 승리였다. 동청철도 남만주지선의 주요 거점인 요양을 점령함으로써 일본은 다음 목표인 묵덴을 향해 화살을 겨눌 수 있게 되었다.[14]

러일전쟁 지상전의 마지막 대전투: 묵덴(심양, 沈陽)전투

1905년 초 러시아와 일본 양국의 군대는 묵덴의 남쪽 샤강 부근에서 대치하

고 있었다. 1월 19일 쿠로파트킨이 마침내 공격명령을 내렸다. 그러나 그 공격 명령은 너무 길고 복잡하였다. 오랫동안 방어자세에 익숙해진 러시아인들이 갑자기 공세로 전환하기는 쉽지 않았다. 당장의 공격 목표는 산데푸라는 작은 마을을 포함하여 지반을 확보하는 것이었다. 일본군들은 러시아의 공격에 처음엔 다소 놀랐고 산데푸의 일부는 러시아군에 의해 점령되었다. 그러나 러시아의 진격은 곧 저지되었다.

많은 전투가 폭설과 강풍 그리고 영하 28도의 강추위 속에서 이루어졌다. 이런 자연조건은 러시아에게 유리한 요건이었다. 일본군들이 불안해하고 취약하고 반쯤 얼어붙었던 이 단계에서 쿠로파트킨이 자신의 예비병력을 투입했더라면 큰 승리를 거두었을지도 모른다. 그러나 그는 오히려 자신의 병사들에게 철수를 명령했고 그들이 쟁취했던 지반은 점차로 일본의 반격에 의해 상실되었다. 이 작전에서 러시아측은 14,000명의 병사를 잃었고, 일본측은 1,000명을 상실했다. 당시 러시아 공격군의 지휘관은 그리펜버그 장군이었다. 후일 쿠로파트킨은 그리펜버그가 자신의 명령에 반하여 너무 일찍 공격을 시작했다고 책망했으며 그리펜버그는 승리가 눈앞에 보일 때 후퇴를 명령했다고 쿠로파트킨을 탓했다.[15]

지상전의 마지막 대전투는 초기 100마일 그리고 후에 75마일로 축소된 묵덴의 전선에서 벌어졌다. 이때에는 뤼순항을 함락시킨 노기 장군의 제3육전대가 쿠로파트킨과 대치 중인 다른 제3육전대의 병력과 합류했으며, 가와무라 가게아키(川村景明) 장군의 제5육전대가 남동쪽에서 묵덴을 향해 행군하고 있었다. 제5육전대까지 투입되었다는 사실은 일본이 얼마나 묵덴전투에 심혈을 기울이고 있었는가를 상징적으로 보여준다.

러시아도 병력보강으로 이제는 훨씬 더 강력해졌다. 2월 19일 쿠로파트킨은 자신의 병력이 더 강하다고 느끼고 공세작전의 명령을 내렸다. 같은 시간에 자신의 군사력이 절정에 달했음을 깨달은 오야마도 너무 늦게 전에 공격하여 거대한 승리를 이룩하기로 결정했다. 그의 작전계획은 가와무라 군대로 하여금 동쪽 지역에서 측면 포위공격하여 러시아군 병력을 가와무라 쪽으로 끌어낸 후에 서쪽 날개의 노기 군대를 보내 러시아의 측면을 에워싸서 북방으로의 퇴로를 차단하면서 전 전선에서 공격을 가하는 것이었다. 자신의 중앙지구를 강력히 요새화함으로써 오야마는 자신의 주력을 두 날개로 분할할 수 있다고 느꼈다. 러시아의 작전 계획은 일본 방어선의 서쪽 날개를 공격하고 밀어붙여 일본군을 측면 포위하는 것이었다. 쿠로파트킨은 2월 25일 공격을 감행할 계획이었으나 일본군의 이동으로 자신의 계획을 수행할 수 없음이 분명해지자 24일 저녁에 공격작전을 취소했다.

같은 날 가와무라는 진격하여 요충지를 점령하고 러시아의 전초부대를 밀어붙였다. 이틀 후 그는 동쪽 지역의 러시아 방어선의 측면을 위협하는 것처럼 보였다. 이 위협에 대처하기 위해 쿠로파트킨은 보강 병력으로 1개 군단을 파견했다. 이 군단은 50마일 쯤 행군했다. 그러나 도착하자마자 서쪽 지역의 위협을 막기 위해 소환되었다. 3월 3일 이 군단이 묵덴에 도착했을 때 병사들은 총 125마일을 행군했으며 너무 지쳐서 전투에 참여할 수 없었다. 그 사이 2월 26일 일본군은 전 전선에 공격을 감행했다. 늘 그랬던 것처럼 정면공격은 비싼 대가를 요구했고 러시아의 진지들을 점령하진 못했다. 그러나 러시아의 방어자들의 정신을 빼앗아 측면으로의 파병을 막았다. 2월 27일 일본의 기병대가 서쪽 끝에서 출동하여 그들과 대치한 러시아의 파병기병대를 밀어붙였다. 그 뒤에 일본의 기병대로 가려져 지금까지 일본군의 방위선 뒤에 숨겨져 있던 노기의 제3육전대가 나왔다. 3월 3일까지 노기는 10마일 내의 묵덴을 향해 이동하고 있었다. 3월 6일까지 쿠로파트킨은 이 위험을 알지 못했다. 일본의 기병대에 가려져 있었기 때문에 그는 노기의 출현을 알지 못했다. 3월 6일 저녁 때까지는 러시아의 방어선이 위험하다는 것이 분명해졌다. 쿠로파트킨의 3군 중 서쪽 끝의 군은 전선을 남에서 서쪽으로 바꿀 수밖에 없었고 그것은 어려운 작전이었다. 이 3군이 일본군의 진격을 막고 강력한 반격을 가할 참이었다. 그러나 초기의 실패로 쿠로파트킨은 이 공격을 취소해 버렸다. 만일 그가 집요했더라면 아마도 이 전투에서 승리했을 것이다. 왜냐하면 당시 노기의 제3육전대는 어정쩡한 위치에 있었기 때문이다. 반격의 취소와 함께 철수 명령이 내려졌다.

3월 8일이 되자 쿠로파트킨은 묵덴의 북쪽 철도선에 대한 일본 기병대의 공격으로 더 낙담했고 철수는 총퇴각으로 발전했다. 러시아의 후위들이 퇴각을 안전하게 했다. 그러나 퇴각의 단계에서 간격이 발생하자 일본의 기병대와 포병대가 돌진하여 러시아 병력의 일부를 갈라내어 버렸다. 이 작전에서만 러시아는 약 1만 2,000명이 포로가 되는 큰 손실을 입었다. 이 묵덴전투는 3주일 동안 계속되었고 러시아의 패배로 끝났다. 이 마지막 지상전에서 러시아는 6만 5,000여 명의 사상자를 냈으며 2만여 명이 포로가 되었다. 일본측의 사상자는 4만 1,000여 명에 달했다. 오야마는 도쿄에 "오늘 오전 10시에 우리는 묵덴을 점령했다"고 승전보를 보냈다. 전투에서 패배한 쿠로파트킨은 차르의 명령으로 리니예비치 장군에게 사령관직을 넘겨주고 이르쿠츠크로 돌아갔다.

오야마는 분병히 전투에서는 승리했지만 전쟁에 이긴 것은 아니었다. 묵덴전투는 그 결말이 나지 않았다. 일본군은 커다란 전과를 올렸지만 러시아군을 괴멸시키지는 못했다. 일본군은 신규병력의 지원을 받지 못했으며, 특히 기병대가 새로이 보충되지 않았던 것이 큰 약점이었다. 반면 러시아군은 스핀가이 진지에 주둔하고 있으면서 군사력을 보충하는 등 확연하게 전투력을 회복할 수 있었다.

하지만 요양, 샤허 그리고 묵덴전투는 남만주로부터 러시아군이 후퇴했음을 의미하며, 일본의 입장에서는 지상전이 사실상 종결되었음을 뜻했다. 일본군 본부에서는 앞으로의 공격을 위해 어떠한 조치도 취하지 않았으며, 단지 러시아군이 공격으로 전환할 경우에 대비하여 대규모의 방어작업을 수행하고 부대의 전개를 강화하는 선에서 군사적 행동을 자제했다. 묵덴전투의 승자인 오야마는 전투의 승리 직후 즉각적인 평화수립의 필요성을 역설했다. 그는 일본 군사력의 한계를 인식했던 것이다.[16]

전쟁의 종결: 일본이 동청철도 남만주지선을 획득하다

1905년 1월 2일 뤼순항이 함락됨으로써 미국을 비롯한 열강들의 중재로 평화회담이 개최되어야 한다는 국제여론이 힘을 얻게 되었다. 미국대통령 테어도어 루즈벨트는 뤼순항이 함락되자 헤이 국무장관과 평화회담 착수에 관한 논의를 시작했다. 1월 13일 헤이 국무장관은 중립국들에게 중국의 영토보전에 관한 자신의 회담각서를 발송했다. 그리고 루즈벨트는 일본정부와 러시아정부에 공식, 비공식적으로 평화회담을 권고하였다.

러시아는 곧바로 루즈벨트 대통령의 권고를 거절했다. 그러나 거절 직후에 벌어진 묵덴전투에서 러시아군은 9만 7,000명의 병력상실과 함께 궤멸되었다. 발틱함대가 동해를 향해 다가오고 있기는 했지만, 사실상 전쟁은 끝났다고 보아야 했다. 양 교전당사자들은 탈진상태였다. 일본은 당시까지 자신들의 역사상 가장 큰 전투에서 승리했지만 그 결과 자신들의 물질적 및 재정적 자원의 한계에 도달하고 말았다. 묵덴전투 후에 참모총장 야마가타 아리모토 원수, 일본 원정군 사령관 오야마 이와오 원수, 원정군 참모장 고다마 겐타로 장군 등 군부 지도자들 모두가 평화를 주창했다. 끝까지 거부하던 러시아를 평화회담의 자리로 이끌어낸 것은 1905년 5월 28일 대한해협에서 러시아의 발틱함대가 도고 제독이 지휘하는 일본 연합함대에 의해 궤멸된 전투였다.

동해해전 이후 루즈벨트의 중재 아래 일본과 러시아의 평화회담이 포츠머스에서 진행되었다. 협상의 전권대표들은 러시아측의 비테와 로젠 그리고 일본측의 고무라와 다카히라였다. 8월 8일 포츠머스에 도착한 러일 양국의 협상가들은 다음날인 8월 9일부터 회담에 돌입했다. 8월 10일 오전 첫 공식회의에서 일본측의 서면요구가 러시아에 제시되었다. 그것은 다음 12항의 평화조건으로 구성되어 있었다.

제1항. 일본이 조선에서 지배적인 정치, 군사 및 경제이익을 갖고 있음을 러시아가 인정할 것과 조선에서 일본의 지도, 보호 및 통제의 어떤 조치도 방해하지 않는다고 약속할 것.

제2항. 지정된 기간 내에 만주로부터 러시아의 군사적 철수 및 러시아가 중국의 주권을 손상하거나 혹은 기회균등의 원칙과 일치하지 않는 모든 양보를 포기할 것.

▲ 일본의 사할린 점령

제3항. 개혁과 개선된 행정의 보장에 입각하여 일본이 점령한 만주지역을 중국에 반환한다는 것을 일본이 약속하지만, 여순지역의 조차는 이 약속에서 제외할 것.

제4항. 만주에서 상업과 산업의 발전을 위해 중국이 취할 어떤 조치들도 러일 양측이 방해하지 않을 것.

제5항. 일본에게 사할린섬을 양도할 것.

제6항. 여순의 조차권을 일본에 이전할 것.

제7항. 철도의 이익에 속하거나 그것을 위해 운영되는 탄광들을 포함하여 여순-하얼빈 철도를 일본으로 이전할 것.

제8항. 러시아가 만주를 가로질러 블라디보스토크까지 뻗어있는 만주횡단철도를 보유하지만 철도의 이용을 상업 및 산업적 목적에 국한할 것.

제9항. 실제 전쟁비용을 일본에 지불할 것.

제10항. 중립국 항구에 피신한 러시아 군함들을 일본측에 인도할 것.

제11항. 극동에서 러시아 해군력을 제한할 것.

제12항. 동해, 오호츠크해 및 베링해에 접해 있는 러시아 영토의 해안, 만 및 하천에서의 일본의 어업권을 인정해 줄 것.[17]

이러한 요구들에 대해 비테는 소집된 대표단원들과의 토론을 통해 항목별 답변을 준비했다. 답변은 2항, 3항, 4항, 6항은 동의하고, 1항, 7항, 8항, 12항은 논의를 통해 협상을 하고, 5항, 9항, 10항, 11항은 거부한다는 내용이었다.

논의의 대상이 되었던 항목 중 7항 뤼순-하얼빈 간 철도문제에 대해 비테는 러시아정부가 그 철도를 중국에 팔고 판매금을 일본에 전달하겠다고 제안했다. 그러나 고무라는 일본이 원하는 것은 철도이지 돈이 아니라고 응수했다. 비테는 뤼순-하얼빈 간의 전 철도를 일본에 이양하는 것을 거부했다. 그는 아직도 러시아군대가 장악하고 있는 묵덴에서 하얼빈까지의 철도를 러시아가 보유해야 한다고 고집했다. 고무라는 하얼빈 이남 남만주지선 전체의 이양을 주장했지만, 결국 장춘(長春)이 철도의 일본과 러시아 부분의 연결역이 되어야 한다는 비테의 제안에 동의했다. 그리하여 동청철도 남만주지선의 뤼순-장춘

간의 철도가 일본의 소유가 되었다.

8항에 대해서는 논의 과정에서 일본측 제안의 엄격한 적용이 이루어질 수 없음이 분명해졌다. 러시아는 블라디보스토크와 연해주에 적어도 약간의 병력을 유지할 수밖에 없으며 만주를 통과하는 철도가 유일한 실질적 수송수단이었다. 아직 아무르철도가 완공되지 않은 상태에서 아무르강 북쪽 길로 시베리아를 통해 병사들이 수 백마일을 행군할 수는 없었다. 고무라는 병력의 수송이 완전히 배제되어서는 안된다는데 동의했다. 고무라는 평화조약에 철도가 상업 및 산업 목적을 위해서는 사용되지만 전략적 목적을 위해서는 사용될 수 없다고 명기하자고 제안했고 그것을 비테가 수용하였다.

러시아가 거부했던 항목 중 10항과 11항은 이 두 제안이 모두 러시아의 국가적 명예를 침해하는 것으로 국제법의 관행을 위반하는 것이라는 비테의 주장에 고무라가 동의하여 자신의 요구를 철회하였다.

문제는 5항 사할린섬 양도의 문제와 9항 배상금 지불에 관한 문제였다. 일본이나 러시아나 모두 이 문제에 대해서는 강경한 입장을 취했다. 자칫 평화회담이 결렬될 수도 있었다. 결국 8월 29일 마지막 공식회의에서 비테가 승리하였다. 비테의 제안은 "배상금 없이 북위 50도선을 분계선으로 사할린을 분할하는 것"이었다. 포츠머스 평화회담을 성공리에 끝나고, 러일전쟁은 종결되었다.[18]

비록 배상금을 받아내지는 못했고 사할린도 절반 밖에 양도받지 못했지만, 일본정부는 포츠머스 평화회담의 결과에 만족해했다. 일본이 평화협상에서 절대적으로 불가결한 조건으로 간주하고 있던 3가지의 목적, 즉 조선에서 일본의 무제한의 자유, 만주에서 양국군의 철수 그리고 뤼순 북쪽 남만주철도와 뤼순 및 요동반도의 할양 등이 확보되었다. 전쟁의 최소 목적이 성취되었던 것이다. 일본은 러일전쟁으로 할양받은 남만주철도를 관리할 남만주철도주식회사를 설립하여 이후 대륙진출의 첨병기지로 활용하게 된다.

03

\

대륙침략의 선봉, 남만주철도주식회사

1) 남만주철도주식회사의 설립

러일전쟁 승리의 선물

1905년 러일전쟁의 승리로 일본은 조선의 지배권을 승인받았을 뿐만 아니라 남만주를 장악할 수 있게 되었다. 일본은 러일 간의 강화조약인 포츠머스 조약과 청일 간에 체결된 '만주에 관한 청일협약(이하 청일협약)'을 근거로 러시아로부터 요동반도 남단(뤼순, 대련 및 주변지역)의 조차권을 넘겨받고 또한 장춘부터 뤼순까지의 동청철도 남만주지선과 그에 딸린 탄광을 양도받았다. 또한 청일협약 부속협정을 통해 철도 수비병 주둔과 일본 군용철도 안봉선(안동~봉천)의 개축이 허가되었다. 이외에 비밀 협약으로 길장철도(길림~장춘) 부설권을 약속받았으며, 외국인이 일본의 이권을 침해하는 다른 철도 부설을 할 수 없도록 금지시켰다. 일본은 뤼순, 대련 등의 조차지를 관동주(關東州)로 만들어 육군장관을 도독으로 하는 관동도독부(후에 관동청으로 개칭)를 설립하였다. 그리고 관동주와 남만주 철도의 경비를 위해 군대를 주둔시켰는데, 이것이

관동군의 시초가 되었다.[1]

일본은 우장 세관의 직원까지 모두 일본인으로 대체하고, 일본 상인에게는 철도 운임의 할인을 비롯하여 우편 전신 이용 등에서 특별 편의를 제공하는 등 만주에서 배타적인 이권 범위를 확립하였다. 그들은 남만주의 광산·목재·전기 사업 등의 독점권을 장악했을 뿐만 아니라, 철도 연변을 부속지로 하고 징세권과 치외법권을 행사하였다. 이는 기존의 러시아가 보여준 '철도부속지'의 특권을 일본이 전유함과 동시에 그 이익의 배타성을 크게 확장하는 것이었다. 이에 따라 일본은 만주에서 독특하게 실현된 '철도부속지'를 통해 각종 이권들을 청의 허가 없이 마음대로 사용할 수 있는 권리를 얻었다.[2]

한편, 일본은 고토 신페이(後藤新平)와 고다마 겐타로(兒玉源太郎)의 구상에 따라 만주에 철도 회사를 설립하기로 하였다. 1906년 6월 천황의 칙령이 선포되고 1907년 2월 27일 자본금 2억 엔(정부 1억 엔, 만철 사채 및 주식 공모 1억 엔)을 토대로 남만주철도주식회사(이하 만철)이 설립되었다. 만철은 고토 신페이를 초대 총재로 하여 1907년 3월에 운영을 개시하였다. 이 회사는 일본 정부가 주식의 절반을 차지하고 있는 반관반민의 회사였지만 공식적으로 국가기관이 아니었기 때문에 만주에서 일본의 이익을 취하는 데 더욱 유리하였다.[3]

일본의 구상에 따라서 만철은 일본의 국책을 집행하는 국책회사로서 철도수송사업 이외에도 철로연변의 부속지에 대한 행정권을 이용하여 여러 부대사업을 운영하도록 관리되었다. 그래서 도로 및 수로 확충, 전기, 가스, 숙박시설, 상점, 물품하역소, 교육기관, 병원, 공장, 농장, 탄광 등 공사의 다양한 영역에 걸친 부대사업이 만철에 의해 운영되었다. 그 결과 만철의 철도수입과 함께 무순탄광과 안산제강소는 일본의 달러박스가 되었다.[4]

고토 신페이는 만철 창립 직후 대련 본사와 도쿄에 만철 조사부와 동아경제조사국을 신설하고 중앙시험소(기술개발)와 지질연구소를 설치하여 만철의 중추를 담당하게 했다. 특히 조사부는 이후 많은 부침의 과정을 겪으면서도 만주에 관한 각종 정책들을 입안하는 기능을 담당하여 이후 일제의 만주 정책에

큰 영향을 미치게 된다.[5)]

▲ 대련의 남만주철도주식회사 본사

　1908년부터 만철은 본격적으로 사업을 확대하는 동시에 철도망을 정비하기 시작하였다. 남만주철도는 동청철도의 경우 러시아의 게이지(5피트)를 쓰고 있었기 때문에, 일본이 러일전쟁 중 철도를 점령하면서 게이지를 일본의 게이지(3피트 6인치)로 수정하였다. 그런데 이후 한국철도와의 연결성이 고려되면서 국제표준궤도로 바꿔야할 필요성이 제기되어 게이지(4피트 8인치 반)를 수정하는 공사가 진행되었다. 또한 1907년 5월부터 1909년 10월까지 대련과 소가둔(蘇家屯) 간의 복선 공사가 시행되었고, 1909년에는 안봉철도 표준궤도화가 완성되었다. 이 외에 길장철도가 1912년에 완공되었고, 사조철도(사평가~조남)가 1915년부터 1924년에 걸쳐 개통되었다.[6)]

　이처럼 일본은 만철을 확장하는 과정을 통해 만주의 '반식민지'화를 진행하였다. 일본은 만철이라는 '기업'을 통해 진출하면서 국제적인 비난을 피하였고, 동시에 철도를 통해 경제적으로 만주를 장악할 수 있었다. 만철의 관할이 1911년 8월에 체신국에서 척식국으로 이관되는 것을 통해서도 명확히 드러나듯이, 일본은 만철에게 철도 산업 외에 각종 다양한 이권 사업 등을 맡기는 것을 통해 일제를 '대리'하도록 하였다. 이와 같은 만철의 성격을 통해 당시 일본은 철도 연선을 따라 경제적인 이권을 침탈하였다.[7]

안봉철도(安奉鐵道)를 통해 본 만철의 성격

만철이 만주에서 부설한 철도 중 안봉철도의 성립에 대해 좀 더 자세하게 알아보자. 안봉철도는 만주와 조선을 연결하고, 당시 일제의 힘이 미치지 않고 있었던 간도 및 연해주로의 진출을 위해 꼭 필요한 전략적인 부분이었다. 따라서 안봉철도를 둘러싼 과정과 의의를 살펴보는 것은 만주를 둘러싼 일제의 의도를 보다 명확히 하는데 도움을 줄 것이다.

본래 안봉철도는 러일전쟁을 위해 일본이 임시로 가설한 군용철도로서 육군 임시군용철도감부가 압록강 오른쪽 기슭의 안동에서 봉황성과 하마당을 지나 봉천의 남단까지 건설한 궤폭 2피트 6인치의 군용 경편철도였다. 1906년 9월 1일에 임시군용철도감부가 해산되면서 안봉철도의 관리는 야전철도제리부로 이관되었고, 1907년 4월 1일 만철이 개업하면서 야전철도제리부에서 다시 만철로 그 관리가 넘어갔다.[8]

만철은 개업과 더불어 야전철도제리부로부터 넘겨받은 군용철도의 정비를 시작했다. 정비는 주로 남만주지선 대련~장춘 구간의 궤도 개조와 대련~소가둔 구간의 복선화에 중점을 두고 있었기 때문에 정작 안봉철도 개축에는 착수하지 못했다. 이후 안봉철도의 개축으로 인한 노선변화와 그 철도부속지 관련 문제로 중일 간의 의견 차이가 있어 난항을 겪었으나 문제의 부분을 누락시킨 채로 1909년 8월부터 개축이 실시되었다.

만철은 1909년 8월 6일에 안봉철도를 표준궤로 바꾸는 개축을 단행한 다음, 안봉철도의 동서 양쪽 끝에서부터 개축 공사를 시작했다. 그 결과 이듬해 11월 3일에는 동쪽의 안동~계관산 구간이 준공되었고, 1911년 1월 15일에는 안봉철도와 무순선의 분기점이 되는 무안과 본계호 구간이 개통되었으며, 11월 1일에 안동에서 안봉철도 무안~안동 구간 개통식을 올렸다. 1918년에 중국이 만철의 안을 승인하여 진상에서 오가둔을 경유하여 소가둔으로 연결하는 노선을 건설, 이듬해 12월에 이를 완성했다. 아울러 1909년 10월에 남만주철도 본선 대련~소가둔 구간 복선화 공사가 끝나나, 소가둔~봉천 구간의 복선화는 1920년 11월에 준공한다.[9]

이후 안봉철도를 둘러싼 조선과의 연결 작업의 포커스는 압록강 가교 공사로 가게 된다. 일본이 이에 대한 법적 근거가 없어 문제가 되었으나 중국 측과 협의되어 1911년 11월 1일에 안봉철도의 전 구간이 표준궤로 개통됨과 동시에 그 준공을 보았다. 그 이튿날부터 드디어 서울~봉천 구간의 직통 열차가 운행되기 시작했고, 같은 날 봉천에서 중·일 사이에 압록강 열차 통과에 관한 협약이 조인되어 조만국경을 통과할 때의 통관 수속 등이 결정되었다.[10]

지금까지 살펴본 것처럼 안봉철도는 여러 가지 문제로 인해 늦어졌지만 결국 시공되어 조만철도를 연결하는 중요한 지점이 되었다. 군용 경편철도 궤폭을 한반도의 철도와 동일한 표준궤로 개축하고, 압록강에 철교를 가설하여 경의철도와 직접 연결하는 것은 한반도 남부의 부산과 남만주 중앙부의 봉천을 하나의 철도로 연결함을 뜻하는 것이었다. 이로 인해 일제는 만주와 조선을 하나로 묶는 조만 일체화 루트를 형성하게 된 것이다.[11]

이와 같은 의의와 함께 생각해야할 지점은 지금까지 다른 목적을 가지고 부설되었던 일제의 철도들이 하나로 합쳐지면서 철도를 통한 일제의 영향력을 확대시켰다는 것이다. 즉, 군사적인 목적이 강했던 조선철도와 경제적인 목적이 강했던 만주철도의 연결을 통해 조선과 만주의 철도가 군사·경제적인 역할을 함께 수행하게 됨으로서 일제의 영향력이 일본-조선-만주의 공간에서 유기적으로 연결되었다는 것을 보여주는 것이다. 또한 그동안 전략상에서 문제가 되었던 간도 지역을 일제의 의도대로 재편할 수 있는 단초를 마련함과 동시에 러시아를 더욱 효과적으로 제어할 수 있는 수단을 얻은 것이라고 할 수 있다.

2) 한국철도와 만철의 관계

한편, 제1차 세계대전이 일어난 후 만주에 전쟁특수가 발생했다. 이와 같은 특수를 바탕으로 만철은 그 철도망을 확대하였다. 1910년대에 앞서 언급한 노선들이 완공되었고 1920년대가 되면서 새로이 조앙(조남~앙앙시)철도, 길돈철도(길림~돈화)를 연결하는 철도를 부설하였다. 앙앙시는 치치하얼(齊齊哈爾)에 가깝고 연장만 하면 동청철도와 접속된다는 장점이 있었다. 따라서 조앙철도는 당시 소련이 경영하면서 북만주의 물산을 수송하는 대동맥이었던 동청철도에 타격을 준다는 의미도 있었다.

당시 동청철도는 1917년 러시아 혁명 이후 정치적 혼란과 화폐가치 하락으로 의한 타격 때문에 경영난에 빠져있었다. 또한 정치적 혼란이 가속화됨에 따라 북부 만주의 거점인 하얼빈이 경제적인 힘을 상실하게 되었고 동청철도 노선은 혼란에 빠져 유럽까지 물자를 운송할 수 없었다. 이를 통해 남만주 지역의 대련이 경제적 중심지로 떠올랐다. 만철은 이러한 분위기 속에서 조사부를 통한 면밀한 정보수집과 검토를 시작하였다. 그리고 이를 바탕으로 만철은 치치하얼에서 남하하여 물산을 수송하는 조앙철도의 부설을 서둘렀다. 이 철도는 1925년 착공하여 1926년에 개통되었다. 한편 길돈철도는 길림에서 돈화, 두만강을 거쳐 회령에 이르는 길회선의 일부로서 이 시기에 부분적인 공사가 이루어졌는데, 철도는 1926년 착공하여 1928년 준공되었다. 이와 같은 만철의 조사와 철도망 확장은 북만주와 시베리아 등 러시아의 세력권으로 일제가 영향

력을 확장하고자 하는 과정을 단적으로 보여주는 것이다.12)

이에 대한 연결선상에서 조만철도의 운영도 검토할 만하다. 조만철도 연결은 앞서 안봉철도 부설에서도 살폈던 것과 같이 일제의 영향력을 북만주로 확장하는 데에 그 목적이 있었다. 이와 같은 구상은 조만철도 연결에 큰 공을 들였던 데라우치가 내각을 형성하면서 본격적으로 실현되게 되었다.13)

일본 정부는 조선총독부 철도국과 만철 사이에 '국유조선철도위탁협약'을 체결하여 이를 천황의 칙령으로 반포하는 것을 통해 만철이 조선철도를 위탁경영이 시작되었다. 이를 만철이 맡게 된 것은 만철이 공식적인 국가기관이 아니었기 때문이었다. 따라서 국제열차인 조만철도 운영을 문제없이 실행할 수 있는 유일한 주체로서 부각되었다. 그리하여 만철은 위 협약을 통해 조선철도의 건설·개량·보전·운수 및 부대업무 일체를 경영하게 되었고, 이로 인한 이익을 나누게 되었다. 하지만 실질적으로 이 사업은 이익금의 대부분을 조선총독부가 가지고 가는 구조였기 때문에 만철의 손해가 컸다.14)

본래 일본 정부와 만철은 대련항을 중심으로 하는 수출입구조를 채택하고 있었다. 만철이 성립된 이후 만철이 만주지역의 경제력을 빠르게 흡수하게 만들고자 하는 일본 정부의 정책이 있었기 때문이다. 이 정책은 '해항발착특정운임제도'로 거리와 상관없이 똑같은 운임을 부과하는 제도였다. 이를 통해 만철은 만주산 콩 등 원료품과 일본산의 면제품 등 공업제품을 대련항으로 집중시키면서 막대한 이익을 얻고 있었다.15)

이러한 이익이 조만철도가 연결되면서 줄어들기 시작했다. 일본 정부와 조선총독부의 요구에 따라 관세감면과 '삼선연락운임'이 채택되면서 철도를 통한 운임이 낮아졌고 이는 대련항의 수출입 감소로 이어졌다. 이로 인해 만철은 강하게 반발하였고 대련 및 영구에 있던 일본인 상공업자들도 대대적으로 반발하면서 만철과 조선총독부의 대립이 격화되었다. 이외에 위탁경영이 가지는 여러 가지 문제점들이 있어 위탁경영은 1925년을 기점으로 막을 내리게 되었다.16)

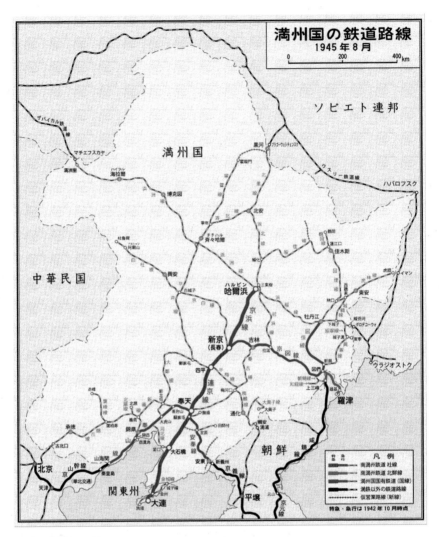

▲ 만주의 철도 노선도

　일제는 안봉철도를 통해 조만철도를 연결하고 이를 만철에 위탁하는 것을 통해 일제의 영향력 하에 일본－조선－만주를 동일한 경제권으로 재편하고자 하는 의지를 보였다. 또한 이 시기 시베리아 출병이 행해졌을 때 조선철도와 만주철도의 연결을 통해 신속한 군사 이동을 가능해지면서 그 효용성을 입증하기도 했다. 경제적인 이유 때문에 위탁경영은 막을 내리게 되었으나 이러한 효용성은 1930년대 조선철도의 만철위탁이 다시 거론되게 만드는 이유가 되었다.

그렇다면 만철과 조선철도의 관계는 어떠했을까? 잠시 그 관계를 살펴보도록 하자.

일제강점기 당시, 일본정부는 3개 지역의 연락 운송을 증진하고, 각 노선 운영의 통일을 기하기 위하여 남만주철도주식회사에 조선철도의 운영을 위탁한 적이 있다. 1917년 7월 31일 부로 조선총독부 소유의 전 노선이 만철의 위탁경영 체제로 운영된 바 있다. 그러나 연락 운송은 그리 원활하지 못하였으며, 만철 역시 조선철도 경영을 통해 충분한 수익을 거두기는커녕 총독부 측의 납입금 부담이 발생하였다. 또한, 총독부측 역시 한반도 통치에 활용하기 위하여 직영 체제로의 전환을 요구하였다. 종사원 문제 등의 여러 문제가 있으나, 근본적으로 만철과 총독부측의 이해가 일치하였기에 큰 지장 없이, 1925년 4월 1일 부로 다시 총독부 산하의 철도국으로 환원되었다.

또한, 남만주철도주식회사는 초기부터 함경도 북부 지역에 동해로 연결될 수 있는 루트로 길림(吉林)~회령간에 주목하고 있었는데, 이후 만주사변으로 인하여 일본의 만주 통제력이 크게 신장되면서 이 중국측 부설 노선 등의 노선 통합을 통해 신징에서 나진에 이르는 루트를 완성할 수 있었다. 이에 따라 1933년 10월 1일부터 한반도 내 구간 등 북선선(北鮮線) 구간에 대해 대국적 견지에서 만철에 위탁하도록 하였다. 이후 계약 방식과 위탁 구간의 변동이 있었으나, 함경도 북부의 철도에 대해서는 만철의 영향력이 해방 전까지 유지되고 있었다.

한편, 해방 이후의 차량 면에서도 만철의 영향은 존재하였다. 대련 인근의 사하구(沙河口) 등에 설치된 만철의 공장으로부터 조달된 차량이 해방 이후에도 운영되었다. 1930년대에 조달된 조차, 유개차, 무개차 중 일부가 만철 산하 또는 관련된 공장에서 조달되었다. 한국전쟁과 이후의 해외 원조, 자체 제작을 통해 이들 화물차량은 1980년대 경에는 대다수가 대체, 폐차되었다.

04

철도선을 따라 이루어진 일제의 대륙 침략

1) 시베리아내전과 일본군의 시베리아철도 점령

러시아혁명

1917년 2월 (서력 3월)*) 제정러시아의 수도 페트로그라드에서 시작된 러시아혁명의 바람은 시베리아와 극동 연해주에도 불어 닥쳤다. 1917년 3월 4일(서력 3월 17일) 블라디보스토크에서는 노동자병사소비에트 제1차 대회가 소집되어 소비에트 집행위원회를 선출했다. 소비에트는 하바롭스크, 우수리스크 등 연해주 각 지역에서 연이어 결성되었다. 그러나 소비에트는 권력을 완전히 장

---

* 10월혁명 전까지 러시아에서는 서구의 그레고리력과는 다른 율리우스력을 사용했다.
두 역법 사이에는 13일의 차이가 있었다. 때문에 2월혁명은 서력으로 3월 8일에, 10월
혁명은 11월 7일에 일어났다. 1918년 소비에트정부는 역법을 그레고리력으로 바꾸기로
결정하고 2월 1일을 13일을 건너뛰어 2월 14일로 개정했다. 그러나 역법의 개정이 러
시아 전역에 즉각적으로 받아들여지지는 않은 것 같다. 잠시 동안 혼란의 시기가 있었
을 것이다. 본고에서는 기존 율리우스력으로 기재된 날짜는 서력을 병기했다. 따로 서
력이 병기되지 않은 날짜는 서력임을 밝혀둔다.

악하지 못한 상태였다. 같은 시기 현지의 부유층들도 자신들의 권력기관을 조직했다. 블라디보스토크의 젬스트보, 증권산업위원회, 협동조합의 대표자들은 3월 17일(서력 3월 30일) 집회를 열어 부르주아권력기구인 '사회안전위원회'를 조직했다. 사회안전위원회는 케렌스키(А.Ф.Керенский)를 수반으로 하는 러시아임시정부를 지지했다. 이리하여 블라디보스토크에는 소비에트와 사회안전위원회의 이중권력체제가 나타났다. 이러한 현상은 러시아 극동의 다른 지역에서도 공통적으로 나타났다.[1]

이런 가운데 1917년 5월 블라디보스토크에서 제1차 극동지방소비에트대회가 열렸다. 여기에서 러시아 극동지역을 관할하는 소비에트극동지방위원회가 조직되었다. 소비에트는 볼세비키와 멘세비키 그리고 사회혁명당원들로 이루어졌다. 그 안에 볼세비키는 소수였고, 멘세비키와 사회혁명당이 다수를 점하고 있었다. 이에 대항해 러시아임시정부도 극동지방에 대한 통치권 장악에 나섰다. 임시정부는 루사노프(А.Н. Русанов)를 극동전권위원으로 임명하여 하바롭스크로 파견했다. 그는 아무르주, 연해주, 자바이칼주의 각 사회안전위원회와 협력하여 행정권을 장악했다.

1917년 10월(서력 11월 7일) 페트로그라드에서 볼세비키의 무장봉기가 일어났다. 10월사회주의혁명이 발발한 것이다. 사회주의혁명의 파도는 즉각 러시아 전역으로 퍼져갔다. 러시아 극동지역도 예외는 아니었다. 1917년 12월 하바롭스크에서 제3차 극동지방소비에트대회가 열렸다. 대회는 극동지방소비에트를 유일한 대표자로 인정한다고 선언했다. 이 대회에서 선출된 집행위원회에서는 볼세비키가 다수를 차지했다. 2월혁명 이후 망명지인 미국으로부터 돌아온 볼세비키인 크라스노쇼코프(А.М.Краснощёков)를 수반으로 하고 한인 여류혁명가 알렉산드라 페트로브나 김이 외무위원을 맡은 극동소비에트정부가 수립되었다.[2] 마침내 볼세비키가 러시아극동지역의 권력을 장악하게 된 것이다.

▲ 한인 여류 혁명가 알렉산드라 페트로브나 김

그러나 이 정부는 매우 불안정한 기반위에 서 있었다. 곧 제국주의 열강은 혁명러시아에 대한 간섭전쟁을 일으켰다. 이에 고무받아 러시아내 백군세력이 소비에트정부에 반란을 일으켰다. 내전이 시작된 것이다. 이로써 러시아 전역은 극심한 혼란에 휩싸이게 되었다.

시베리아내전

내전은 크게 3방면에서 벌어졌다. 무르만스크를 중심으로 한 유럽러시아의 유데니치(Н.Н. Юденич), 볼가강 유역인 남부러시아의 데니킨(А.И. Деникин), 그리고 시베리아의 콜차크(А.В. Колчак)가 소비에트정부에 반대하여 봉기를 일으킨 대표적인 백군 지도자였다.3) 이 중 시베리아와 러시아극동지역의 내전에는 일본이 깊이 개입했다. 시베리아내전의 전개과정을 개괄적으로 살펴보면 다음과 같다.

1917년 10월혁명이 일어나자 시베리아 중심부 톰스크(Томск)에서는 포타닌 등이 시베리아지방의 독립과 자치를 도모하며 봉기를 일으켰으나 실패했다. 시베리아내전은 1918년 2월 레닌정부가 브레스트에서 독일과 단독으로 강화조약을 체결함으로써 본격적으로 전개되었다.

1918년 5월 유럽러시아로부터 극동지역으로 이동하고 있던 체코군단이 레닌 정부에 반대하여 봉기를 일으키자 이에 고무된 시베리아 각지의 백군들은 통일을 도모하여 그해 7월 11일 옴스크(Омск)에서 시베리아정부의 수립을 선언했다. 이 정부는 5명의 집정관으로 이루어진 집단지도체제를 취했는데 그해 11월 중순 집정관 중 한명인 육해군장관 콜차크 중장*)이 통일을 명분으로 하여 무력으로 정권을 장악했다. 헌정의회 개설, 볼세비키 소탕, 재정정리 등을 당면과제로 내세운 콜차크정부는 미국, 영국, 프랑스의 지원 아래 그 기초를 굳게 했고, 또한 열강에 대한 러시아의 채무이행을 명분으로 내세워 열강의 승인을 얻어 전시베리아에서 최고통치권을 획득했다. 이리하여 서에는 레닌정권, 동에는 콜차크정권의 시대가 왔다.[4]

한편 러시아극동 연해주에서는 6월 29일에 블라디보스토크에서 데르베르(П.Я.Дербер) 등 사회혁명당계의 시베리아정부가 수립되었다. 7월에는 러시아와 중국의 국경도시인 그로데코보에서 제정러시아 중동철도장관인 러시아육군중장 호르바트(Д.Л. Хорват)와 우수리카자크 아타만(Атаман, 대장)인 칼미

---

* 알렉산드르 콜차크(Александр Васильевич Колчак) (1874. 11. 16~1920. 2. 7) 러시아 반혁명군 지도자 중 1인. 해군제독. 1894년 해군사관학교를 졸업하고 러일전쟁과 제1차세계대전에 참전했으며 1916년 7월에는 흑해함대 사령관이 되어 러시아혁명을 맞았다. 2월혁명 후 반혁명적 입장을 취하여 해군 병사들의 압력으로 임시정부로 소환되어 영국과 미국으로 파견되었다. 1918년 10월 옴스크로 돌아와 '시베리아정부'의 육해군장관이 되었으며, 11월 18일에는 카데트와 백군장교들, 그리고 제국주의간섭군의 지원을 받아 쿠데타를 일으켜 군사독재정권을 수립했다. 한때 볼가강 근처까지 군대를 진격시키기도 했으나 적군에게 패배하여 이르쿠츠크로 도망했다가 1919년 12월 27일 체코군 수비병들에게 체포되어 혁명위원회에서 사형을 선고받고 1920년 2월 총살당했다. (Большая Российская энциклопедия, Москва, 1969-1978гг.)

코프(В.М.Кальмыков), 블라디보스토크 체코군사령관 데이데리스크가 회합하여
극동임시정부 수립을 선언했다. 데르베르의 블라디보스토크 시베리아정부와 호
르바트의 그로데코보 극동임시정부는 모두 옴스크의 시베리아정부를 지지하며
경쟁했으나 옴스크정부가 호르바트 지지를 선언함으로써 극동연해주의 실권은
호르바트에게 돌아갔다. 호르바트는 9월 30일 극동임시정부를 옴스크 시베리아
정부에 통합시키고 자신은 옴스크정부의 극동총집정관 및 동중철도지대 사령관
에 임명되었다. 또한 자바이칼주에서는 그 지역 카자크 아타만인 세묘노프(Г.М.
Семёнов)가 치타에 주둔하여 소비에트정부에 대해 선전포고를 하고 세력을 확
산했다. 이후 콜차크는 세묘노프를 자바이칼주 군무지사로 임명했다.[5]

이렇게 하여 러시아극동지역은 꼴차크 제독의 옴스크정부를 지지하는 세 백
군부대에 의해 분할되었다. 치타를 중심으로 하는 자바이칼지역의 세묘노프 부
대, 하바롭스크를 중심으로 하는 우수리와 아무르지구의 칼미코프 부대, 블라디
보스토크에서 하얼빈에 이르는 중동철도 연선의 호르바트 부대가 그것이다.

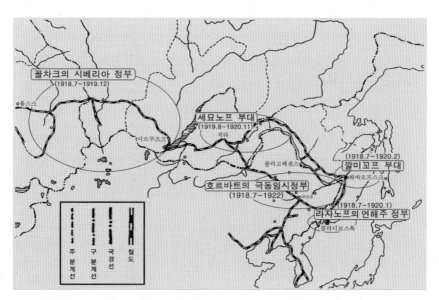

▲ 시베리아철도와 내전 초기 백군의 활동지역

이들과 극동소비에트정부가 지휘하는 적군 사이에 시베리아와 연해주를 둘러싼 치열한 전투가 시작되었다. 1918년 6월 29일 블라디보스토크에서 체코군의 봉기가 일어나 수하노프(К.А.Суханов)*)가 지도하던 블라디보스토크소비에트가 붕괴하고 사회혁명당원 데르베르를 수반으로 하는 시베리아임시정부가 수립되었다.6) 미국, 일본, 프랑스, 영국 등 제국주의 열강은 곧 임시정부를 승인하고 백군을 지원하기 시작했다. 이에 하바롭스크 극동소비에트정부에서는 7월 4일 소비에트를 방어하기 위한 전투에 돌입한다는 다음과 같은 호소문을 발표하고 백군과의 전투를 시작했다.

> 여러분은 적위군 부대의 일원으로 모두 일어나 전선으로 급히 가십시오. 혁명의 불구대천의 적들을 절멸시킵시다. 동지들이 자신의 집, 아내, 자식, 자유와 노동권을 보호하려 한다면 누구도 집에 남아있어서는 안됩니다. 모두 무기를 잡으시오.7)

7월 15일 극동소비에트정부는 징집령을 발포하여 새로운 병력을 충원함으로써 스파스크 일대에 전선이 형성되었다. 일진일퇴를 거듭하던 백군과 소비에트적군의 전투는 8월 23일 일본군을 주력으로 하는 제국주의간섭군이 전투에 참가함으로써 급격히 백군의 우세로 돌아섰다.8) 일본군과 미군의 원조를 받은 백군은 칼미코프의 지휘아래 하바롭스크 공격에 착수했다.

하바롭스크 극동소비에트정부는 방어전에 나섰다. 그러나 9월 4일 하바롭스크는 백군에게 점령당했다. 극동소비에트정부는 하바롭스크를 떠나 아무르주 블라고베센스크로 이전했다. 이 과정에서 극동소비에트정부의 외무위원이던

---

* 콘스탄틴 수하노프(Константин Александрович Суханов) (1894. 3. 18~1918. 11. 18) 관리의 집안에서 태어나 1912~1916년 페테르부르크대학을 졸업했으며, 1913년에 러시아사회민주당에 가입했다. 2월혁명 후 블라디보스토크소비에트 노동위원이 되어 직업동맹을 조직했으며, 10월혁명 이후에는 블라디보스토크소비에트 의장으로 활동했으나 1918년 6월 블라디보스토크가 백군에게 함락될 때 체포되어 처형되었다. (Большая Российская энциклопедия, Москва, 1969-1978гг.)

김 알렉산드라 페트로브나는 아무르강에서 백위군에게 체포되어 9월 16일 처형당했다.[9] 블라고베센스크로 이전한 극동소비에트정부는 9월 12일 회의를 열고 비합법활동으로의 전환과 빨치산투쟁의 준비에 대한 결정서를 채택했다.[10] 이 결정에 따라 하바롭스크와 아무르주 일대에서 백군과 제국주의 간섭군에 대항하는 빨치산부대들이 조직되기 시작했다. 이로써 시베리아철도 연선의 도시지역을 점령한 백군들과 적군빨치산들 사이에 내전이 본격화되었다.

체코군단의 봉기

내전 초기 백군들이 시베리아와 극동연해주 일대를 점령할 수 있었던 데에는 일본과 미국을 비롯한 제국주의 열강들의 지원과 체코군단의 개입이 있었다. 그렇다면 시베리아내전 초기국면을 주도한 체코군단은 무엇인가?

▲ 체코군단

체코는 16세기 초 오스트리아에 합병되어 제1차 세계대전에도 독일 및 오스트리아의 동맹군으로 참가했다. 그런데 이들 중 러시아군에게 포로가 된 병사들은 연합국측에 가담하여 오스트리아와 전쟁을 함으로써 독립을 쟁취하겠다는 열망을 가지고 의용군을 편성했다. 여기에는 러시아 거주하고 있던 체코인들도 가담하여 그 병력이 5만에 이르러 1개 군단을 창설하고 키에프 부근에 집결했다. 그런데 1918년 2월 러시아가 독일과 강화조약을 체결했다. 러시아 내에서 더 이상 독일 및 오스트리아와 전투를 할 수 없게 된 체코군단은 파리에 있던 체코임시정부를 통해 이후 프랑스로 이동해 독일군과 싸우겠다는 의사를 표명했다. 3월 프랑스정부의 주선 아래 러시아정부의 승인을 얻었으나 그들의 귀환 경로는 유럽쪽 국경이 아니라 시베리아와 러시아 극동지역을 경유하는 우회로였다. 1918년 4월 1일 키에프를 출발한 체코군단은 60여개의 부대로 나누어 시베리아열차를 타고 블라디보스토크로 향했다. 이들의 수송은 원래 5월 중순까지 완료될 예정이었으나 수송상 어려움으로 인해 6월 초순까지 블라디보스토크에 도착한 인원은 1만 4천 명에 불과했다. 즉 1918년 5월 당시 5만여 명의 병력이 펜자에서 블라디보스토크까지 시베리아철도 연선을 따라 쭉 늘어서 있는 형상이었던 것이다. 그 중심지는 옴스크와 첼랴빈스크였다.[11]

그런데 이들은 그해 5월 수송상의 이유로 무장해제를 명령한 소비에트정부에 반대하여 볼가강 중류와 시베리아의 수용소에서 반란을 일으켰다. 이들은 체코슬로바키아의 독립을 위해 연합군 측에 가담하여 독일 및 오스트리아군과 싸운다고 선언한 후 일정지역을 점령했다. 연합국의 일원으로 자처한 체코군단은 독일과 정전협정을 맺은 소비에트적군과도 자연적으로 전투를 벌였다. 이에 6월 4일 영국, 프랑스, 미국, 이탈리아, 일본의 외교대표들은 성명을 발표하여 체코군단이 이제는 연합군이라는 것과 연합군들의 보호아래 있음을 천명했다.[12] 기왕에 블라디보스토크에 도착했던 체코군은 원래 7월 1일 유럽으로 호송될 예정이었으나 시베리아에서 일어난 동료들의 반란 소식을 듣고 반란을 일으켜 6월 29일 반란을 일으켜 블라디보스토크소비에트를 붕괴시키고 백군과 합류하여 다시 서쪽으로 되돌아가서 시베리아내전의 주력으로 참여했다.[13]

제국주의 열강의 내전 개입

체코군단의 개입과 함께 시베리아내전 초기의 향방을 결정지은 것이 제국주의열강의 간섭이었다. 제국주의열강이 러시아혁명에 개입했을 때, 시베리아와 러시아극동지역에서 가장 먼저 무력간섭을 시작한 것은 일본이었다. 일본은 1918년 1월 12일 군함 이와미(石見)를 블라디보스토크에 파병했다.[14] 재밌는 사실은 이와미(石見)가 러일전쟁 당시 대한해협에서 일본해군이 러시아 발트함대로부터 전리품으로 획득한 함정 21척 중 가장 큰 전함이었다는 점이다. 일본은 러일전쟁 이후 많은 전함을 러시아에 반환했지만 '아룔(Opёл, 독수리)'라는 옛 이름을 가진 이 전함은 반환하지 않았다. 오히려 제정러시아의 문장이었던 독수리를 이름으로 삼았던 이 전함을 10여년이 지난 후 다시 러시아 정복의 첨병으로 내세웠던 것이다. 뒤이어 순양함 아사히(朝日)가 증파되었다. 블라디보스토크 주재 일본총영사는 입항 목적이 '일본거류민들을 보호'하는데 있으며 '내정에는 간섭하지 않을 것'이라고 블라디보스토크시 젬스트보에 통고했다.[15] 이어 영국과 미국도 군함을 파견하여 블라디보스토크 항구에는 연합국의 군함들이 그 위용을 드러내며 자웅을 겨루고 있었다.[16]

마침내 1918년 4월 5일 밤 일본군이 블라디보스토크에 상륙했다.[17] 일본군은 전날인 4월 4일 일본 수출입사무소의 블라디보스토크 지부에 '미지의 악한들에 의한 비밀공격'이 감행되어 일본인 1명이 살해되고 2명이 부상당한 사실을 구실로 삼았다.[18] 일본 분견대를 지휘하던 가토오(加藤) 제독은 "일본의 생명, 재산에 대한 위협을 미연에 방지하기 위하여" 상륙했다는 성명을 냈다. 소비에트정부는 즉각 뻬뜨로그라드에 주재하는 연합국 대표단에게 '전혀 날조된 도발행위'라고 항의했다. 4월 7일 레닌은 블라디보스토크소비에트에 "사태는 극히 심각하므로 끝까지 단호하게 싸울 것"을 전문으로 경고했다.[19]

이어 1918년 5월 체코군단의 반란이 일어나고 6월 29일 블라디보스토크에서 체코군이 봉기하여 소비에트정권을 무너뜨리자 7월 8일 미국은 체코군 구원을 위해 함께 출병할 것을 일본에게 제의했다.ʹ 이미 4월에 육전대를 블라디보스토크에 상륙시켰던 일본은 곧바로 내각회의를 소집하여 미국의 제의에 찬동하는 한편 8월 2일 "체코군대를 구원하고, 러시아 및 러시아인민과 항구적인 우호관계를 새로 만들어나가기 위해" "연합국의 제의를 받아들여 파병하며" "소기의 목적을 달성한 후에는 공략적 또는 군사적으로 러시아의 주권을 침해하는 일 없이 속히 철병"하겠다는 고시를 발표하며 시베리아 출병 선언을 했다.[20]

일본의 시베리아출병: 침략

원래 일본과 미국은 협정을 통해 각각 1만 2천 명의 병력을 파병하기로 했다. 나머지 열강들은 이보다 적었다. 그러나 일본은 협정보다 훨씬 많은 병력을 파병했다. 미국은 8월 3일에 무력간섭에 참가한다는 공식성명을 처음으로 발표하고 8월 16일 블라디보스토크에 상륙을 개시했다. 일본군은 이미 약 2만 8천 명의 병력을 블라디보스토크 일대에 배치했다. 영국 역시 8월 3일 블라디보스토크에 증원부대를 상륙시켰으며 뒤이어 6000명의 캐나다군도 블라디보스토크에 도착했다. 8월 10일에는 프랑스군이 블라디보스토크에 도착했다. 이렇게 하여 1918년 8월까지 연합국의 시베리아 출병은 일단락되었다.[21] 러시아측의 자료에 따르면 실제로 일본군은 처음에 12사단을 파견하고, 다음에 7사단과 3사단을 파병하여 전부 7만 명 이상의 병력이 시베리아와 극동 연해주에 주둔했다고 한다.[22] 일본군이 제국주의간섭군의 대부분을 차지한다고 해도 과언이 아니었다.

사실 일본이 미국과 협의한대로 1만 2천 명가량의 병력을 출병시키고자 했다면 1개 사단만을 파견하여야 했다. 실제로 7월 12일 일본 육군성은 미국의 제의에 응하여 평시편제된 1개 사단을 파견할 것을 결의했다. 12사단이 이를 담당할 병력으로 결정되었다. 그러나 뒤이어 자바이칼주까지 출병을 이어갈 것을 결정하고 7월 17일 이에 사용할 병력을 다음과 같이 지시했다.[23]

- 연해주방면 사용병력   제11사단, 기병 제12연대, 제1항공대, 야전
전신중대, 제1무선전시대, 제1철도대, 병참
부대 약간
- 자바이칼주방면 사용병력   제3사단, 제7사단, 보병 제40여단, 기병 제
7연대, 야전중포병 제4연대, 제2항공대, 제
2야전전신대, 제2무선전신대, 제2철도대,
병참부대 약간

즉, 3개 사단에 1개 보병여단, 2개 기병연대와 1개 포병연대, 기타 전신대, 항공대, 철도대, 병참부대 등이 출병병력으로 포함되었다. 1개 사단병력을 12,000명, 여단을 6,000명 정도로 계산했을 때 보병 병력만 4만 2천여 명이 넘는 병력이었다. 기병과 포병 등 기타 병력을 모두 합하면 위 러시아의 자료와 같이 대략 6~7만 정도의 병력이 시베리아와 연해주로 출병했음을 알 수 있다.

1918년 8월 출병 당시 블라디보스토크파견군 사령관은 대장 오오고쿠(大谷喜久藏)였다. 그는 12사단장 예하부대와 연합군을 지휘해 하바롭스크 부근으로 진출하여 우수리철도 연선의 주요지점을 수비하고 상황에 따라 일부를 아무르철도를 따라 아무르강 서쪽으로 진격시킬 준비를 하라는 임무를 받고 8월 12일 동경을 출발하여 18일 블라디보스토크에 상륙했다. 이어 제12사단은 8월 24일 하바롭스크로 진격하고 있던 칼미코프 부대를 원조하기 위해 그로데코보 부근에서 첫 전투를 치르고 우수리철도를 따라 북상했다. 제12사단의 지원에 힘입은 칼미코프 부대는 결국 하바롭스크를 점령하고 우수리강 연안과 아무르주 일대를 수중에 넣었다.[24]

한편 자바이칼주 방면에서 소비에트적군과 전투를 벌이고 있던 세묘노프 부대가 7월 이후 소비에트적군에 밀려 중국 국경으로 넘어왔다. 일본은 이들을 지원하고자 북만주 주차부대 일부를 출동시키기로 결정하고 8월 16일 제7사단장 중장 토오이(藤井幸槌)가 지휘하는 혼성여단을 파견했다. 그러나 제7사단만으로는 부족했다. 이에 8월 24일에는 제3사단장 예하에 속한 부대들을 동원 편

성하여 9월 1일 북만주로 파견했다.[25] 세묘노프 부대는 제7사단과 제3사단의 지원에 힘입어 결국 치타를 점령하고 자바이칼주 일대에 맹위를 떨쳤다.

이상과 같이 시베리아 출병 초기 일본군은 3개 보병사단을 주력으로 하바롭스크 일대의 칼미코프 부대와 자바이칼 방면의 세묘노프 부대를 지원하며 내전에 참가했다. 그리하여 블라디보스토크에서 바이칼호수 동쪽 베르흐네우진스크까지 철도연선을 따라 크고 작은 도시들에 일본군이 주둔하게 되었다. 상해임시정부 기관지 『독립신문』에 실린 "日本은 세묘노프 갈미고프 兩將軍을 夾하고 貝湖 以東의 權利를 獨占코져 하며"[26]라는 기사는 바로 이러한 상황을 두고 한 말이었다.

이상 각 부대의 임무와 지휘계통의 통일을 도모하기 위해 12월 6일 새롭게 제3사단 예하부대와 제7사단 예하부대 그리고 남부우수리파견대와 야전교통부를 블라디보스토크파견군 사령관의 지휘하에 둔다는 훈령이 내려졌다.[27] 기왕에 지휘하에 있던 제12사단 예하부대까지 합하여 블라디보스토크파견군 사령부는 명실상부 연해주와 시베리아에 출병한 일본군의 최고기관으로 자리매김했다. 이후 두 차례에 걸쳐 파견부대가 바뀌었지만 이 지휘계통은 유지되었다. 병력 수 역시 대체로 6만 명에서 8만 명 사이를 유지했다.

이상에서 보듯 시베리아내전 기간 동안 가장 많은 병력을 가장 오랫동안 파견했던 제국주의국가가 일본이었다. 일본은 시베리아에 출병하자마자 시베리아철도를 점령하였다. 물론 시베리아철도를 점령했다고 해서 시베리아를 점령한 것은 아니었다. 철도역과 철도, 즉 점과 선으로 이어진 점령에 불과했다. 제국주의간섭군과 백군에 저항한 소비에트적군은 철도로부터 멀리 떨어진 지역에서 빨치산부대를 조직하여 철도와 철도역을 공격했다. 시베리아철도를 둘러싼 투쟁이 벌어진 것이다. 그리고 러시아지역에 거주하던 한인들 역시 빨치산부대를 조직하여 소비에트적군 편에 시베리아철도를 회복하려는 전투에 참가했다.

2) 만주사변 그리고 전만주의 철도를 점령하라

만철의 이해관계

1927년 야마모토 조타로가 만철 사장에 취임하면서 다른 철도 라인 설립도 구체화되기 시작했다. 야마모토는 장작림과 협의하여 '만몽(滿蒙) 5철도'라 불리는 신노선의 부설 문제에 몰두했다. '만몽 5철도'란 돈화에서 노두구를 거쳐 조선의 회령에 이르는 지회선의 일부, 장춘에서 대보까지의 장대선, 길림에서 오상까지 길오선, 조남에서 소륜에 이르는 조소선, 연길에서 해림까지 연해선을 말한다. 이들 철도는 모두 만철의 지선으로서 경제적으로 중요하였으며 군사적으로도 소련과의 전쟁 때에 사용될 철도로서 중요한 의미를 지니고 있었다. 또한 길회선처럼 돈화에서 두만강에 이르는 노선은 당시 조선 북부의 웅기, 나진, 청진에서 동해로 빠지는 루트의 개발과도 관련되어 있었다.[28]

이 노선이 처음 언급되기 시작한 것은 1913년으로, 당시 일본은 원세개와 맺은 '서원조차협정'을 통해 만몽 5철도를 설립하고자 하였다. 이에 대한 대가로 일본은 중국에게 막대한 철도 차관을 제공하기로 되어 있었다. 그러나 이와 같은 움직임은 일제를 경계하는 다양한 '배일운동'을 만들어냈고, 이러한 분위기 속에서 중국에서는 '철도자판운동'이 광범위하게 확산되었다. 이와 같은 철도자판운동은 만철의 이해와 충돌하는 경우가 많았다.

일제를 배척하는 움직임 속에서 1924년 동북교통위원회가 설립되었고, 1921년부터 1931년까지 약 10년 간 국유, 성유, 민유의 형식으로 중국인이 스스로 부설한 철도는 10개 노선, 총 연장 1521.7km에 달했다.[29] 이 중 봉천군벌이 조성했던 심해, 오해, 길해, 조소 등의 철도는 만몽 5철도 계획과 만철 소유 철도와 병행하는 노선들이었다. 심해철도는 심양(봉천)과 해룡, 호해철도는 호란과 해륜, 길해철도는 길림과 해륜, 조소철도는 조안에서 소륜을 각각 연결하는 것으로서 1920년대 후반에 집중적으로 건설되었다. 이것들이 나중에 이른바 '만철 포위망'을 형성하게 된다.[30]

이와 같은 '만철 포위망'과 함께 만철의 이익을 크게 침범했던 것이 바로 '호로도'였다. 중국은 호로도를 축항하여 동북의 철도망을 연계시키려는 계획을 하고 있었고, 이는 만철과 대련항의 이권을 무너뜨릴 수 있는 것이었다. 또한 중국에서 3대 간선 계획이 공개됨에 따라 일본의 우려는 점점 커졌다. 왜냐하면 3대 간선은 만철의 노선과 병행하는 것이었고, 이것이 실행되면 만철이 가지고 있었던 간선철도의 지위에 막대한 타격을 줄 것이 분명했기 때문이다.

이러한 일본의 우려는 현실화되었다. 중국 정부는 국가 총 수입의 25%를 철도 부설에 투자함과 동시에, 객화 운송에 대해 중국 철도만을 이용할 것을 훈령하였고, 각종 운임할인과 연계운송제도를 통해 화물운송에서 만철에 비해 우위를 점하게 되었다. 또한 세계대공황으로 인해 은의 가치가 폭락하면서 은본위제를 채택하고 있는 만철의 요금은 크게 상승했다. 결국 만철은 '만주사변' 직전의 3년 동안 철도 운송량의 300만톤 감소, 전년 대비 1/3이 감소한 이윤이라는 성적표를 받아들 수밖에 없었다. 이로 인해 1931년 만철은 2천 명의 종업원을 해고하게 되었다.[31]

일본과 만철은 심각한 위협을 느끼게 되었다. 만철의 영업 부진과 중국의 적대적인 태도는 일본의 대륙 정책을 근본부터 뒤흔드는 것이었다. 당시 만주에서 만철이 가지고 있었던 위상과 일제의 의도 속에서 만철의 역할을 생각했을 때 이러한 상황은 중국과 일본의 관계가 '만주사변'으로 귀결되는 원인으로 파악할 수 있을 것이다. 이후 만철이 '만주사변'에 적극적으로 협력하고, '만주사변' 이후 철로를 확장해 나가는 과정에서 '만주사변'과 만철의 연관성이 적지 않음을 알 수 있다. 이러한 배경 속에서 일제의 침략에서 '철도'가 가지는 의미를 다시 한 번 생각해 보게 된다.

만주사변이 일어나다

1931년 9월 18일 저녁 10시 20분 관동군은 스스로 봉천 교외 유조호(柳條湖) 부근 남만주철로를 폭파한 뒤 곧 중국군이 철로를 파괴했다고 날조하고 북대 영(北大營)을 공격하기 시작해 새벽 5시 50분에 북대영을 점령했다. '만주사변' 의 발발이었다.

'만주사변'은 만주가 일제에 의한 식민지화가 심화되는 중요한 기점을 제공 했다. '만주사변'의 당시 협력자가 어느 정도였는지와는 상관없이 결국에는 일 본 정부를 비롯한 당대 일제의 주체들이 '만주국'을 세움에 동의하고 적극적으 로 만주를 식민지화하는데 앞장섰기 때문이다.

앞에서 서술한 바와 같이, 만철은 경제적으로나, 정치적으로나 상당한 위험 에 직면해 있었다. 따라서 '만주사변'에 만철이 개입한 것은 어쩌면 당연한 수 순이었다고 할 수 있다. 당시 '만주사변'의 기획부터 실행까지 만철이 적극적으 로 가담한 부분은 많은 사실 관계에서도 확인된다.

우선 만주사변이 발발하기 이전으로 돌아가 보자. 이미 1920년대 후반부터 관동군과 만철 조사부는 비공식적인 접촉을 이어가고 있었다. 이 중 대표적인 인물이 사다 고지로(左田弘次郎)이었다. 사다는 1923년부터 1927년까지 만철 의 조사과장으로 근무하고 있었고, 관동군이 중국 동북의 무력 점령을 계획하 던 1929년 7월 3일 '북만참모여행'에도 참가하였다. 그는 1931년 1월에 뤼순에 서 강연하는 것을 통해 일제의 이권을 위해 "만몽의 치안 대란을 조성해야"한 다는 것을 공공연히 주장하기도 했다. 사다 외에도 민간 측에서는 만주청년동 맹과 대응봉회가 설립되어 '만주사변'의 분위기를 조성하고 있었다.[32]

관동군은 그 수가 1만 명 정도에 불과했기 때문에, 만철의 지지와 조선 주둔 일본군의 지원이 반드시 필요했다. 관동군은 6월 정도에 이미 만철 쪽과 묵계 가 되어있었고 만철에 사변 전인 9월 상순에 지원 요청을 전달한 상태였다. 만 주사변이 발발하자 만철은 즉각 '비상동원령'을 하달해 군사 침략 의무를 담당하는 수십 개의 전문 기구를 조직했다. 이와 함께 참전, 운수, 정보 수집, 선전, 전지구호, 의료 등의 임무를 행했다. 인력 지원에서 만철은 1만 5,884명의 일본인을 직·간접적으로 군사행동을 지원하게 했으며 462명은 직접 전투에 참전하였다. 또한 만철은 만주사변 내내 대량의 경비를 지출하여 1931년도에는 430만 2,600만 엔, 1932년도에는 576만 5,900만 엔, 1933년도에 158만 3,700만 엔을 지원하였다.

이외에도 만철부속지가 사변에 동원되었는데, 부속지는 '병참기지' 역할을 하였다. 당시 만철부속지에 거주하는 20만 명의 일본 교민은 모두가 무장 상태에 있었으며, 만철 사원과 일본 교민 중에는 퇴역한 군인들이 많았기 때문에 따로 자경단이나 의용단을 만들어 군사행동에 참여했다. 부속지 내의 학교 학생이 동원되기도 하여 이후 군에 의해 표창을 받기도 하였다.[33]

당시 만철 총재였던 우치다 고우사이(內田康哉)는 내각의 방침에 따라 표면적으로 '군대에 대한 불협력, 사변에 대한 불참여' 방침을 내세우고 있었으나, 이후 태도를 돌변하여 관동군의 철병을 반대하고 내각을 설득하는데 노력하였다. 그는 10월 6일 관동군을 방문해 만몽을 중국 본토에서 분리시키고 그곳에서 일본이 이권을 장악해야 한다는 방침을 합의하고, 10월 9일 조선에 들러 우가키 총독과 의견일치를 보았다. 그 후 우치다는 동경으로 들어가 내각을 설득했다. 그러던 중 11월 중순에 강교항전이 발생하자 정부의 의견도 돌아서 치치하얼(1931.11.19), 금주(1932.1.3), 하얼빈(1932.2.5)까지 점령하도록 허락되었고, 참모본부는 금주 점령 이전 대규모 증원부대를 보내는 것을 통해 지지를 보였다.[34]

이와 같이 만철은 총재와 조사부를 비롯한 전 사원이 사변에 관계하였고, 자금적인 측면에서도 관동군을 지원하였다. 또한 만철부속지는 병참기지의 역할을 하여 후방을 지원하였다. 이러한 부분에서 만철의 '군사적인 기능'을 생각해 보게 된다. 만철은 원래 '경제적인' 임무에 포커스를 맞추었던 기관이었지만 철도와 부속지들을 관할함으로서 하나의 '정부'처럼 움직일 수 있는 여력을 확보하였고 결국 철도를 군사적으로 전용하여 그들이 가진 '군사적인 가능성'을 보여주었다. 당시 관동군 사령관 혼죠 시게루(本莊繁)는 "대작전은 철도가 없었다면 실행하기 곤란했을 것이며 기동작전은 철도에 의존하면 할수록 빛을 발할 수 있었다. 관동군의 신속한 행동은 실제로 제국의 실력을 배경으로 한 만철의 확고한 존재에 의해 제공된" 것이라고 평가했으며, 만철 총재를 역임했던 마쓰오카(松岡洋右)도 "만주사변은 관동군과 만철이 공동으로 일으킨 것"이라 평가하였다. 이러한 지점에서 만주사변에서 만철의 지원을 새롭게 평가할 수 있을 것이다.[35]

만주국 설립과 만철

이후 관동군은 '괴뢰국'의 설립에 대해 일본 정부와 논의하게 되며 이는 '만주국'의 성립으로 이어지게 되었다. 만주국 수립 이후 동북지역에서 신설된 철도는 모두 국유로 귀속되었으며, 부설 공사는 만철로 하여금 일률적으로 시공하도록 결정되었다. 1935년 동북철도 전 구간의 총 연장이 8,712km에 달하였는데, 이 가운데 약 2,600km가 '만주사변' 이후 새로 부설된 노선이었다.[36]

▲ 만주국의 황제로 등극하는 부의

1931년까지 만주에는 소련의 중동철도와 일본의 만철을 비롯해 중국철로 공사 소유의 철도 및 군소 사설철도 등 4개의 철도시스템이 존재하고 있었다. 그러나 만주국 설립 이후에 만주국이 스스로 철도를 포함한 자국 영토 내의 모든 운송체계를 통일적으로 관리하려 했던 것은 당연한 일이었다. 그리하여 1933년 2월에 선포한 철도법에 따라 일부를 제외하고 모든 철도는 국유화되었고 1933년 3월에는 만주국과 만철 사이에 앞으로의 철도 행정을 규정하는 계약이 체결되었다. 만철은 만주국의 경영과 새로운 철도 노선의 건설을 위하여 1933년 사내에 철로총국과 철도건설국을 설치했다. 이때 만철이 만주국에서 계승한 철도는 합계 19선, 연장은 만철사선의 4배를 넘는 2,968km였다. 이리하여 만철은 만주국 내에 있는 모든 철도를 관할하게 되었으며 중동철도를 제외하고 만철의 이권을 위협하는 철도를 찾을 수 없게 되었다.[37]

만철은 이후 유일한 위협요소였던 중동철도를 견제하면서 철도 노선을 확장하기 시작했다. 만철은 1932년부터 1943년까지 약 5,000km의 새 노선을 건설하였다. 새 노선은 주로 북만주를 중심으로 중동철도를 포위하는 형태로 전개되거나 중동철도를 횡단하여 북방으로 연장되는 노선으로서 각각 북만주와 동만주로 연장되는 노선들이었다. 이는 소련과의 전쟁에 대비하고, 철도연선을 따라 만주 이민을 장려하기 위한 것이었다. 철도를 확장하고 이를 따라 이민을 행하는 것은 러시아의 시베리아 철도 정책과 일맥상통하는 면이 있는데, 이를 통해 일제가 만주 식민지화가 한층 심화되고 있음을 알 수 있다.[38]

중동철도 매입: 전 만주 철도의 점령

또한 이 시기에 만철의 숙원이 이루어지는데, 바로 중동철도가 만철에게 넘어오게 된 것이다. 북만주를 가로질러 만주리(滿洲里)에서 수분하(綏芬河) 사이를 잇는 중동철도는 그 중간의 하얼빈에서 장춘에 이르기까지 지선이 뻗어 있는 T자형 철도이다. 1896년 러시아가 청에서 부설권을 얻어 건설하여 북만주에서의 소련 이권의 기반을 이루는 중요한 철도이지만, 장춘 아래 부분의 뤼순, 대련에 이르는 선은 러일전쟁의 결과 일본에 넘겨져 남만주철도의 한 부분이 되었다.

중동철도는 소련과 중국 사이에서 이권 회수문제로 분쟁을 초래해 왔으며 만주사변 이후에는 일본과 만주국이 이해관계를 갖게 되었다. 따라서 중동철도의 매각문제를 둘러싼 외교관계는 중국과 소련, 만주국과 일본을 포함하는 동아시아 국제 관계를 규정하는 문제였으며 특히 만주사변 이후의 일본 외교의 전개 과정을 살펴보는 중요한 사건이라 할 수 있다.

중동철도는 건설 과정부터 북만주를 둘러싼 제국주의적 이해관계가 복잡하게 얽혀있었다. 만주사변 직전에는 중국과 소련 사이에 중동철도 매수문제에 관한 협의가 진행되기도 하였다.

만주사변의 결과, 중동철도는 만주국의 영역 안에 들어가게 되었으나 소련은 만주사변에 관하여 중립 불간섭의 태도를 취하는 한편, 만주국이 임명한 중동철도 이사장을 승인하여 중동철도 경영에 관하여 만주국과 협조하겠다는 태도를 보였다. 또한 만주국과의 사이에서 영사 교환도 승인하였다. 특히 소련은 만주사변 직후인 1931년 말 일본에 불가침조약 체결을 제안하였으며 조약 체결의 대가로서 만주국을 승인하고 만주국과도 불가침조약을 체결할 수 있다는 적극적인 태도를 표명하였다. 이에 불안을 느낀 중국은 일본의 만주국 승인 저지가 실패로 끝나자, 소련과 적극적인 교섭을 추진하여 1932년 12월 12일 무조건적인 국교회복을 단행하였다. 이는 일본과의 불가침조약 체결이 성사되지 못한 가운데 소련이 내린 외교적 판단이었으며 국제연맹에서의 국교 회복 선언을 통해 국제적 우위를 확보하려는 중국 외교의 중대 결단이었다.

만주국 건국과 더불어 만철을 제외한 모든 철도는 만주국 교통부에 이관되어 만주국 국유철도가 되었으나 1933년 만주국 정부와 만철 사이의 계약에 의해 만주국 국유철도는 만철에 계승되었다. 이 결과, 중동철도는 만주국과 소련의 공동 경영 아래 놓이게 되었다.

당시 중동철도는 비적의 피해로 인해 블라디보스토크와의 직접 연결이 정지되는 일이 빈번해지고 일본에 의한 중동철도 지선 건설이 이뤄져 경영의 적자가 누적되고 있었다. 또한 만주국 건국 이후 만주국 교통부는 중동철도 이사회에 대해 중동철도를 교통부 소관으로 옮기는 것이 타당하다는 의견을 통지하여 소련의 입장에서 볼 때 중동철도에 대한 만주국의 국권회복 태도는 국민정부와 다름없다고 판단하게 되었다.

한편, 일본과 만주국의 입장에서 보면 중동철도가 만주국의 심장부를 관통하고 그 경영에 소련이 개입하고 있는 이상 만주국의 완성은 기대할 수 없었다. 매매에 관해 먼저 제안한 것은 일본측으로서, 1932년 8월 29일 히루다(廣田弘毅) 대사가 카라한에게 제안하였다. 이후 1933년 5월 2일 리토비노프가 정식으로 후임 오오타(大田爲吉) 대사에게 정식으로 매각을 제안하여 정식 교섭을 시작하게 되었다.

일본은 5월 23일 각의에서 소련의 적화선전의 토대를 차단한다는 의미에서 매입을 결정하면서 매수 당사자를 만주국으로 하고자 하였다. 중동철도 매수 교섭은 1933년 6월 26일부터 도쿄에서 열리게 되었으며 참가자는 주일 만주국 공사, 만주국 외교부 차장, 주일 소련 대사, 소련 외무부 극동국장, 중동철도 부이사장, 일본 외무성 구미국장과 육군성의 스즈끼(鈴木貞一)가 옵저버로서 참가하게 되었다.

문제의 논점은 철도 소유권의 문제에 집중되었다. 일본이 철도 부설과정에서의 제정러시아의 제국주의적 성격을 지적하자, 소련은 러시아혁명으로 인하여 제국주의적 성격이 소멸되었다는 점, 소련 인민의 노동과 자본으로 건설된 철도라는 점을 들어 반박하였다. 다음으로 문제된 것은 가격이었는데, 소련이 중동철도 건설에 투자한 비용에 근거하여 일본 엔으로 약 6억 2천 5백만 엔을 제시한데 비해, 만주국측은 중동철도가 경제적 가치가 적으며 장래에 만주국 철도망이 완성될 경우 더욱 그 가치는 감소한다는 점을 들어 정치적 가치인 5천만 엔을 제시하였다.

육군 강경파는 소련의 5개년 계획의 파탄을 예기하여 중동철도 매수는 소련의 경제적 위기를 구해주게 된다는 이유에서 반대하였으며, 더욱이 만철 지선이 완성되면 중동철도는 유명무실해지기 때문에 매입할 가치가 없다고 판단하였다. 그러나 외교 담당자의 견해는 이와 대립되는 경우가 많았다. 당시 중동철도 매수 교섭을 담당했던 외무성 구미국장은 1933년 4월 중순에 작성한 국제연맹 탈퇴 후의 외교방침에서 매수금액이 상당한 액수에 달하더라도 이는 일본과 만주국의 대외신용을 실추시키게 되는 무력 해결에 비하면 싸다고 지적하였다. 또한 하얼빈 총영사는 일소불가침조약 체결 찬성론의 입장에서 중동철도 매각을 둘러싼 교섭이 진행되는 한 불가침 사실이 존속한다고 평가했으며, 중동철도 교섭이 불가침조약 체결 교섭으로 발전되기를 기대하였다.

히루다(廣田) 외상은 육군 파벌의 대립을 이용하여 반소반공을 주장하는 황도파보다는 소련과의분쟁을 회피하면서 중국 침략 노선을 지향하는 통제파와 결합하면서 중동철도 매수 교섭을 추진하였다. 매매 교섭은 중동철도 소련 종업원이 만주국 관헌에 의해 체포되는 사건에 대해 소련측이 타스통신에 교섭 과정을 공개하는 성명을 발표하는 것으로 대응하여 결렬의 위기도 겪었으나, 결국 히루다 외상과 유레네프 소련 대사의 회담을 통해 매수액 1억 4천만 엔에 소련측 종업원의 퇴직금을 일본이 지불하는 것이 합의되어 1935년 3월 23일 양도협정이 정식으로 조인되었다.

소련이 만주국에 중동철도를 매각한 것은 만주국의 사실상 승인을 의미한다는 점에서 외교사적 의의를 찾을 수 있다. 물론 중국은 3월 16일 항의 성명을 발표하여, 중동철도 매각은 불법이며, 중동철도 권리 일체를 유보한다고 선언하였다. 중국의 이러한 비난의 근거는 1924년 중소협정에 있었다.

중동철도 매입의 무엇보다 중요한 의의는 중동철도의 경영이 만철에 위임됨으로써 만주지역의 모든 철도가 일원적으로 경영되게 되었다는 점에 있다.

교섭이 타결되자 곧바로 철도 궤도 변경 작업의 준비가 진행되었다. 신경 – 하얼빈 간의 200km 구간을 불과 3시간 만에 열차 운행의 지체 없이 종래의 5피트에서 만철의 궤도 폭인 4피트 8인치 반으로 변경했던 것이다. 이리하여 동중철도가 만철과 직접 연결됨으로써 만철은 만주 전역의 철도를 장악하는 데 성공했다. 이제 일본은 북만주와 동만주까지 영향력을 넓히게 되었으며 이에 따라 만주국의 관심은 자연적으로 중국 본토로 향하게 되었다.[39]

3) 점을 찍고 선을 잇다: 철도를 이용한 중국 침략

화북철도를 둘러싼 이권대립

일본은 만주국을 통해 각종 이권을 획득했다. 그리고 만철의 철도 장악 과정에서도 보이듯이 북만주와 동만주 일대를 일본의 영향력 안에 위치시킴에 따라 관심은 중국 본토를 향했다.

일제가 화북 진출에 열을 올렸던 데에는 몇 가지 이유가 있었다. 첫째, 만주국 내의 반만 항일투쟁은 서로 이웃이 되는 화북의 반일민족운동의 영향을 받고 있었기 때문이다. 또한 이 부분은 대소전략을 염두하고 있는 일본에게 큰 위협이 되었다. 둘째, 일만경제블록의 결성이 일본경제에 활황을 가져오자, 일본 국내의 과잉자본은 만철이나 만주국 정부를 통해 집중적으로 동북에 투하되었다. 그것이 대만주 수출을 일으켜 국내의 경기가 회복하기 시작하자 이번에는 바로 자본 부족을 초래했다. 셋째, 일본의 총력전 체제를 지탱하는 군수공업 개발에서 동북의 자원만으로는 부족했다는 것이다. 동북은 석탄과 철광석이 풍족했는데, 대규모적인 제철업을 일으킬 만큼의 강점결탄과 고품질 광이 없었다. 화북에는 양질이면서도 대량의 제철자원이 있었다. 더욱이 화북이 중국 제일의 면화 산지라는 것은 당시 면제품을 수출의 주축으로 하는 일본의 관심을 한층 높여주었다.[40]

이러한 이유로 관동군은 화북에 관련된 조사를 만철에 의뢰함과 동시에 본격적으로 화북 침략을 모색하기 시작했다. 따라서 만철에서는 경제조사회가 호응하여 1935년 7월경 화북 자원조사단을 결성하였다. 조사단은 갑, 을, 병 촉탁반으로 나누어졌는데, 그 중 을 촉탁반은 국방자원의 탐색과 그 확보 방안을 모색하였다. 을 촉탁반은 광산, 공업, 철도, 항만, 경제의 5개 반으로 나누어 하북부터 청해성에 이르기까지 자원조사를 실시하였다.[41]

그리고 만철철도총국은 자체가 화북에 진출하여 1935년 6월 자동차 운수업을 개시하고 7월 27일에 기존 노선을 포함한 4개 노선을 개설할 것을 명받았다.[42] 또한 1935년 12월 화북 무역과 제 사업의 경영·투자를 목적으로 하는 자회사 홍중공사를 설립했다. 공사는 설립하자마자 1936년 2월 용연철산의 경영권을 요구하는 등, 1938년 북중국개발주식회사에 흡수되기까지 만철 별동대로서 중국 진출에 노력했다.[43]

화북철도를 둘러싼 이권 대립이 격화되면서 1937년 노구교 사건이 발발하였고, 이를 계기로 중일전쟁이 발발하였다.

중일전쟁의 발발

1937년 7월 7일, 루거우 다리 사건(노구교 사건)에서 베이징 서쪽의 펑타이에 주둔하고 있던 일본군과 중국군이 무력 충돌했다. 사건의 발단은 7월 7일 야간 전투훈련 중이던 일본군 1개 중대의 머리 위로 10여 발의 총탄이 날아온 직후 일본군 사병 한 명이 행방불명된 데에서 비롯되었다. 이 사병은 용변 중이어서 20분 후에 대오에 복귀하였으나, 일본군은 "중국군측으로부터 사격을 받았다!", "중국군이 일본 병사를 납치해갔다!"는 주장을 펼치며 이를 구실로 펑

타이에 있는 보병연대 주력을 출동시켰다. 일본군은 7월 8일 아침부터 루거우 다리(盧溝橋)를 수비하고 있던 중국 제29군을 공격하여 하루만에 다리를 점령하였고, 중국군은 융딩강 우안(右岸)으로 이동하였다. 이러한 일본군의 지시를 내린 자는 무다구치 렌야(牟田口廉也)였다. 이 사건은 뒷날 일본군이 조작한 사건으로 알려져 있다.

전투는 처음에 제한된 국지전에 불과했고 서둘러 제안된 교섭으로 양측은 7월 11일 협정을 맺고 이 사건을 덮어두기로 결정하여 사태를 되돌려놨지만, 전쟁발발의 구실을 찾던 일본군 상부는 이 사건을 전쟁의 명분 구실로 잡았다. 7월 11일 고노에 후미마로 내각이 일본 본토에서 3개 사단, 만주에서 2개 여단, 조선에서 1개 사단을 각각 화북 지역에 보내 그 지역의 병력을 증강시키기로 결정했고, 일본은 중국 본토 침략계획을 세우기 시작했다. 이어 일본 참모본부는 '속전속결로 전쟁을 끝낸다.'는 전략 아래 7월 28일 화북에 대한 전면적인 침공을 개시함으로써 본격적인 중국 침략전쟁을 일으켰다.[44]

국공합작을 통한 중국의 저항

노구교사건이 일어날 무렵인 7월 8일 중국 공산당은 국공합작을 통한 항일 자위전쟁에 나서자고 주장했다. 한편, 중국 국민당의 장개석은 당시 여산에서 국방회의를 열었는데, 여기에는 중국 공산당 대표로 주은래도 참석했다. 이어 7월 17일 장개석은 "만일 정말로 피할 수 없는 최후의 갈림길에 이르렀다면 우리에게는 당연히 희생만 있을 뿐이며 항전이 있을 뿐이다."라는 내용의 이른바 '여산담화'를 발표했다.

7월 28일 중일간의 전면전이 발발함에 따라 중국 공산당은 국민당 정부 휘하의 변구(邊區)정부로 격하되고 1937년 8월 7일 장개석은 국방회의에서 전면 항전을 결의한다. 8월 12일에는 장개석이 육해공군 총사령관이 되었다.

중일전쟁의 사태가 급박해져가자, 장개석은 홍군의 병력 규모를 3개 사단 4만 5천 명으로하고 지휘체계와 관련해 국민정부가 각 사단에 연락참모를 파견하는 조건으로 홍군에 독자적인 지휘부(총지휘에는 주덕, 부총지휘에는 팽덕회가 임명)를 설치한다는 데 동의했다. 이어 8월 22일 중국 공산군의 홍군(紅軍)이 국민 혁명군 제 8로군으로 개칭, 국민당 정부 군대로 합류하였다.

그러나, 제2차 국공합작 중에도 국민당과 공산당 사이의 앙금과 갈등은 여전했기 때문에 이들은 서로 다투면서 각자 항일전쟁을 계속하게 된다. 국민당 정부군은 정면전장에서 지구전 형식으로 일본군과 전투를 전개하였고, 공산군은 일본군 후방의 전장에서 유격전을 벌이면서 서로 다른 지역에서 일본과의 전투를 진행했다.

그러나 선전포고도 없이 전쟁을 일으킨 일본군은 근대화된 산업력에 바탕을 둔 잘 훈련된 30만 명 이상의 정규군과 일본군 장교에 의해 지휘되는 만주국 출신 만주인 및 몽골(내몽고)인 부대 최소 15만 명, 그리고 약 200만 명에 가까운 예비군과 당시 세계 3위의 강력한 해군력과 육군항공대와 해군항공대를 보유하고 있었다.

반면, 중국 국민당은 숫적으로는 400만 명이 넘는 것으로 추산되는 병력이 있었으나, 현대식 무기로 제대로 된 무장을 갖춘 부대는 약 10여만 명인 장개석의 직속부대뿐이었다. 나머지는 지방 군벌들 세력이 주축이었는데, 이들 대부분은 부패하고 무능했으며 변변한 장비조차 갖추지도 못하였다. 더구나 외부로부터의 원조로 보급 문제를 해결하고 있었던 국민당군은 변변한 해군도 없었을 뿐만 아니라 항공력 역시 거의 전무한 상태였다.

전쟁 초기에 일본군은 파죽지세로 승승장구했다. 7월 28일 중국 29군에 대해 총공격을 개시했고, 7월 30일에는 베이징, 톈진을 점령했다. 국민당 정부는 전략상 화북지역을 포기하고 주력군을 양자강 유역에 집중시켰다. 장개석은 8월 7일 국방회의에서 전면항전을 결의시켰고, 12일에는 육해공군 총사령관이 되었다. 8월 13일, 일본군이 중국 최대 항구 도시인 상하이에 상륙하여 공격을 시작함으로써 전쟁이 화북지역에서 화남지역으로 확대됐다.

이와 동시에 9월부터는 일본군이 화북 지방에서 남진을 개시하기 시작한다. 일본군의 화북 지역 공격은 순조로운 편이었으나, 산서 성 지역에서는 강한 저항을 받았다. 9월에 임표(林彪)가 이끄는 팔로군 115사단과 하룡(賀龍)이 지휘하는 120사단이 평형관에서 일본군 1개 여단을 매복공격해 섬멸하는 전과를 올렸다. 이는 팔로군이 대일본전에서 거둔 최초의 승리였고, 중국 공산당은 이 승리를 크게 선전했다. 9월 22일 중국 공산당이 '정성단결 일치항적 선언'을 발표하고 그 다음날인 23일 장개석이 이 선언을 받아들이는 담화를 발표함으로써 제2차 국공합작이 완성되었다.

10월에는 위입황의 지휘 아래 중앙군과 산서군이 일본군 제5사단에 맞서 격렬한 전투를 전개했다. 이 전투는 화북에서 치러진 초기의 전투 가운데 가장 격렬한 것이었다. 이때 팔로군도 유격부대로 나서서 일본군의 보급로를 차단하고 비행장을 파괴함으로써 국공 양군의 협력이 이루어졌다. 이 전투로 일본군의 화북 지역 점령은 지지부진해졌고, 진격은 1개월 정도 지연됐다.

전쟁초기 파죽지세로 승승장구하던 일본군 수뇌부들은 '2~3개월 정도면 중국대륙 전역을 점령해 전쟁을 끝낼 수 있을 것'이라고 호언장담하고 8월에 상하이에 상륙해 공략을 시작했는데, 상하이에서의 중국군의 저항은 매우 격렬했다. 특히 '오송 상륙 전투'에서 일본군은 매우 큰 피해를 입었다. 이는 1930년대 초 중국내 독일 군사고문으로 파견된 팔켄하우젠 장군과 젝트 장군이 강력한 벙커를 조성하였고, 장개석의 직속군대 역시 독일식 장비를 갖추고 독일 군사고문의 조언대로 훈련 받으면서 육성되었기 때문이었다. 일본군은 이러한 벙커를 뚫기 위해 돌진하는 과정에서 극심한 피해를 입었다. 또한 독일식으로 훈련받은 장개석의 직속군대의 정예 제88사단은 일본군의 지원 병력이 도착할 때까지 일본군 상륙부대를 상하이에 묶어 놓고, 매우 격렬하게 저항했다. 일본군은 3개월 동안의 전투 끝에 지원부대가 증강되면서

11월 5일에 이르러 겨우 상하이를 점령하였다. 상하이 전투에서 극심한 피해를 입고 전쟁이 장기화 되어가자, 일본군은 적개심에 불타 무고한 양민들을 잔인하게 죽이기 시작하였다. 이때부터 일본군은 가는 곳마다 태우고, 빼앗고, 죽이는 이른바 '삼광작전'을 개시하면서 살육전이 일반화 되어 갔다. 1937년 12월, 상하이 교두보를 벗어난 일본군은 국민당 정부 수도 난징으로 향했다.

일본군이 난징으로 진격할 즈음, 중국 국민당 정부는 수도 난징을 버리고 충칭으로 옮긴다고 발표하였다. 그러나 중국군 사령관 탕셩즈(唐生智) 장군은 '결사항전'을 주장했고, '어떠한 일이 있더라도 수도를 지키겠다'고 선언한다.

그러나 난징을 삼면에서 좁혀 들어오는 일본군의 포위 속에 국민당 주요관리와 부유층들은 재빨리 손을 써서 도시를 빠져나갔고, 중일전쟁 이전에 약 110만 명 육박했던 난징은 도시를 빠져 나가려는 시민들과 일본군을 피해 난징으로 들어오는 피난민 등이 뒤엉켜 아수라장이 되었다. 난징성을 포위한 일본군은 중국군 사령관에게 투항을 권고하였으나, 난징성을 지키고 있던 탕셩즈 사령관 휘하의 중국군은 투항을 거부했다. 난징에 남아있던 중국군은 도시 밖 요충지를 포기하고 난징성 안에 머무르며 고립된 채 방어하겠다는 전략을 택했다.

12월 13일, 일본군은 난징성을 점령하고 성 안으로 진격하기 시작했다. 당시 난징성을 방어하고 있던 국민당 군대는 약 15만명이나 되었음에도 불구하고 제대로 저항해보지도 못하고 무참히 무너졌다. 이는 중국군의 흐트러진 군기와 지휘관들의 부재 및 무능함에서 비롯되었다. 중국군은 제대로 전투도 못해본 채 혼란 속에서 성을 빠져나가기에 급급했다.

난징성이 함락되기 전날, '결사항전'을 주장하던 중국군 사령관 탕셩즈는 자신의 휘하 중국군부대와 난징 성에 고립된 시민들을 뒤로 한 채, 양쯔 강을 가장 먼저 건너 도망쳤다. 이 사실이 알려지자 피난을 떠나지 못한 채 남아있던 약 60만명의 난징 시민들과 중국군인들은 공황상태에 빠지게 되었고, 1937년

12월 13일부터 약 6주 동안 일본군은 중국 민간인들과 군인들을 상대로 무차별적인 살육, 방화, 강간 등을 자행했다.

1938년, 태아장 전투에서 중국군은 중국군이 개전초기 일본군을 처음으로 크게 무찔렀다.

1937년~1938년 사이 일본군은 중국의 여러 도시들에 대해 무자비한 폭격을 가했고, 중국의 주요 해안가 도시들을 점령하고자 전진에 전진을 거듭했다. 그러나, 일본군 수뇌부의 기대와 달리 전쟁 첫해의 성과는 만족스럽지 못했다. 일본군 수뇌부는 중국 국민당의 장개석이 중국 내의 내분을 통합하기 전에 장개석의 직속부대를 분쇄하고 일본경제에 부담을 주기 전에 전쟁이 빨리 끝나기를 바랬으나, 중국이 시간을 벌기 위해 결정적 전투를 회피하는 등 지구전 전략을 나아갔기 때문에 일본은 장기전의 수렁에 빠졌다.

한편, 중국은 주요 항구도시 상하이와 수도 난징을 잃어 큰 타격을 입었으나, 중국군은 여전히 대부분의 항구와 4개의 대외 주요보급로를 장악하고 있었다. 당시 하이퐁에서 쿤밍으로 이어지는 철도와 양곤과 라쉬오를 거쳐 쿤밍에 도달하는 철도 및 도로, 그리고 소련에 이르는 2개의 도로가 주요 보급로였다.[45)]

철로 연선을 점령한 일본군

1938년 일본군의 주된 목표는 중국군의 주요보급로 차단이었다. 이를 위한 첫 번째 목표는 철도 요충지인 쉬저우 시를 점령하는 것이었다. 중국군의 저항은 완강했지만, 북쪽으로부터 두 갈래로 갈라져 공격해 들어온 일본군은 5월에 이르자 쉬저우 시를 거의 점령하기에 이르렀다. 이어서 6월에는 한커우로 통하는 철도를 봉쇄하고자 정저우 시로 진격하기 시작했다. 그러나, 중국군은 황하의 제방을 무너뜨려 주변 지역으로 강물을 범람시킴으로써 이 진격을 막았고, 일본군은 막대한 피해를 입고 패퇴하였다.

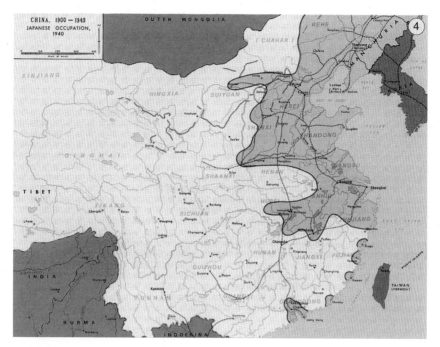

▲ 중일전쟁기 철도노선과 일본의 점령지역

　그러는 동안에도 일본군은 장개석의 국민당 정부 임시수도인 한커우에 대한 공격을 더욱 강화하고, 8월에는 4만여 명 이상의 병력을 영국령 홍콩으로부터 약 32km 북쪽에 상륙시킴으로써 광동지역을 쉽게 점령했다. 이 때문에 한커우는 주요 보급로가 차단당하게 되었고, 장개석은 주요 시설들을 보다 내륙으로 이전하는 한편 수도를 충칭으로 옮겼다.

　이렇게 되면서 1938년 말까지 일본은 중국의 해안 주요도시들을 거의 장악했었으나, 그 지역 내에서 조차 계속 어려움에 부딪혔다. 점령지역 각지에서 게릴라의 활동은 나날이 격화되어 갔고, 일본의 비인도적인 통치와 점령지 주민들에 대한 갖가지 횡포 등으로 주민들의 적개심 또한 깊어만 갔다. 게다가 쉽게 항복할 것으로 생각했던 중국군은 저항을 계속하였고, 미국은 중국 국민당에 더 적극적으로 많은 원조를 제공함으로써 중국의 군사저항에 힘을 실어

주고 있었다.

2년 만에 신속한 승리를 쟁취하고자 했던 당초의 의도가 좌절된 일본 제국은 1939년에 접어들면서 최소의 군사력으로 전략적 요충지를 점거하는 봉쇄전술로 전환하게 되었다. 즉, 일본군은 중국의 해안지대를 거의 점령한 점을 이용하여 중국의 보급로를 봉쇄시키는 이른바 '경제적 교살'로 전술을 바꾸었다. 그러나, 넓은 대륙을 바탕으로 한 중국군과 중국인들의 끈질긴 저항으로 전쟁은 장기화 되고, 전선은 고착되어 갔다.

1940년 이후 중국대륙은 일본군 점령지구, 충칭을 중심으로 하는 국민당 정부의 직할지역, 옌안을 중심으로 하는 공산당의 섬강녕변구 등 3개 지역으로 크게 나뉘었다. 전선이 고착되고 전쟁이 장기화되자, 모택동의 공산당은 그 세력이 점점 커져갔다. 팔로군은 1940년 40만 명으로 불어났고, 신사군은 2만에서 10만으로 급증했다. 팔로군은 백단전투에서 일본군 2만5천여 명을 크게 무찌르는 등 성과를 보였다.

중일전쟁과 만철

한편, 중일전쟁이 발발하자 만철은 철도총국 내에 수송본부를, 산해관에 수송반을, 천진의 지나주둔군사령부 참모부 내에는 연락반을 설치하여 군사수송을 담당하였다. 또한 만철 사원 1,150명이 파견되어 봉황도 등 주요 역에 4~8명이 군사수송에 종사하였다. 이후 사태의 진전에 따라 만철 사원은 천진, 북경에 전진 배치하였다. 이후 전쟁 확대로 군사수송이 확대됨에 따라 1937년 8월 27일에 북중사무국을 설치하였다. 9월 말까지 만철의 파견 사원 수는 일본인 3,852명, 중국인 762명에 달했다. 이외에 재만부대를 수송하고 조선부대 수송용 19개 열차, 일본내지부대 수송용 475개 열차를 운행하여 전쟁 수송에 큰 역할을 하였다.[46]

이후 1938년 1월 23일 북지나방면군이 연전연승하여 서주까지 함락시키면서 대부분의 화북철도가 일제하에 떨어졌다. 이에 만철은 화북철도 관리의 역할을 맡아 화북과 화중 연결과 더불어, 천진·북경·장가구·제남에 철로국을 설치하고 북령철도도 천진철로국에 통합하였다. 이러한 체제 하에서 만철은 피해시설의 복구를 급속히 진행하였다.

중일전쟁을 통해 많은 중국 영토를 획득한 일제는 얻은 이익을 어떻게 재편할 것인가를 두고 고심하였다. 처음에는 기존에 해왔던 방식처럼 만철을 통한 이권 개발이 계획되었다. 만철이 지역 내 철도의 접수, 일본 차관에 의한 개량 보수, 일본 지도에 의한 기간산업개발을 맡고, 흥중공사가 광산과 공장을 운영하려고 하였으나 이는 현지군과 일본 재계의 반발로 부정되었다. 또한 일본 정부는 관동군을 중심으로 한 만주국과 북지나방면군이 점령한 화북은 기본적으로 분리되어 운영되어야 한다고 보고 있었다. 때문에 만철의 화북철도 위탁경영도 불가능해졌다. 그리하여 '만주와 화북을 하나의 회사가 일원적으로 경영하는 것은 인정하지 않는다는' 정책 하에 중국 법인 특수회사 설립 방향으로 전개되었다.

그러나 여기서 중요한 것은 화북 철도를 운영할 수 있는 사람들이 어느 날 갑자기 생기지는 않는다는 것이다. 따라서 만철의 직접적인 화북진출은 부인되었으나 이후 성립되는 화북교통주식회사의 성립에는 만철의 인사들이 개입되었다. 또한 이 회사에 만철이 40%의 자본금을 대게 되었고, 화북진출의 공적이 있었기 때문에 영향력을 행사할 권리를 얻었다. 따라서 회사 설립에는 만철 출신의 사원 일본인 1만 5,465명, 중국인 3,022명이 참여하여 만철의 이니셔티브가 유지되었다.[47]

중일전쟁에서 만철의 영향력은 무시할 수 없는 것이었다. 또한 만철의 기본적인 인적 조직이 화북으로 이전·변용되면서 만철은 간접적으로 화북 철도에 영향력을 행사할 수 있게 되었다는 점에서 함의가 크다고 할 수 있겠다. 이를 통해 일제는 화북 및 화중에 이르는 철도망까지 일제의 구도 하에 재편할 수 있는 권리를 얻었고, 중국인을 위해 건설된 철도는 일제에 의해 침략성을 띤

부메랑으로 돌아가게 된 것이다. 여기에서 철도라는 것은 건설 주체와는 상관 없이 당시 장악 주체를 통해 '방향성'과 '목적성'이 전용될 수 있음을 확인할 수 있다.

그러나 만철의 위상이 예전 같지 않다는 것도 확인할 수 있었다. 만철의 화 북 진출에 대하여 군부나 재계가 반발하는 것에서 읽을 수 있듯이 만철은 더 이상 절대적인 위상을 차지하고 있지 않았다. 이는 만주국 성립 이후 대부분 의 권력이 관동군에 이양되고 행정적인 권한도 만주국에 귀속되면서 만철이 가지고 있었던 영향력이 감소하였기 때문이다. 또한 1937년 이후 닛산이 만주 로 이전하여 '만업'이 등장하고 만주국이 본래 만철이 가지고 있던 이권 사업 을 넘김으로 인해 만철은 오직 '만주의 철도' 자체만 운영하는 기관으로 전락 했다. 이는 만철이 일제의 구도 하에서 움직이는 말에 불과했다는 것을 보여 주는 단적인 사례이기도 하다. 이후 만철은 일제의 태평양전쟁의 수행을 뒷받 침하지만 물자부족으로 그 한계를 드러내다가 1945년 일제의 패망과 함께 사 라지게 된다.[48]

1937년 노구교사건을 빌미로 중일전쟁을 일으킨 일본은 속전속결로 중국 남 부를 향해 진군하여 중요 도시들을 점령하였다. 그러나 광활한 중국영토에서 일본이 점령한 것은 북경에서 남쪽으로 서주와 남경을 거쳐 상해에 이르고 서 쪽으로 정주를 거쳐 무한에 이르는 철도 연선의 중요 도시들과 복주, 광주 등 해안도시들 뿐이었다. 일본은 철도를 이용하여 신속하게 중국을 침략하였지만 그것은 점을 찍고 선을 잇는 점령에 불과할 뿐이어서 곧 위태로운 상황에 직면 하게 되었다.

05

철도부설
동원과 저항

1) 철도부설에 동원된 민중들

양날의 칼

개화기 조선인들에게 철도는 양날의 칼이었다. 철도는 한편으로는 전통의 구속으로부터 인간을 자유롭게 하는 진보의 과학이었지만, 다른 한편으로는 식민과 제국의 모순을 구현한 제도적 폭력의 상징이었다. 이러한 철도의 성격에 대해 박천홍은 다음과 같이 쓰고 있다.

> 개화기 시대의 상층 지식인들에게 철도는 진보의 상징이었다. 철도는 전통적인 시간과 공간을 뒤로 하고 아직 오지 않은 장밋빛 미래를 향해 늠름하게 달려가고 있었다. 그들에게서 회의와 부정의 정신은 아직 찾아볼 수 없었다. 철도의 심장 속에서 자라나고 있는 제국주의적 욕망은 간파되지 못하고 있었다. 철도가 열어놓을 미래의 가치는 내용이 비어있거나 관념적이고 추상적일 뿐이었다. 철도가 결국은 식민지의 길로 뻗어있다는 사실은 망각되거나 배제되어 버렸다.
>
> 하층 민중들에게는 달랐다. 그들에게 철도는 호기심과 함께 불안과 공포를

실어 나르는 악귀의 등장과 같았다. 이미 제국주의 세력의 공동사냥터로 전락해 버린 조선에서 그들은 식민지를 향한 고난과 비참을 온몸으로 견디어갈 수밖에 없었기 때문이다. 그들에게 철도는 점점 자신들의 삶을 옥죄어오는 악몽의 그림자였다. 그들은 본능적으로 불길한 조짐을 느끼고 있었다.[1]

철도를 진보의 상징으로 여기던 상층 지식인들은 느끼지 못하고 있었지만, 철도와 열차를 불안과 공포 속에 바라보던 민중들이 본능적으로 느끼고 있던 불길한 조짐은 결국 조선이 일본의 식민지가 됨으로써 현실이 되었다. 신문명에 대한 경이로 근대의 새벽을 열었던 조선은 이제 식민지의 어둠 속으로 빠르게 빨려 들어갔다.

일본은 제국을 한반도로 넓히려는 욕망에서 철도를 부설했다. 그런데 철도부설을 위해서는 막대한 노동력과 부지가 필요할 수밖에 없다. 일본은 철도부설과정에서 자의적으로 한국의 토지를 빼앗고, 노동력을 착취하였다.

철도부지 확보를 위한 토지 침탈

철도의 부설에는 방대한 부지와 인력이 필요하다. 토지의 경우 선로와 정거장의 건설, 이외에 운영에 필요한 공작창, 창고, 철도종사원을 위한 편리시설에도 적지 않은 면적의 토지가 필요하다. 그리고 철도는 가능하다면 최단거리를 택해 직선으로 건설되는 것이 보통이기 때문에 국유지와 민유지 또는 외국인 소유지 토지를 가려서 부설하기는 어려웠다. 또한 철도는 평지를 따라 부설하는 것이 용이하므로 거기에는 전답과 주거지가 많이 포함될 수밖에 없었다.[2]

일본은 철도부설 이전부터 부지 확보에 노력을 기울였다. 그 결과 경인선과 경부선의 부지에 대해서는 각각 「경인철도합동」의 3조, 「경부철도합동」 3조의 내용에 따라 무상으로 확보할 수 있었다. 그 대가로 철도사업의 최종소유권에 대해서는 한국정부가 갖는 다는 원칙이었다. 경부선에 비하여 경인선은 비교적 무리 없이 토지수용이 이루어졌다. 이에 대해서 박만규는 경인선의 경우 선로가 상대적으로 짧았고, 일본이 매수하기 이전 정치적 목적이 개재되지 않은 미국계 회사를 상대로 교섭을 끝냈으므로 부지제공에 따르는 재정부담은 상대적으로 가벼운 것이었다고 한다. 이에 비하여 경부선은 부설에 따르는 부지 제공의 부담은 처음부터 한국정부의 능력을 벗어나는 것이었다고 한다. 더욱이 1904년 「한일의정서」가 체결된 이후에 경부선은 물론 경의선의 토지 수용과정은 참혹하였다.[3]

일본은 정거장의 용지로 1900년 4월 한국정부에 서울 남대문 11만 평, 영등포 6만 평, 초량 16만 평(그중 8만 평은 해면매립 예정지), 부산진 21만 평을, 군소정거장 용지로서 평균 20만 평씩을 요청하였으며 선로용지로서 24m의 용지를 요구하였다. 이는 일본의 주요 정거장도 그 평수가 3만 평인 것과 대비되는 것이다.[4] 일본은 이 같은 광활한 면적을 요구한 근거로 경부선은 장차 시베리아철도 및 중국대륙철도로 연결되고 태평양항로에 이어짐으로써 세계의 대간선철도가 될 것이라는 명분을 내세웠다.[5] 그러나 이는 일본의 침략의도가 반영된 것으로 일본은 이 토지를 근거로 한반도를 대륙진출의 군사기지로 만들고자 하였다.[6] 또한 정거장을 거점으로 경부철도 연선을 일본의 집단 농업이민 기지로서 재편성하려는 의도도 가지고 있었다. 이때 경부철도 용지를 선정하기 위해 현지를 답사했던 농학사 가토(加藤)는 정거장 용지 20만 평씩 확보하여 일본농민으로 하여금 이 땅에 이주케 하여 평야를 개척하고 이익을 기하고자 한다고 언급하였다.[7]

토지요구 내용이 언론에 전해지자 부지 설정에 이해를 가지고 있는 당사자들 사이에 집단적인 항거사태가 발생하였다. 서울에서는 남대문 근처의 주민 500여 명이 한성부에 집단으로 몰려가 남대문정거장 설치에 반대하는 시위를 벌였고, 부산에서는 부산진과 초량정거장 설치 때문에 파괴된 민가들을 둘러싸고 저항이 이어졌다. 한국정부 역시 토지를 광범위하게 점유하고자 요구하는 일본정부에 대해 그 부당성을 끊임없이 지적하였다.[8]

토지의 수용문제가 쉽게 해결되지 않자 일본은 분쟁이 일어나기 쉬운 도시를 피하여 우선 철도공사에 착수하였고, 한국정부와 협상을 계속 진행하였다. 그 결과 1902년 7월 「남대문외경부철도정거장부지계획서(南大門外京釜鐵道停車場敷地計劃書)」에 따라 우선 남대문 정거장 용지는 5만 1,819평으로 확정되었다. 그 뒤를 이어 영등포 정거장 4만 천여 평, 초량 정거장 5만여 평, 부산진 3만 평, 기타 군소정거장 3만 평으로 일단 합의하였고, 선로의 모든 구간은 단선철도로 정하고 그에 필요한 폭 18m의 부지를 제공할 것으로 일단 마무리 하였다.[9]

부지문제가 확정되자 한국정부는 토지 보상 문제에 부딪쳤다. 경부철도에 편입된 면적은 약 269만 7천여 평에 달하는 규모였다. 이중 공전(公田)은 전체의 5.45%에 불과하였고 대부분이 일반인의 사유전답으로 경부철도에 전답을 빼앗긴 연선주민은 그 수가 1만에 달하였다. 그들은 철도의 전 연선에 광범위하게 산재해 있었기 때문에 한국과 일본의 갈등이 전 범위로 퍼져나가기 쉬운 구조였다고 볼 수 있다.[10] 당초의 한국정부의 계획은 민유지의 전답을 각기 상·중·하 3등급으로 구분하여 평당 논은 40전, 30전, 17전, 밭은 16전, 2전, 8전을 표준액으로 정했다. 그러나 재원조달이 여의치 않았고, 그때마다 사유전답을 매입하는 것은 한국정부에게 부담스러운 일이었다. 더욱이 외국인 소유지도 포함되어 있어서 그들에게 적당한 보상비를 지급하지 않고는 한 치의 땅도 수용할 수 없는 형편이었다. 결국 일본은 1902년 7월 철도용지의 수용비와 가축 이전비로서 27만 6천여 원을 연 6%로의 이자로 제공하고, 한국정부는 입체금을 받아 이것으로 철도용지를 매입하여 일본측에 제공하려고 하였다. 그러나 실제 입체금은 경부철도가 완공된 후에 들어왔고, 상당액은 일본 측에서 미리 부채 등의 명목으로 공제해버림으로서 실질적으로 전달된 것은 실제액수에도 미치지 못하는 금액이었다.[11]

토지수용문제는 1905년 「한일의정서」가 체결됨으로 인하여 또 다른 국면으로 전환되었다. 한일의정서에 따르면 처음부터 복선용지의 확보, 군략상 필요한 지점을 수시로 사용할 수 있을 것이 골자였다. 때문에 군용철도로 지어진 경의선과 마산선의 토지수용의 규모와 수용방법의 악랄함은 이전에 비할 바가 아니었다. 일본은 군사상의 필요라는 조항을 자의대로 적용하였다.[12] 이 시기 일본이 매수한 군용용지는 경의선의 경우 정거장 전체의 용지면적은 487만 1,406평에 달하는 방대한 면적으로 각 정거장의 평균 용지면적은 10만 5,892평 이었다. 특히 용산은 50만 4,935평, 평양은 35만 2,268평, 신의주는 62만 1,879 평으로 주요 정거장은 상상을 초월하는 토지를 확보하였다.[13]

임시군용철도감부는 러일전쟁이 끝나 경의철도가 일반철도로 환원된 후에 도 철도에 대한 지배권을 영원히 장악하기 위한 방편으로 직접 용지 매수에 나섰다. 일본인은 토지의 수용비로 명목상 39만 9천 원의 돈을 지급하였지만 철도용지의 수용이 소유주나 지목에 대한 사전조사도 없이 임의로 행해졌기 때문에 보상비가 공정하게 지급될 리가 없었다. 더구나 명목상의 보상가액조 차도 경부철도의 경우와 마찬가지로 시가의 1/10 또는 1/20에 머물렀다. 그 뿐 만 아니라 매판적 관료의 농간으로 이것마저도 중간에서 갈취당함으로써 경의 철도 연선 주민들도 철도용지의 수용이라는 미명 아래 전답과 가옥 및 분묘를 무상으로 강탈당했다.[14]

철도부설을 위한 노동력 동원

한편 철도부설에는 각종 자재 및 부지와 더불어 막대한 노동력이 소요되었 다. 거기에는 관리직 종사자나 전문기술자 뿐만 아니라 노반조성과 자재운반 등의 작업을 위한 노동자들이 요구되었다. 일본은 불과 3년의 짧은 기간 그것 도 대부분 러일전쟁 기간을 즈음하여 1,000km에 달하는 막대한 철도를 부설하 였다. 철도건설의 기술과 장비가 열악하였던 당시에 이처럼 방대한 철도망을 구축할 수 있었던 것은 연 인원 1억 명 이상의 한국인 노동자가 동원되었기 때문에 가능하였다.[15]

▲ 철도부설에 동원된 조선인들과 이를 감시하는 일본군

경부, 경의철도 건설 노동자의 동원방법과 동원추세는 공사의 실태가 변해 가는 추세에 따라 그 양상에서 차이가 있다. 특히 1903년 12월 속성공사 명령을 통해 군용철도를 부설하기 시작하면서부터 양상이 크게 전환되었다.

먼저 1903년까지 철도노동력은 경부철도주식회사와 청부계약을 맺은 한국 토목건축회사들이 조달하였는데 대규모 철도공사 붐을 타고 10여개의 토건회 사들이 설립되었다. 이중 일부 회사들은 철도부설 공사에 직접 참가하여 괄목할 만한 실적을 올리기도 하였다. 이처럼 한국토건회사들을 청부회사들로 선정한 것은 「경인철도합동」과 「경부철도합동」의 규정이 반영된 때문이었다. 여기에는 한국인 노동력 동원을 9/10 이상으로 할 것이라는 조항이 있었다. 이는 청부가격을 가능한 한 절감하여 자금부족을 면하려고 한 경부철도주식회사의 이해관계와도 합치되었다.16) 1897년부터 1903년까지는 노동자의 모집과 사역을 둘러싼 한국과 일본 사이에 심각한 갈등은 야기되지 않았다. 이는 경인선 및 경부선의 공사가 비교적 소규모로 완만하게 진행되었기 때문이며, 초기의 철도부설은 도시지역에서 이루어져 이미 형성되었던 도시 노동자들의 취업만으로 충용이 가능하였기 때문이다. 그렇다고 해서 아무런 폐단이 없었던 것은 아니었다. 토건회사들의 저임금, 사기성 모집이 지속적으로 발생하였다. 역부 모집을 둘러싼 말썽의 소지를 없애기 위해 정부는 특허회사를 지정하여 문제를 해결하고자 했지만 문제는 계속되었다.[17]

1903년 속성건설명령이 떨어지면서 한국과 일본 사이의 갈등은 심화되었다. 먼저, 1903년부터 일본 토건회사들이 대거 침투해오기 시작하면서 한국토건회사와의 갈등이 표면화되었다. 1903년 이전만 하더라도 한국의 토건업자가 철도공사에 참여함으로서 실적을 올리기도 하였지만, 속성공사 체제하에 경부철도주식회사와 임시 군용철도감부가 부설공사를 일본 토건회사에 독점적으로 청부해버렸다. 이로서 한국 토건회사들은 공사 현장으로부터 완전히 배제 되어 버렸다. 이처럼 토건회사가 배제되어버린 표면적인 이유는 발주자가 경부·경의철도를 최단시일 내에 완공하기 위하여 자본과 경험이 풍부한 일본 토건회사를 대거 사용하겠다는 것이었지만, 전시체제하 이용가치가 상대적으로 감소해버린 한국의 고관대작들에게 공사청부권이라는 번거로운 이권을 부여하지 않더라도 일본이 물리적인 힘을 통하여 독자적으로 철도공사를 강행해갈 수 있다는 논리가 반영된 것으로 볼 수 있다. 이로써 고관대작들과 일본자본과의 일정한 타협위에서 존재하고 있던 한국토건회사들은 일본의 군사지배가 강화되자 제한된 공간마저 빼앗겼다. 이는 곧 한국 토건업의 맹아적 성장조차도 일본 토건회사들이 철저하게 압살해 버렸다는 것을 의미하였다.[18]

폭력적 노동력 동원

또 공사의 규모가 커지고 공사시기가 당겨짐으로 인해 노동력이 대규모로 요구되면서 노동동원을 위한 일본의 폭력은 심각해졌다. 일본은 처음에는 공식적인 협조문을 보내 지방관들에게 동원을 요구하는 등 지배기구를 이용하는 형태를 취하였다. 그러나 여의치 않자 군사적인 위협을 가하고 이 과정에서 비협조적이거나 소극적인 자세를 보이는 지방관이 있을 경우에는 한국정부에 즉

각 교체를 요구하였다.[19] 일본군의 지원을 받은 토건회사 소속원이 인근 지역 지방관을 협박하여 노동자를 조달하는 것이 일반화 되었다. 더욱이 한국인들은 노동력뿐만 아니라 경부철도주식회사와 토건회사의 소속원 및 일본인 노동자들에게까지 숙사와 식료품을 제공할 것까지 요구받았다. 철도부설에 필요한 부재자를 구입하는데 있어서도 일제는 철도침목으로 사용하기 위해 삼림을 마구잡이로 벌채하거나 주인의 허락 없이 무상으로 삼림을 강제 징발했다.[20] 특히 경의철도의 경우 임시군용철도감부가 지휘 · 감독하고 일본군의 대대와 공병대대가 직접 건설공사에 참가함으로서 폭력의 강도가 더욱 심하였다.[21]

노동자들은 작업분량과 노동 강도에 비해 아주 저렴한 임금을 받았다. 일본인과 비교했을 때 1/2 내지 1/3의 임금을 받았는데 그 액수는 철도연선의 일용노동자(日傭) 임금보다도 적었고, 특히 경의철도의 경우 러일전쟁기간에는 무임에 가까운 부역노동이 대부분이었다가, 개량공사기에 이르러 겨우 30~40전의 일당을 받았다.[22] 이러한 액수는 당시 5인 가족 생활비 평균에도 미치지 못하는 것이었다. 1904년 당시 서울에 거주하는 가족의 평균 생활비는 67전 정도였다. 철도노동자의 임금은 다음의 내용과 같다.

철도건설 노동자의 하루임금[23]

노선 \ 직종		철도노동자				연선의 日雇
		大工	石工	土方(土工)	抗夫	
경부철도	한국인			20	30	40~50
	일본인	100~140	100~120	60	90	60~100
경의철도	한국인		50	3~24	36	50~80
	일본인	180~200	200	70	100	100~15

그러나 위의 금액도 현금으로 지급되는 것이 아니라 한전증표(韓錢證票) 또는 군용수표로 지급되는 경우가 많았다. 이것은 공사가 진행됨에 따라 한화 운반문제와 한화교체비율의 증가, 그리고 일본군이 군사주둔지에서 군수품을 구입하거나 임금을 지불할 때 환전하는 것이 불편하다는 이유 때문이었다. 그러

나 노선의 공사가 끝나면서 이러한 수표 교환을 금지함으로써 막대한 손해를 보았다. 또한 노동자의 임금은 중간감독자에 의해서도 상당부분 잠식당하였는데, 노동자들의 임금은 중간관리를 거치면서 2~3전씩 공제되고 경우에 따라서는 10~16전이 공제되어 노동자의 수중에 실제로 아무것도 남지 않을 경우가 허다했다. 그 결과 철도노동자들은 돈을 모으기는커녕 일부 노동자는 하루여비에도 미치지 못하였다.[24]

일본의 철도부설을 위한 무차별적인 토지수용과 폭력적 동원은 연선 주민들에게 일본인에 대한 증오심과 반 철도인식을 심어주었다. 연선주민들은 철도 공격, 열차운행 방해, 일본인 및 부일배 처단 등의 광범위한 저항운동을 전개하기도 하였으며 또 한편으로는 일본의 수탈을 피해 위해 도망치는 농가도 속출하였다.[25]

일본은 농민들의 저항운동이 심해지자 일본군·경찰과 연선주민을 동원하여 선로를 순시하였으며, 군율로 철도시설에 대한 테러를 가한 자들을 사형시키거나 투옥시켰다. 한편 농민들이 흩어져버린 철도연선에는 일본인들이 속속 입주하였다. 그들은 철도연선의 요충지나 정거장 부근에서 잡화점, 음식점, 미곡점 등을 경영하거나 토지를 매입하여 농사를 짓는 사람도 적지 않았다. 그리하여 경부철도 연선의 영등포·수원·밀양·구포 등에서는 일찍부터 일본인 부락이 형성되었다. 러일전쟁을 도발한 이후에는 일본인 이주가 더욱 증가하였고, 일본인 거주가 늘어남에 따라 철도건설 재료를 비롯한 일본상품의 유입도 철도연선을 중심으로 하여 내륙지방으로 확산되어갔다.[26]

즉, 일본은 철도부설이라는 명목으로 막대한 토지와 노동력이 수탈하였고, 그 결과 연선주민들의 경제적 기반을 무너뜨렸다. 반면, 일본은 한국의 철도부설을 통해 자본과 기술을 축적했고, 일부 토건회사들은 한국철도의 공사를 계기로 국제적인 토건업자로 성장하기도 하였다.[27]

2) 저항과 탄압

소극적 저항: 열차운행과 철도건설 방해

철도건설 노동자의 강제동원과 살인적 사역 및 일본인 노동자들의 잔악한 횡포는 연선 주민들에게 일본인에 대한 증오심과 함께 철도에 대한 반감을 심어주었다. 한국인들은 철도를 문명의 이기로서가 아니라 침략과 수탈의 도구로서 받아들인 것이다.

일본은 한국에서의 철도 건설이 몇 개 사단의 군대보다도 긴요하다고 인식하였기 때문에 한국인들의 어떠한 반철도(反鐵道) 행동도 용납하지 않았다. 금산 군수 이해성은 철도노동자들의 행패를 단속한 것만으로도 철도건설 공사에 비협조적이라고 해서 일본인들에게 봉변을 당하였다. 나아가서 일본공사는 한국정부에 그의 징계를 요구하기도 했다.

조선주차일본군사령부는 부강과 대전 사이에서 한국인들이 철도공사를 방해하려는 움직임이 있다 하여 일본군 70여 명을 파견하였다. 그리고 일본공사관은 창원 군수 권익상이 마산의 철도공사를 방해했다는 구실로 한국정부에 압력을 가해 그를 면관시켜 버리기도 했다.[28]

그럼에도 철도연선의 한국인들은 열차운행과 철도건설을 줄기차게 방해하였다. 연선주민들과 의병들의 철도공격 중 상징적인 것은 철도정거장에 대한 공격과 파괴였다. 철도정거장이야말로 일제의 조선 지배의 거점이자 수탈의 창구였으며 양국간의 갈등과 대립이 가장 첨예하게 나타나는 곳이었기 때문이다. 경부철도의 경우, 1905년 경부철도의 운행 개시 이래 줄기차게 전개된 연선주민들의 철도에 대한 저항은 열차통행의 방해라는 소극적인 행동에서부터 정거장의 습격 및 철도시설의 파괴라는 적극적인 행동에 이르기까지 다양하였다. 운행 중인 기차에 투석을 한다거나, 철도상에 바윗돌을 놓아두어 열차를 전복시키고 철도연변의 전신주를 파괴하는 일이 계속되어 반복되었다.[29]

영등포 정거장 부근에서는 1904년 7월 29일 보부상으로 보이는 사람들이 선로상에 불에 달군 기와를 올려놓아 서울발 마지막 열차와 충돌케 했다.[30] 양주에서는 김백조가 열차운행을 방해하다가 일본 병참사령부에 체포되어 포살당했다. 고양군에서도 1904년 8월 27일 김성삼, 이춘근, 안순서 등 3명이 경의철도의 열차운행을 방해하다가 일본군에 체포되어 같은 해 9월 20일 일본 군법회의에서 사형선고를 받고 이튿날 마포 산기슭에서 총살당하였다.[31]

또한 경산, 만촌, 신동 등지에서는 선로상에 큰 돌과 돌덩이들을 두어 열차의 전복을 꾀하는 일이 자주 발생하였다. 그리하여 경부철도주식회사는 회사의 힘만으로는 도저히 철도를 방위할 수 없으니 한국경찰 혹은 일본군이 철도를 특별히 경계해 줄 것을 요구했다. 이에 따라 일본군은 철도와 전선에 해를 가하는 자는 잡히는 대로 포형에 처한다는 군령을 발포하였다. 그리고 한국정부는 이를 연선 각 군에 훈령하여 주민들에게 주의를 환기시켰다. 그러나 그 후에도 열차운행 방해사건은 빈발하였다. 대구에서는 선로상에 돌멩이를 다수 쌓아 놓아 열차통행을 방해하였고, 평산군에서는 철도상에 화약 1석을 비밀리에 놓아둔 것을 발견하였다.[32] 철도에 돌을 얹어놓아 열차통행을 방해하는 행동 외에 달리는 열차에 투석하는 소극적인 저항도 있었다. 수원, 영동, 옥천 등지에서는 달리는 열차에 투석하여 유리창을 파손하였다.

철도전선과 철도시설을 절단하거나 파괴함으로써 일제의 침탈에 저항하는 경우도 있었다. 특히 1904년 용산-평양 사이에서는 철도재료와 철도용 전선을 절단하는 사례가 빈번했다.[33]

고양군에서는 1907년 11월 14일 의병 50명이 전주 운반부 일본인 2명과 한국인 3명을 포박하고 전주 수본을 절도함으로써 전신을 불통시켰다. 철산군의 차배관과 동림 사이에서도 철도전선이 다수 절단되었다. 그리하여 1907년까지 의병이 절도한 전주는 581본에 달하였다.[34]

적극적 저항: 철도와 철도시설 공격

무엇보다 강력한 저항은 의병들에 의한 철도와 철도시설 공격이었다. 1904 년 8월에는 평안북도 안주에서 일단의 의병부대가 국민들의 창의를 호소하면서 일본군 병참부를 습격하였다. 의병 중에서 우기순, 우서순, 김윤흥, 이희몽, 나희호 등 5명은 일본군에게 체포되어 같은 해 8월 28일 총살당하였다.[35]

1907년 8월 15일 밤에 12시 경에는 검은 옷을 입은 한국인 수십 명이 수원정거장에서 십수 발을 방포하다가 수비대의 반격을 받고 퇴각하였다. 파주에서는 의병 수백 명이 일산역을 공격하였다. 같은 해 8월 24일에는 100여 명의 의병이 천안 부근의 소정리역을 공격하여, 역원을 철포로 위협하고 역사를 불태워 버렸다. 9월 10일에는 병점역에서 30리 떨어진 생장동에 의병 700명이 집합하여 오산역과 진위역을 습격하였다. 그리고 이원역 부근에서는 한국인 수명이 큰 돌을 굴러 떨어뜨려 열차의 승강구를 파괴하였다.[36]

경부선의 안양역 부근에서는 의병 100여 명이 습격해 올 것이라는 소문이 나돌아 군포장과 안양역에 거주하던 일본인들이 영등포로 대피하는 소동이 일어나기도 했다. 약목역 부근에서도 투석과 방화 및 포성이 일어나자 이 역 근방의 일본인들이 다수 피난하였다. 경의선에서는 의병 130여 명이 파주군 벽제역을 공격하여 한국인 1명과 일본인 2명을 포살하였다. 또 광부와 철도역부가 합세한 의병 200여 명이 신천군을 습격하였다. 일산역에서는 수명의 한국인이 기관차에 포탄을 쏘아댔다.[37]

1908년 2월 18일 남천역 부근에서는 의병 약 200여 명이 내습하여 면장 및 통역을 살해하고 정거장을 공격하였다. 그리하여 일본군 수비대 1분대가 급파되었다. 같은 해 4월 15일에는 영동 부근과 대전-약목 간에서 의병 수명이 철도를 파괴하고, 일본군과 3시간이나 교전을 벌였다. 그리고 1909년 10월 29일 밤, 의병이 이원역을 공격하여 역사를 불태우고, 역장 등 일본인 수명에게 부상을 입혔다. 이 사건 이후 일본군은 부근 주민들로 하여금 매일 밤 20명씩 팀을

짜서 관내의 철도를 경계하도록 하였다. 이로 인하여 주민들의 원성은 더욱 높아졌다.[38]

1910년 3월에는 경의선 계정–영성 간에 의병이 선로상에 큰 돌을 쌓아 놓고 선로를 파괴함으로써 북행열차가 탈선하여 전복되는 사건이 발생했다. 승객 중에 부상자는 없었지만 사방에서 의병이 군집하여 습격하자 승객은 혼비백산하였다. 이 사건 다음에도 계정–영성 간 및 영성–한포 간의 선로 상에 큰 돌을 놓아두는 사건이 연발하였다.[39]

일본의 물자 강제징발과 노동력 착취로 철도역과 연선지역에 의병이나 민중들의 저항이 점점 심해지자, 일제는 일본군, 경찰과 연선주민들을 동원하여 선로를 순시하였으며 강력한 군율을 제정하여 철도시설에 테러를 가한 자들을 사형하거나 투옥시켰다. 그러나 민중들의 저항은 수그러들지 않고 점점 거세어져만 갔다.[40]

의병들의 철도에 대한 공격은 철도 자체에 그치지 않고 철도부설에 관여했던 일본인과 부일배 등에 대해서도 이루어졌다. 의병들이 이들을 공격대상으로 삼은 이유는 일제의 토지침탈과 노동력 착취에 대한 매판관료들의 미봉적인 대응과 친일관리들의 이중적 착취 때문이었다.[41]

천안에서는 1904년 2월 3일 의병 8명이 경부철도 공사를 청부했던 이와구미의 사무소를 공격했다. 이때 그 곳에 주재하고 있던 일본인 순사 9명이 의병 3명을 체포했다. 그 중 1명은 총상을 입었다. 같은 해 6월 5일 새벽, 의병 200~300명은 경부철도의 약목역에 설치되어 있던 교리츠구미의 사무소를 습격했다. 이때 일본군 헌병이 출동하여 의병 5명을 생포하고 1명을 참살하였다. 또 개령군에서는 한국인 1명이 일본인에게 총살당하자 의병 300여 명이 철도공사 사무소를 습격했다. 이때에도 의병 2명이 피살되고, 3명이 체포되었다. 대구에서도 같은 해 8월 19일 의병 200여 명이 철도공사 청부회사를 공격했다.[42]

철도관계자 개인에 대한 공격도 끊이질 않았다. 추풍령 부근에서는 1905년

2월 27일 의병 30여 명이 철도공부 이마이(今井佐次郎)와 오카와(小川國治)를 습격하여 1명을 살해하였다. 충청북도의 황간군 근처에서는 활빈당 등 150여 명이 잠복하여 영동, 미륵 등지를 수시로 공격하였다. 그리하여 일본인 철도노동자들은 밤이면 모두 역사에서 유숙할 수밖에 없었다.

또한 철도건설 노동자들을 동원하는 과정에서도 일본인과 부일배를 자주 공격하였다. 1904년 김포군 및 용인군에서는 역부를 강제로 동원하는 과정에서 일제의 앞잡이 노릇을 한 군수를 위협하기도 했다. 고양군 및 교화군에서는 역부 모집에 항거하여 군민이 일제히 관사에 난입하여 일인들을 사상케 했다. 선산군, 덕천군 등지에서도 철도역부 동원을 둘러싸고 민요가 발생하여 군수 등 부일배들을 공격하였다. 이처럼 철도연선의 주민들이 일본인뿐만 아니라 한국인 관리와 일진회원들에게 공격의 화살을 돌린 것은 아무리 일본의 강요에 의한 것이라 할지라도 노동자들의 강제동원에 깊숙이 관여한 지방관과 하급관리 및 일진회원들에 대한 원한이 그만큼 깊었기 때문이다. 더구나 많은 지방관과 하급관리들은 노동자를 동원하는 과정에서 그들의 임금을 빼돌리거나 역비를 징수하여 군민들로부터 철저하게 불신을 받고 있었다.[43]

이처럼 대한제국 말기에 왕성하였던 의병들의 철도 공격은 일본군의 남한대토벌작전과 1910년 한국 강제 병탄으로 점차 수그러들었다. 그러나 조선 민중의 저항정신은 1919년 3.1운동으로 다시 살아났고, 소규모이지만 철도에 대한 공격도 다시 발생하였다. 3.1운동 당시 한국인이 설립한 소규모 청부회사가 철도 건설을 방해하였으며, 당시 서울에 근무하던 경성철도 노동자 및 만철 경성 관리국 노동자들이 파업을 하여 철도운행을 방해하였다. 민중들도 수시로 철도이용을 보이코트하기도 하였다. 또한 한국과 일본의 토건회사가 모두 참가하는 규모가 큰 청부공사에서 소외된, 한국인이 자본을 댄 소규모 청부회사들도 모래, 목재, 석재의 채취와 조달을 불편하게 하여 철도부설을 방해하기도 하였다.[44]

잔혹한 탄압

한편 일제는 의병들과 민중들의 철도시설에 대한 파괴와 공격이 거세어지자, 철도시설과 일본인들을 보호한다는 구실 아래 철도를 파괴하는 자들에 대해서 사형, 감금, 추방, 과료, 곤장 등의 군율을 시행하였다. 군용전선 및 군용철도에 가해한 자는 사형, 사정을 알고도 숨긴 자 역시 사형, 가해자를 체포한 자에게는 금 20원을 상여함, 가해자를 밀고하여 체포케 한 자에게는 금 10원을 상여함, 촌내에 가설한 군용전선 및 군용철도선의 보호는 그 촌민이 책임을 지고 완수하되 촌장은 수좌로 정하고 위원을 두어 매일 약간 명씩 교대로 철도와 전신선을 보호할 것, 촌내에서 군용전선 및 군용철도선이 절단되고 가해자를 체포하지 못한 경우에는 당일 보호위원을 태죄 또는 구류에 처한 것이 그 예이다. 이러한 군율은 격화되고 있던 민중들의 철도, 전선 파괴활동에 쐐기를 박기 위해 시행되었으나, 주요 거점에만 배치되어 있던 일본군만으로는 이러한 파괴활동을 근절시킬 수 없었다. 따라서 일제는 군율의 효과적인 시행을 위해 연선주민들에게 철도, 전선 보호의 연대책임을 지우고 또 그들을 상호 감시체제 속에 묶어 두기도 하였다. 이렇게 일제가 강력한 군율의 시행과 그에 따른 가혹한 처벌을 하였지만, 연선주민들과 의병들의 철도에 대한 공격과 전선의 파괴는 멈추지 않았고 오히려 더욱 치열해져만 갔다.[45]

한국철도는 저항적 민족주의의 집결공간이자 분출지대였다. 앞에서 살핀 것처럼 한국인에게 철도는 문명의 이기가 아니라 조선민중을 억압하는 흉기였다. 식민통치자들의 야만적인 횡포는 자연발생적으로 거센 민족적 저항을 불러왔고 점차 반제국주의 투쟁으로 조직화되기 시작한다. 조선인들은 해방 이전까지 달리는 기차에 돌을 던지는 등 소극적인 행동부터 철도정거장을 파괴하는 무장투쟁까지 벌이며 식민통치자들을 괴롭혔다.

일본정부는 조선인들의 반침략 철도투쟁을 잔인하게 탄압했다. 일본정부는 철도 연선에 군율을 선포해 철도를 파괴하거나 열차운행을 방해하는 자는 사형에 처하는 등 엄벌주의를 채택했다. 1904년 7월부터 1906년 10월까지 일본 군율에 의해 처벌당한 한국인은 일본의 집계만으로도 사형 35명, 감금 및 구류 46명, 추방 2명, 태형 100명, 과료 74명 등 모두 257명에 이르렀다.[46)]

▲ 철도파괴범으로 사형을 당하는 의병

06

침략의 도구 vs 저항의 수단

1) 감시와 검속

위험과 효율 사이의 줄타기

철도와 열차는 기본적으로 지배세력의 도구이다. 철도를 부설하고 열차를 운행하다는 것은 한 지역을 점유, 지배하고 있는 세력이 그 지역에 대한 권력을 행사하는 일이며, 따라서 철도의 부설범위가 확장되고 열차의 운행범위가 확대된다는 것은 그만큼 지배권이 확장, 강화된다는 것을 의미한다. 한편 이는 지배세력에 저항하는 활동을 어렵게 만든다. 철도의 범위가 확산될수록 저항세력의 해방공간은 줄어들 수밖에 없다. 식민지조선의 경우 조선총독부의 행정권력이 지방의 말단까지 퍼져나가는 것은 조선에서 철도망의 확산과 깊은 관계를 맺고 있었다. 때문에 식민지시기 전 기간 동안 조선 내에서 해방구는 몇몇 특정한 시기와 장소를 제외한다면 존재할 수 없었다.

그러나 철도와 열차가 근대의 산물이기 때문에 그 발전에 따라 지배와 통치 방식이 변화를 가져오듯이 저항의 방식 역시 변화하였다. 철도와 열차를 지배

세력이 소유하고 있기 때문에 저항세력이 이를 이용하는 것이 매우 위험함에도 불구하고 조심스럽게 잘만 이용한다면 철도와 열차는 또한 저항을 위한 유용한 도구가 될 수도 있다. 일제의 조선 지배에 저항한 민족해방운동이 조선 내지 뿐만 아니라 간도와 중국 관내 심지어 러시아지역까지 확산되어 전개된 배경에는 철도의 확장과 그를 통한 한인의 거주지역 확산과 자유로운 이동이라는 요소 또한 빼놓을 수 없을 것이다.

민족해방운동 세력을 포함한 저항세력이 철도와 열차를 이용할 때 가장 고려되어야 할 요소는 아마도 '위험과 효율'이었을 것이다. 다음의 회고는 '위험과 효율' 사이의 긴장관계를 잘 표현해 주고 있다.

> "한 고비를 넘긴 우리들 사이에 두성이의 '도보론'(徒步論)과 나의 '승차론'(乘車論)의 이견이 대립되었으니 미야자끼 옆 기와끼까지 몇 날 걸려 걸어가면서 왜놈의 경계를 피하자는 것이 '도보론'의 근거이고, 지방 형편도 잘 모르니 걷다가는 언제 어디서 어차피 걸릴지도 모르는데다가 이미 이 일대에 펼쳐져 있을 왜군의 감시망을 빨리 돌파하기 위해서라도 기차를 타는 것이 '승차론'의 근거이나, 이때는 차를 탈 때와 차 중에서 또 하차시 등 최소 세 번의 경계를 어찌 피하느냐가 문제점일 뿐이었다."(『탈출기 : 광복군 김문택 수기 上』, 독립기념관 한국독립운동사연구소, 2005, 135쪽)[1]

식민지시대 민족해방운동가들이 운동의 과정에서 철도와 열차를 이용할 때는 항상 이 두 가지 사이에서 갈등했을 것이다. 그러면서 언제나 조금 덜 위험하면서 조금 더 효율적인 방식을 찾고자 했을 것이다.

심훈의 소설

1922년 4월 상해의 고려공산청년회를 조선 내지로 이전하려는 임무를 띠고 비밀리에 입국하려던 박헌영, 김단야, 임원근이 국경에서 체포되었다. 이들은

▲ 심훈

상해에서 북해환(北海丸)을 타고 안동으로 와서 이륭양행(怡隆洋行)의 알선으로 안동현 구시가 중국 요리점 영빈루(迎賓樓)에 잠적하고 있었다. 하지만 임원근과 박헌영은 안동의 숙소에서 일본 영사관경찰대의 급습을 받아 체포되었다.[2] 이들보다 먼저 단독으로 신의주로 건너갔던 김단야 역시 일제 경찰의 사슬을 피하지 못했다. 그는 압록강 철교를 건너는데 성공하고 신의주에서 서울행 열차 승차권을 구매하는 데도 성공했지만 신의주 남쪽에 위치한 조그마한 정거장인 차련관(車輦館)에서 신의주경찰서 소속 경찰들에게 체포되었다.[3] 이들이 한꺼번에 체포된 원인은 아직 정확히 알 수가 없다. 하지만 추측이 불가능한 것은 아니다. 이들과 "음습한 비바람이 스며드는 상해의 깊은 밤 어느 지하실에서 함께 주먹을 부르쥐던"(심훈의 시 〈박군의 얼골〉 중) 사이였던 심훈은 소설을 통해 국경을 통과하는 열차에서 벌어지는 검속의 과정을 생동감 있게 묘사하였다.

"봉천(奉天)서 밤 아홉 시에 경성을 향하여 떠난 특별 급행열차는 그 이튿날 동이 틀 무렵에 안동현(安東縣) 정거장 안으로 굴러들었다. 국경을 지키는 정사

복경관, 육혈포를 걸어메인 헌병이며, 세관(稅關)의 관리들은 커다란 버러지를 뜯어먹으려고 달려드는 주린 개미 떼처럼, 플랫폼에 지쳐 늘어진 객차의 마디마디로 다투어 기어올랐다."[4]

이와 같은 묘사로 시작되는 이 소설에서 주인공 중 한명인 박진(朴進)은 이 특별 급행열차를 타고 국경을 넘고 있었다. 그는 'xx단'의 중요 성원으로 조선 내지로 잠입하는 중이었다. 그러나 일본 경찰은 밀정의 보고로 그의 잠입 사실을 알고 있었고, 국경에는 이미 수사망이 펼쳐져 있었다. "아이쓰와 닌소오가 도오모 아야시이조"(저 자의 생김생김이 어째 수상스럽다) 열차 안에서 짐검사를 하던 세관 관리로부터 박진의 수상한 거동을 보고받은 이동경찰대 사복형사는 곧 박진에게 다가와 행선지와 용무 등을 꼬치꼬치 캐물었다. 개성 삼업회사 해외 출장원(開城蔘業會社海外出張員)으로 위장하고 있던 박진은 장사치의 말씨를 억지로 흉내내면서 위기를 벗어나고자 했다. 그러나 형사는 그를 이등 침대 빈 구석으로 끌고 가서 몸수색을 하기 시작했다. 몸수색에서 아무런 성과를 거두지 못하자 형사는 불시에 "네가 xx단의 박진이가 아니냐? 나흘 전에 상해를 떠나서 서울로 가는 길이지?"라고 묻고 턱을 치받치며 표정을 검사한다. 이미 다 들통이 난 것이다. 상해에서부터 미행이 붙어 온 것이라고 생각되었다. 하지만 박진은 끝까지 버텨보기로 한다. 공연한 사람을 들볶는다고 형사보다 더 크게 소리를 질렀다. 효과가 있는지 형사는 한 발 물러서며 사과를 하고 자리를 떠났다. 그러나 실상은 다른 찻간으로 응원대를 청하려고 슬그머니 비켜준 것이었을 뿐이고 박진 역시 이를 눈치 채지 못할 리 없었다.

기차가 차련관 정거장을 불과 두 마일쯤 되는 지점에 다다랐을 때에 칠순 노인이 기차에 뛰어들어 자살을 했고 기차는 급정거를 했다. 사고 때문에 열차 전체가 혼란에 빠져 있을 때 박진은 차련관 정거장을 떠나 천천히 마주 오던 화물열차로 날짐승같이 올라탔다. 얼마 후 박진이 빠져나간 것을 알게 된 형사대는 야단법석으로 그를 찾아 날뛰었지만 아무 소용이 없었다.[5]

이상 소설 속에서 박진은 용케도 일제 경찰의 마수를 벗어났지만, 현실 속에서 김단야는 그런 행운을 갖지 못했다. 70대 노인이 열차에 투신자살하는 사고도 일어나지 않았고, 맞은 편에서 화물열차가 느린 속도로 다가오는 행운을 맞지도 못했다. 김단야는 소설 속 박진이 탈출에 성공한 그 장소인 차련관에서 일제 경찰에 체포되고 말았다.

열차에서의 검속

이렇듯 열차 안에서는 경찰에 의한 검문검색이 일상적으로 이루어지고 있었다. 위의 경우처럼 꼭 국경을 넘는 경우가 아니더라도 식민지 조선의 열차 안에서는 철도 역무원의 차표 검사와 함께 정복 또는 사복 차림의 일제 경찰에 의한 검속이 이루어졌다.

특히 1922년 이후 열차 내의 경계를 위하여 일본에서부터 시작된 이동경찰 제도는 만주를 거쳐 조선철도에까지 실시되었다.[6] 심지어는 열차 안에 승객보다도 경찰이 더 많아 사람들로부터 "여행도 마음대로 못하게 되었다"는 푸념까지 나올 정도로 열차 안의 이동경찰의 위세는 높았다.[7] 열차 안에서 경찰의 위세가 높아지고 그들의 패악이 심해지는 만큼 이들에 대한 일반 민중의 불만과 원성도 높아져 갔다. 이동경찰이 열차 안에서 "욕설을 일삼고, 조금이라도 대꾸하면 뺨을 치며, 남녀의 구별 없이 몸을 뒤지는 일"까지 일어났던 것이다. 심지어 승객의 소지품을 검사하다가 돈을 슬쩍하는 일까지 벌어졌다.[8] 이에 동아일보는 「이동경찰(移動警察)의 폐해(弊害)」라는 논설을 신문 1면에 게재할 정도였다.[9]

하지만 조선총독부 경무국으로서는 이동경찰의 열차 안 검속으로 쏠쏠한 재미를 보고 있었기 때문에 동아일보나 일반 민중들의 목소리를 들으려 하지 않았다.[10] 이동경찰의 활약으로 많은 운동가들이 열차 안에서 체포되었기 때문이다. 물론 이동경찰에 의해 강도나 밀수범 등이 체포되는 경우도 있었다.[11]

그러나 이동경찰 설치의 본래 목적이 사상범 취체에 있었기 때문에 다른 누구보다 민족해방운동가들의 검속이 많았다. 예를 들어 1932년 평안북도경찰부의 이동경찰들이 국경을 넘나드는 열차에서 검거한 총 인원수 813명 중 사상관계 용의자는 140명에 달했다.12)

무엇보다 만주로부터 잠입해 들어온 운동가들이 열차 안에서 체포되는 경우가 많았다. 1928년 9월 19일과 20일에는 참의부원 2명이 체포되었다. 참의부 제2대장 대리 백운파와 5중대 소대장 서윤수는 조선 내지와 연락을 취할 기관을 설립하고 군자금을 모집하려고 들어왔다가 경의선 열차 안에서 이동경찰에게 검속이 되었다.13) 같은 달 20일에는 정의부원 김찬성이 고향인 평북 정주로 돌아가다가 열차 안 이동경관의 손에 검거되었다.14) 1933년 3월 22일에는 만주에서 들어오던 김창진이 공산주의운동 관계 불온사상 용의자로 검거되었다.15)

열차 안에서 검속되는 경우는 아무래도 국경 부근이 다수를 차지하지만 국경 부근이 아닌 다른 지역에서 검속되는 경우도 있었다. 예를 들면 김약수 체포가 그렇다. 신의주사건으로 조선공산당 관련자들에 대한 일대 검거가 이루어지고 있었을 때 7인의 중앙집행위원 중 한 명이었던 김약수는 러시아에서 일본농민조합 앞으로 보낸 조선수해구제금 문제로 일본에 건너가 있었다. 그가 조선으로 귀국하고 있을 때 이미 서울의 종로경찰서로부터 조회를 받은 대구경찰서 고등계에서는 그를 체포하기 위해 준비하고 있었다. 김약수가 대구역에 도착했을 때 일제 경찰은 열차 안으로 돌입하여 그를 체포하였다.16)

한편 조선으로 귀국 중 체포된 김약수와 달리 또 다른 중앙위원이었던 김찬은 오히려 기차를 타고 조선을 탈출하였다. 그는 거꾸로 용산역에서 기차를 타고 부산으로 내려가 일본 나가사키항을 거쳐 상해로 밀항하는데 성공했다.17) 그가 어떻게 무사히 조선을 빠져나갔는지에 대해서는 정확히 알 수 없다. 그러나 그 역시 열차 안에서 이동경찰대의 삼엄한 검속을 거쳤을 것임은 명확하다. 하지만 일본 경찰의 검거 선풍과 체포망을 뚫고 망명한 성공한 중앙위원은 그가 유일하다. 물론 또 한 명의 중앙위원인 조동호도 망명에 성공했다. 그러나 그는 신의주사건으로 조선공산당이 발각되기 전에 이미 코민테른 밀사로 선정되어 조선을 빠져나갔다.

기차역에서의 검속

한편, 열차 안에서 경찰의 감시와 검속을 피하는 것이 힘든 일이기는 했지만, 운동가들이 더 많은 주의와 경계를 기울여야 했던 곳은 기차역이었다. 기차역은 중요시설물로 분류되어 경찰이 상주하고 있었다. 실제로 기차역에서 폭발물이 발견되는 사례도 종종 있었다.[18] 또한 그곳은 오고가는 많은 인파들 속에서 운동가들을 찾아내려고 혈안이 되어 있는 형사들이 곳곳에 진을 치고 있는 장소였다.

1944년 일본 큐우슈우(九州)에서 일본군을 탈출하여 조선으로 밀항해 온 김문택이 열차를 타고 밀양에서 고향인 진남포까지 갈 때, 또한 진남포에서 청진과 무산을 거쳐 국경을 넘을 때, 그가 가장 큰 두려움을 느낀 장소는 다름 아닌 기차역이었다. 더구나 전시총동원체제 아래서 기차역에는 형사들 뿐 아니라 헌병들까지 진을 치고 있었다. 개찰구에서 형사와 헌병들이 차표와 여행증을 검사하며 한 사람 한 사람 검문하고 있었으니, 열차를 타려면 그들 앞을 꼭 지나가야만 했다. 항상 "어이, 이 개새끼, 여기 나타났구나. 이리 나와, 앙!"하며 뒷덜미를 잡아챌 것 같은 두려움에 떨며 개찰구를 통과해야 했다.[19]

기차역은 일제 경찰에게도 운동가들을 검속하기 위한 좋은 장소였다. 어쨌든 운동가들로서도 열차를 타고 이동하는 것이 효율적이었기 때문에 불가피하게 기차역을 이용하리라는 것을 잘 알고 있었기 때문이다. 또한 시국상 특별한 일이 있는 경우에 기차역은 맨 먼저 경계망을 펼쳐야 하는 장소였다.[20] 1925년 4월 민중운동자대회의 시위운동이 끝난 후 주모자들을 체포하려는 일제 경찰은 서울 시내 일원에 수사망을 펼쳤다. 그중에서도 지방으로 돌아가려는 운동가들을 검거하기 위해 경성역과 용산역, 청량리역 등 기차역에 고등계 형사들을 파견하여 집중 검속을 실시하여 많은 운동가들을 검속하였다.[21] 한편 이러한 기차역에서의 검속은 일상적으로 이루어져 특별한 죄를 짓지 않아도 경찰에 연행되기도 했다. 예를 들면 1933년 8월 2일에 평양역에 내리던 박대선이라는 청년은 검문에 걸려 평양경찰서 고등계로 연행되어 취조를 받았는데, 연행의 사유는 그가 발매금지된 불온서적을 소지하고 있었기 때문이었다.[22]

▲ 1920년대 경성역

이렇듯 일제 경찰은 열차 안과 기차역에서의 검문검색을 통해 민족해방운동가들을 검속, 체포하려고 하였다. 따라서 좀 더 효율적인 운동을 위해 철도와 열차를 이용하려는 운동가들은 일제 경찰의 검속을 피하려는 여러 방법들을 고안하였다. 철도 연선을 따라 건설된 수많은 기차역에서 그리고 쉬지 않고 달려가는 열차 안에서 일제 경찰과 민족해방운동가들의 쫓고 쫓기는 술래잡기가 시작되었다.

검속을 피해 열차 이용하기

열차를 이용하면서 경찰의 검속을 피하려면 무엇보다 자신의 신분을 증명해줄 수 있는 증서가 필요했다. 앞서 심훈의 소설에서처럼 회사의 직원임을 증명할 수 있는 명함을 내보일 수도 있지만, 일단 의심을 받기 시작하면 명함 정도로는 상황을 무마할 수 없었다. 중앙이나 지방의 신문사나 잡지사 등의 언론사와 유명 회사에서 내어준 증서는 기차역과 열차 안에서 검속을 피하는데 큰 효력을 발휘했을 것이다. 뒤에 살펴보겠지만 박헌영이 고려공청을 조직하기 위해 지방을 돌아다닐 때나 강달영이 후계당의 책임비서가 되기 위해 진주에서 서울로 올라올 때, 그들에게는 동아일보에서 발행해준 신분증이 열차 안 검속을 벗어나게 해주는 큰 무기였다.

하지만 무엇보다도 공신력 있는 기관, 즉 조선총독부를 비롯한 일제의 각종 통치기구들이나 협력단체들에서 발행한 증명서라면 더할 나위 없이 좋았을 것이다. 일제강점기 조선 최고의 국학자 중 한 사람으로 인정받는 김태준의 예를 보자. 그는 경성콤그룹에 참가하여 연안의 독립동맹과 연계를 맺기 위해 박진홍과 함께 연안으로 떠났다. 그가 준비한 증명서는 경성제국대학 의학부에 근무하고 있는 사위의 출장명령표였다. 경성을 떠나 신의주로 가는 경의선에서 그는 어김없이 이동경찰의 검문을 받는다. 그가 꺼내놓은 것은 "경성제대의학부조수(京城帝大醫學部助手) 김(金)Y라고 써있는 명편(名片)과 함께 의학부(醫學部) 출장명령서(出張命令書) 일통(壹通)과 대학도서관(大學圖書館) 열람표(閱覽票), 대학조수(大學助手)라는 신분증명서(身分證明書) 등"이었다. 출장명령서에는 "한약자료수집조사연구소(漢藥資料蒐集調査研究所), 신의주방면(新義州方面) 출장(出張)을 명(名)함"이라고 적혀 있었다. 당시 김태준은 요시찰인물로 이동경찰의 주머니 속에는 분명 그의 사진이 있었을 것이지만, 경찰은 아무런 의심없이 검문을 마치고 지나갔다.[23] 이 증명서들은 국경을 통과하는데도 유용하게 사용되었다. 압록강철교를 건너면서 받은 조사에서 김태준은 예의 위 물건들을 내놓고 "나는 대학의사 김Y인데 이번에 신의주까지 출장 왔다가 오늘 저녁 안동(安東) 건너가서 저녁 먹고 건너올랴고 가는 길이오"라는 말 한마디로 무사통과하였다. '경성제국대학'의 위력이 발휘된 것이다.

경성제국대학 출장명령서만큼 확실하지는 않겠지만 전시체제하 군수공장의 증명서도 큰 효과를 발휘하였다. 위에서 언급한 김문택과 그의 탈출 동료 배두성은 시모노세키(馬關)에서 쪽배를 타고 밀항하여 마산에 도착하였다. 하지만 통행증이 없기 때문에 열차를 탈 수가 없었다. 그래서 그들은 마산에서 밀양까지 걸어갔다. 다행히 밀양에서 뜻을 같이하는 청년을 만나게 되었고, 그에게서 여행증을 받을 수 있었다. 일본 오오사까에서 상업학교를 다니다가 징용을 피해 밀양에서 송탄유(松炭油) 짜는 공장에 취업해 있던 청년은 김문택과 배두성을 위해 'ㅇㅇ군수공장 밀양분공장'이라 쓰고 그 밑에 붉은 직인이 찍힌 손바닥만한 여행증을 구해주었다. 그들은 이 여행증에 각자의 이름을 써넣고 밀양에서 기차를 탈 수 있었다.[24]

물론 이렇듯 열차 안에서 위장한 운동가들을 찾아내기 위해 일제 경찰은 열차 안 이동경찰에게 요시찰인 명부와 사진을 휴대하게 하였다. 이를 위해 동경 경시청으로부터 조선인 요시찰인 천여 명의 사진을 복사하여 보내왔으며, 조선총독부 경무국 보안과에서 다시 복사하여 이동경찰에게 나누어 주었다.[25]

때문에 신분을 위장할 수 있는 확실한 통행증이 있다고 하더라도 열차 안의 검문은 가능하면 피하는게 상책이었다. 그래서 열차 안에 올라탄 운동가들은 항상 검표원과 이동경찰의 경로를 파악하고 언제든지 대응할 수 있는 준비태세를 갖추고 있어야 했다. 이때 가장 좋은 위치는 열차의 중앙 칸 중앙이었다. 열차의 한 가운데 자리 잡고 찻간의 앞문과 뒷문을 살피다가 검표원이나 경찰이 오면 자연스럽게 화장실을 가는 척 하면서 반대방향으로 피하기 위해서였다.[26]

열린 공간인 열차에서 그렇게 검표원과 경찰을 피해 가서 숨을 수 있는 유일한 장소는 화장실이었다. 화장실의 손잡이를 꼭 붙잡고 검표원이나 경찰이 자리를 떠날 때까지 기다리는 수밖에 없었다. 김문택의 수기에는 화장실에 숨어서 위험을 피하는 장면이 아주 많이 나온다. 김문택은 단지 열차의 화장실만 애용한 것이 아니었다. 기차역 대합실에서도 화장실은 좋은 피난처였다. 창원역 대합실에서는 헌병들 때문에 혼줄이 나기도 한다.

> "생각할 여유도 없이 우리는 기계적으로 대합실 왼쪽에 있는 변소간에 재빨리 숨어버렸다. 심장은 계속 뛴다. 등에는 식은땀이 흘러내린다. 그런데 잠시 후 변소간 문을 두드린다. 문은 걸려 있지만 나는 단도를 잡았다. 밖에서는 계속 문을 두드리나 어찌 대답이 있을 수가 있으랴. 잠시 후 문 밖에서 무엇이라 중얼거리다 다시는 변소를 노크하지 않는다. 시간은 흘렀다. 변소간 유리창 너머로 왜 헌병 두 마리가 각각 오토바이 뒤에 한 사람씩 태우고 멀리 사라지는 것이 눈에 띈다. 바로 기차가 진해로 떠난 후였다. 비로소 안도의 숨을 내쉬면서 변소를 빠져 나왔다. '10년 감수'란 분명 이런 경우를 말함일까. 고국 땅에서 처음 겪은 스릴이었다."[27]

창원역에서 한 번 되게 당한 김문택과 배두성은 열차 타는 것을 포기하고 밀양까지 걸어가기로 한다. 그런데 기차역에서 헌병, 경찰들과 숨바꼭질이 계속되자, 화장실은 오히려 안온한 은신처가 되었다. 그에게 화장실은 "다시없는 피난처"였다. 이제 화장실에 들어가면 "그렇게도 떨리고 두근거리는 심장의 고동도 진정"되었다. 더구나 화장실 벽은 추위를 막는데 안성맞춤이었다. 북풍한설이 몰아치는 북국의 기차역 화장실에서 그는 "깜빡 졸다가는 벽에 머리를 부딪히고 부딪히고는 또 깜박 졸며 이 처절한 밤을 지새니 어느덧 새 날이 밝아" 오기를 수차례 거듭한다.[28]

열차 안에서 화장실에 숨는 것에 실패하거나, 숨어 있는 것이 탄로가 나는 경우에 극단적으로 선택되는 행동이 기차에 매달리는 방법이었다. 그러나 기차에 매달리는 것은 매우 위험한 일이었다. 만일 잘못하여 떨어지는 경우 그대로 열차에 치어 숨질 위험이 있었다. 그럴 경우 대부분 시체의 주인이 누군인지조차 모르는 것이 대부분이었다.[29] 또한 경찰의 심문을 피하기 위해 달리는 열차 안에서 뛰어내리는 경우도 있었다.[30]

검속을 피하는 또 다른 방법

화장실에 숨는 것 외에 열차 안에서 경찰의 감시를 피하는 방법은 혼자가 아닌 일행이 있는 것처럼 꾸미는 것이다. 가능하면 아이를 데리고 가는 아낙네가 적격이다. 마치 가족처럼 행세하는 것이다. 김문택도 열차에 타면 항상 혼자 또는 아이를 데리고 탄 아낙네가 있는지부터 살폈다. 그리고 그 아낙네의 짐을 들어주는 척 하면서 마치 일행인양 가장하고자 하였다. 이 방법으로 가장 유명한 이는 아마도 의열단의 김익상일 것이다.

1921년 9월 조선총독부를 폭파하고 총독을 암살하고자 상해를 떠난 김익상은 열차를 바꾸어 탄 봉천(奉天)에서부터 자기가 이용하기 좋은 인물을 물색했다. 열차 안에는 두어 살 된 어린아이를 데리고 앉아 있는 젊은 일본 여자가 있었다. 김익상은 유창한 일본어로 그 여자에게 수작을 걸었다. 어린아이 하나만 데리고 길을 나선 일본 여자는 그렇지 않아도 고독하고 불안하던 차에 말동무가 생긴 것을 기뻐하였다. 얼마 지나지 않아 그들은 음식도 나누어 먹고, 가정 형편을 이야기하도록 친숙해졌다. 얼마 후 경찰들이 열차 안으로 들어와서 검사를 시작했다. 그러나 그들은 정작 엄밀히 조사해야 할 김익상은 말 한마디 건네어 보지 않고 그대로 지나쳐 버렸다. 젊은 아내와 어린 자식을 데리고 여행중에 있는 일본 학생에게 그들은 아무런 흥미도 관심도 갖지 않은 까닭이었다. 경성역에서도 그는 어린아이를 안고 당당하게 개찰구를 통과하였다. 이후 9월 12일 조선총독부에 폭탄을 투척하고 유유히 상해로 돌아왔다.[31]

한편 철도를 이용할 때 특히 감시인원이 많은 역이 있다. 그럴 경우 감시망이 삼엄한 주요역을 피하여 주요역 바로 앞 역에서 하차하여 도로, 또는 다른 교통수단을 이용하여 주요역을 우회, 그 다음 역에서 다시 승차하는 방식이 이용되기도 했다. 이른바 주요역 뛰어넘기라고 할 수 있다. 이 방법은 매우 고전적인 방식이라고 할 수 있는데, 특히 일본이 다른 나라를 침략하여 영토 전체를 점령하지 못하고 철도 연선을 따라 병력을 주둔한 경우에 많이 사용되었다. 예를 들면 러시아혁명 이후 시베리아내전기에 일본이 시베리아철도 연선을 장악했을 때, 항일투쟁을 하던 운동가들이 주로 썼던 방식이다. 또한 중일전쟁 이후 철도연선을 장악한 일본군에 맞선 중국과 조선의 혁명운동가들도 이 방식을 애용했다.

1944년 서로 다른 경로를 통해 연안으로 떠났던 두 사람도 중국에서 이 방식을 활용했다. 먼저 김태준은 우여곡절 끝에 산해관까지 이른 후 산해관역을 이용하지 못하고, 산해관에서 진황도까지 80리 길을 인력거를 타고 이동한 후 진황도역에서 천진으로 가는 열차를 탔다. 열차로는 20전이면 갈 수 있는 길을 수백원을 써서 인력거로 간 것이다.32)

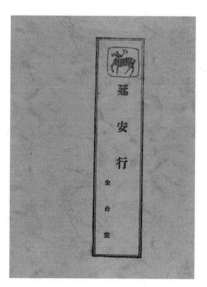

▲ 김태준의 연안행

중국에서 싸우는 일본군을 위문한다는 핑계를 대고 조선을 탈출하여 북경에 간 김사량은 조선의용군의 연락원을 통해 북경에서 창덕(지금의 安陽)까지 가는 차표를 끊었다가 중도에 순덕역(지금의 邢臺)에서 내려야만 했다. 창덕역에 일본군이 너무 많이 모여 있어 위험했기 때문이다. 김사량은 순덕에서부터 150리를 걸어서야 일본군의 봉쇄선을 돌파할 수 있었다.[33)

주요역과 간이역, 그리고 기차 안에 존재하는 위험이 크게 다르지 않은 조선 내지에서도 이 방식은 통용되었다. 서울에서 비현까지 경성제국대학의 출장명령서를 가지고 무사히 갔던 김태준은 비현에서 미리 와 있던 박진홍을 만나 동지의 집에서 하루를 묵은 뒤, 비현에서 신의주까지 박진홍은 열차로 가고, 김태준은 걸어서 갔다. 이동경찰의 눈을 피하기 위해서였다.[34)

큐우슈우 최남단 기와끼(木脇)에서 탈출하여 시모노세키까지, 다시 밀양에서부터 경성과 평양을 거쳐 진남포까지, 진남포에서 다시 함흥과 청진을 거쳐 무산까지, 그곳에서 국경을 넘은 후 만주에서 산해관을 지나 서주(徐州)에 이르러 광복군에 들어가기까지 106일 동안 일본과 조선, 중국을 전전했던 김문택의 주요 이동수단은 철도였다. 그런 김문택 역시 자주 기차역 건너뛰기를 했다. 예를 들면 그는 고향인 진남포를 떠나 중국으로 망명하기 위해 청진을 거쳐 무산까지 가야만 했다. 이를 위해서는 평양역에서 내려 원산행 평원선 열차를 타야 타야 했지만, 경계가 심한 평양역을 피하기 위해 한 정거장을 걸어가서 서평양역에서 열차를 탔다. 그의 예상대로 서평양역은 그다지 경계가 심하지 않았다.[35)

앞서 심훈 소설의 주인공 박진 역시 차령관에서 화물차로 갈아타고 북쪽으로 올라갔지만, 신의주까지 가지는 않았을 것이고, 아마도 인적이 드문 간이역에서 중도에 내렸을 것이다.

이렇듯 민족해방운동가들은 갖가지 방법을 동원하여 최대한 일제 경찰의 감시와 추적을 뿌리치고 철도와 열차를 이용해 보다 효율적인 운동을 전개하고자 하였다.

2) 효율적 운동의 도구: 민족해방운동가들의 철도와 열차

전국적 운동망의 구축

1910년대를 거치면서 전국적으로 확장되어 간 식민지 조선의 철도망은 일제의 행정 권력이 전국적으로 퍼져나가게 하는 중요 도구였다. 하지만 전국적으로 확장된 철도망은 일제 통치자들에게만 유용한 도구였던 것은 아니다. 기차역과 열차 내에서 이루어지는 검속으로 운신의 폭이 좁기는 하였지만, 민족해방운동가들에게도 철도는 지역적 범위를 넘어 전국적 연계를 갖는 운동망을 구축할 수 있는 도구였다.

특히 1920년대 초기 사회주의운동에서 전국적으로 야체이카나 프락치야가 만들어질 수 있었던 계기는 철도망의 확산이 큰 역할을 했다. 즉, 새로운 사상을 습득한 사회주의자들은 철도를 이용해 전국적 순회강연 또는 각 지방 시찰을 함으로써 전국적 운동망을 구축할 수 있었다. 조선 내지에 공산청년회를 조직하려는 사명을 띠고 상해에서 귀국한 박헌영의 활동에서도 자그마한 실마리를 찾아볼 수 있다.

1924년 1월 출옥하여 서울로 올라온 박헌영은 4월 동아일보사에 기자로 입사하였다. 그런데 그해 12월 12일 그는 '지방부 기자'로 발령받았다.[36] 일종의 좌천이었다. 그러나 이는 합법적으로 지방을 돌아다닐 수 있는 좋은 기회였다. 중앙 일간지의 '지방부 기자'라는 신분은 기차역과 열차 내에서 마주치는 검속을 피할 수 있게 해주었을 것이다. 그는 이 신분을 이용해 고려공산청년회 나아가 조선공산당의 지방조직을 건설하고 전국적인 연락망을 구축하는 사업을 했다. 제1차 조선공산당 사건 당시 신의주경찰서에서 작성한 신문조서에 따르면 그는 1925년 3월 6일 신의주를 다녀왔다. 명목은 전조선민중대회 개최에 관한 지방상황 시찰이었지만,[37] 실제로는 고려공청 창립대회 준비를 위해 평안북도 일대의 공청 세포단체들과 연락을 취하려고 여행했던 것으로 보인다. 그런데 그는 3월 6일 아침 차로 신의주에 와서, 오후 기차 편으로 서울로 돌아갔다.[38] '지방부 기자'이면서도 서울에서 많은 활동을 벌이고 있던 그로서는 장기간 서울을 비우고 여행을 할 수가 없었다. 결국 박헌영이 방문하고 조직망을 건설했던 지역은 확장되어 가고 있던 조선철도 연선의 주요 도시들이었을 것으로 보인다.

철도와 열차를 이용해 전국적인 운동망을 구축한 사회주의자들은 또한 체포와 검거로 인한 당 조직의 와해 시기에 이 전국적인 운동망을 활용하기도 한다. 1차 조공의 검거와 2차 당대회의 시기에 보여진 모습은 이를 잘 설명해 준다.

김철수와 철도

1925년 4월 17일 1차 당 대회를 통해 창립한 조선공산당은 그해 11월 발발한 '신의주 사건'을 기화로 대규모 체포에 직면하였다. 11월 29일 밤 당 중앙위원 유진희와 공청 책임비서 박헌영의 검거를 시작으로 전국적인 검거 선풍이 몰아쳤다. 창립 당시 중앙집행위원으로 선출되었던 이들 중 김재봉, 김약수, 주종건, 유진희는 체포되었으며, 김찬과 조동호는 상해로 망명하였다. 당 지도부가 전무한 상태에서 급히 후계 지도부가 보선되었다. 후보위원이던 강달영, 이준태, 홍남표, 이봉수, 김철수가 새로운 중앙위원으로 선정됐다. 책임비서로 선정된 강달영에게는 홍덕유가 '至急上京'의 전보를 보냈다.[39] 당시 지방에 있던 강달영과 김철수는 중앙위원으로서 임무를 수행하기 위해 급거 상경했다.

진주에서 조선일보 지국을 경영하던 강달영이 '조선일보 촉탁'의 발령을 받고 상경한 때는 12월 12일이었다.[40] 조선공산당에 대한 대규모 검거가 시작된 지 채 보름이 지나지 않은 때다. 급작스럽게 당 책임비서로 선출되었음에 비해 매우 빠른 상경이었다. '조선일보 촉탁'이라는 합법적 신분을 가지고 있던 그는 정거장과 열차 안에서 일제 경찰의 검속을 쉽게 통과할 수 있었다. 후계 중앙위원회를 신속하게 조직하여 당 조직을 재정비해야 했던 전임 중앙위원들이 강달영을 책임비서로 선정할 수 있었던 데에는 열차를 통한 신속한 이동이 가능했던 상황이 있었다.

▲ 김철수의 옥중 모습

상해에서 귀국한 후 고향인 부안에서 거주제한을 당하며 꼼짝 못하고 있던 김철수도 급거 상경하였다.[41] 김철수는 "어느 추운 날 밤에 비밀히" 군산에서 이리역을 거쳐 서울로 올라갔다.[42] 일제 경찰의 검속을 피할 수만 있다면 열차는 전국적 단위의 운동을 펼칠 수 있는 좋은 도구였던 것이다.

서울로 올라온 강달영과 김철수는 다른 신임 중앙위원들과 함께 후계당을 재정비해 나갔다. 당 중앙조직과 하급 단체의 정비가 이루어졌다. 그러나 순종의 장례를 기화로 공청의 주도 아래 준비되었던 6.10만세시위 계획이 사전에 발각되면서 다시 한 번 검거의 선풍이 몰아쳤다. 강달영은 1926년 7월 17일 잠복하고 있던 일본 경찰에 체포되고 말았다.[43]

강달영의 체포와 함께 후계당은 괴멸적인 타격을 입었다. 중앙위원 7명 가운데 6명이 체포되었다. 체포되지 않고 남은 사람은 김철수 하나였다. 김철수는 곧 체포를 모면한 후보위원들과 회합하여 새로운 중앙위원회를 구성했다. 그러나 거듭된 체포와 체포를 피하려는 망명으로 중앙위원은 계속 바뀌었다. 결국 보선에 보선을 거듭한 끝에 김철수, 안광천, 권태석, 김준연, 오희선, 양명 등 6명의 중앙위원으로 구성된 중앙위원회가 출범했다.[44] 이후 한국 사회주의 운동사에서 ML당이라고 불리는 새로운 조선공산당이 탄생하는 순간이었다.

그러나 새로운 중앙위원회가 적법한 절차를 통해 선출된 것은 아니었다. 한 시라도 빨리 당 대회를 개최하여 승인을 받아야 했다. 1926년 11월 28일 비밀리에 회합한 중앙위원들은 다음 달 6일 당 대회를 소집하기로 결정했다. 우선 당원 분포 등을 고려하여 전국에서 13명의 대의원을 선임했다. 곧바로 전국에 연락망이 가동됐다. 예정된 당 대회까지는 일주일의 시간밖에 없었다. 짧은 준비 기간에도 불구하고 당 대회는 예정대로 12월 6일 저녁부터 이튿날 새벽까지 개최되었다. 서울의 서대문형무소 바로 밑이었다고 한다.[45]

대회에는 조선 내에 조직되어 있는 51개 야체이카와 프락치야를 대표하여 모두 16명의 대표가 참가하였다. 2차 당 대회에 참가한 대표는 다음과 같다. 1) 경남 노백용, 2) 경북 정학선, 3) 전남 강석봉, 4) 전북 임혁근, 5) 충남북 장준, 6) 경기 하필원, 7) 황해 이인수, 8) 평남 안창도, 9) 평북 박은혁, 10) 함남 강원 서재국, 11) 함북 김영섭, 12) 동경 박락종, 13) 고려공청 김강, 14) 중앙책임비서 김철수, 15) 중앙책임비서 후보 오희선, 16) 중앙검사위원장 김병주.[46] 이들은 서울에 사는 사람들이 아니었다. 16명의 참가자 중 중앙위원회를 대표하여 참석한 김철수, 오희선, 김병주와 고려공청의 대표 김강을 제외한 12명은 지역의 대표였다.[47] 이들 중 동경 대표로 참가한 박락종과 경기 대표로 참가한 하필원은 아마 당시 서울에 머무르고 있었던 것으로 추정된다. 하지만 각 지역을 대표한 10명의 대의원들은 각자 지역을 거점으로 활동하고 있었기 때문에 당 대회를 위해 비밀리에 서울로 잠입하였다. 예를 들어 전북 대표인 임혁근은 당시 전북노동연맹 집행위원이자 이리청년회 위원으로 이리역 근처에서 늙은 아버지를 모시고 부인과 함께 살고 있었다.[48]

그런데 당 대회에 참가한 지역 대표들 중 현재 활동상을 확인할 수 있는 이

들의 주요 활동지를 살펴보면 한 가지 공통점을 발견할 수 있다. 이들의 주요
활동지는 충북 영동(충남북 대표 장준), 전북 이리(전북 대표 임혁근), 경남 김
해(경남 대표 노백용), 전남 광주(전남 대표 강석봉), 황해도 해주(황해 대표 이
인수), 경북 대구(경북 대표 정학선) 등으로 주요 철도의 연선에 위치한 도시들
이었다. 이는 당 대회를 위한 지역 대의원을 선정할 때 서울로 잠입하기 수월
한 지역의 활동가들을 우선적으로 고려했기 때문이었을 것으로 판단된다. 위
지역 대표자들이 각자의 활동지에서 서울까지 열차를 이용해 이동한다면 하루
면 족했다.

경찰의 감시망을 뚫고 당 대회를 개최하자면 완벽한 보안이 최우선 과제였
다. 그런데 지역 대표자들은 각자 지역에서 일제 경찰의 요시찰 대상이었다.
며칠씩 자리를 비우고 서울에 다녀왔다는 사실이 일제 경찰의 귀에 들어가기
라도 한다면 자칫 심각한 사태를 맞을 수도 있었다. 가능한 한 최단기간에 당
대회를 마쳐야 했다. 지역 대표자들은 대부분 12월 6일 아침 서울행 기차를 탔
다. 그리고 그날 저녁 미리 약속한 서대문형무소 밑 민가에 모여 밤을 꼬박 새
워 당 대회를 개최했다. 대회가 끝나고 난 후에는 새벽 첫 기차를 타고 각자의
연고지로 되돌아갔다. 당 대회를 주관했던 김철수는 당시의 상황을 다음과 같
이 회고하였다.

> "그래서 20여 명이 서대문 감옥 밑에서 집에서 저녁을 하루 저녁을 회의를 했
> 어. 2차 대표회의를 20여 명이 그 서리같은 그 저 경찰 밑에서 우리가 하루저녁
> 에 회의를 해서 다 수습을 했다고. 수습을 허고 저녁을 초저녁까지 다 지방에서
> 첫차 타고 다니는 사람잉게 초저녁까지 서울 와가지고 새벽차로 다 내려가. 밤
> 새 날 새고. 회의 또 다 통과해. 그러면서 2차 회의를 무사히 마치고…"[49]

두 차례에 걸친 대규모 검거와 계속되는 수사 속에서도 어엿하게 당 대회를
개최하고 무너진 당을 재조직할 수 있었던 바탕에는 중앙과 지역 사이에 유지

되고 있던 원활한 연락관계가 있었다. 그리고 그것을 가능하게 한 것은 전국적인 조직망을 가지고 있던 철도와 열차였다. 조선의 사회주의자들은 열차를 타고 신속하고 은밀하게 서울로 집결하여 당 대회를 하고, 다시 자신들의 활동지로 되돌아갔던 것이다.

이렇듯 일제가 조선을 식민지화하기 위해 부설하고 운영한 철도와 열차는 다른 한편 일제의 압제로부터 벗어나고자 하는 민족해방운동가들에 의해 이용되기도 하였다. 운동가들은 철도와 열차를 통해 그 이전까지 지역별로 고립적으로 전개되던 운동을 전국적인 연결망을 가진 운동으로 확장시켰다. 1920년대 들어 이루어진 전국적 운동망의 구축은 철도망의 전국적 확산과 함께 이루어졌던 것이다.

국내와 해외 민족해방운동의 연결: 의열단

일제가 식민지조선에 건설해 놓은 철도를 이용하고자 하는 민족해방운동가들의 노력은 단지 철도를 이용해 전국적 운동망을 구축하는데 그치지 않았다. 일제가 조선을 강점한 이후 수많은 지사들이 고국을 등지고 중국과 러시아 등지로 떠나갔다. 그들은 현지에서 조직을 만들어 민족해방운동에 투신했다. 그러나 조선 내지와 분리된 채 해외에서 독자적으로 이루어지는 민족해방운동에는 한계가 있었다. 그들이 해방시키고자 하는 이들은 조선의 민중들이었기 때문이다. 따라서 그들은 조선 내지와 지속적인 연결고리를 가지려고 했다. 그 수단으로 철도가 선택되었다. 특히 1911년 압록강철교가 부설되어 만주의 철도와 조선의 철도가 연결되면서 이제 철도는 중국과 조선을 연결하는 가장 중요한 운송수단으로 자리를 잡았다.

1920년대 초 중국에서 활동하던 많은 민족해방운동 단체들 중 임시정부와 함께 조선 내지에 가장 잘 알려진 것은 의열단이었을 것이다. 이는 1920년대 초 조선 내지에서 의열단이 전개한 강도 높은 투쟁이 있었기 때문이다. 의열단은 계속해서 조선 내지로 단원을 파견하여 암살, 폭파 등 의열투쟁을 전개했다. 이는 의열단에서 7가살(可殺)로 규정해 놓은 암살대상 중 대부분이 조선 내지에 있었으며, 파괴대상으로 삼은 조선총독부, 동양척식회사, 매일신보사, 각 경찰서, 기타 왜적 중요기관이 모두 조선 내지에 자리 잡고 있었기에 당연한 일이었다.[50]

▲ 의열단을 소재로 만든 영화 '밀정'

　의열단이 조선 내지의 민중들에게 처음으로 알려진 것은 1920년 3월 개시된 제1차 암살파괴운동을 통해서였다. 이때 의열단이 선택한 파괴의 목적물은 조선총독부, 동양척식주식회사와 조선은행, 매일신보였으며, 암살의 대상은 조선총독 이하 각 요로대관(要路大官)이었다. 폭탄과 단총이 중국으로부터 조선 내지로 운반되었으며, 거사를 실행할 단원들도 속속 내지로 잠입하였다. 그러나 불행히도 이 계획은 사전에 발각되어 그 해 6월 대다수의 단원들이 일제 경찰에 체포되고 말았다.[51] 당시 국내의 일간신문들은 "조선총독부를 파괴하려는 폭발탄대의 대검거", "밀양, 안동현간의 대연락", "암살, 파괴의 대음모사건" 등의 표제를 내걸고 이 사건을 대대적으로 보도하였다. 의열단이라는 이름이 조선 민중들에게 알려지는 순간이었다.[52] 또한 이 사건은 "기미운동 이후로 세상의 이목을 가장 놀라게 한 사건"으로 조선총독부 당국자들에게도 큰 충격을 주었다.[53]

그런데 당시 폭탄과 단총 등 무기는 배를 통해 운반되었다. 즉 안동의 연락기관인 천보상회를 통해 화물로 위장하여 부산과 밀양 등지로 밀송하였다. 그리고 거사를 실행할 단원들은 대부분 열차를 통해 내지로 잠입하였다. 의열단은 거사를 위해 의백 김원봉 외 2명을 제외한 모든 단원들이 전해인 1919년 12월부터 속속 내지로 잠입하여 연고지에 분산, 잠복하고 있었다. 의열단이 1919년 11월 조직된 지 채 6개월도 지나지 않아 이러한 엄청난 계획을 도모할 수 있었던 것은 이미 만주로까지 뻗어있던 철도의 존재 때문에 가능했다고 할 수 있다.

이후 의열단이 조선 내지와 일본에서 전개한 의열투쟁에 동원된 교통수단은 주로 선박이었다. 부산경찰서장 폭살사건의 박재혁은 상해에서 일본 나가사키를 거쳐 부산으로 들어왔다. 밀양경찰서 폭탄사건을 일으킨 최수봉은 밀양에서 의열단에 가입했다. 일본 동경의 황궁 입구 이중교에 세발의 폭탄을 연이어 던져 큰 파문을 일으킨 김지섭은 상해에서 석탄운반선의 창고에 몸을 숨기고 밀항하여 큐우슈우에 도착했다.

다시 한 번 철도를 이용해 조선 내지로 잠입한 의열단원은 김익상이었다. 앞서 설명한 것처럼 김익상은 마치 일본 학생인 것처럼 위장하여 경의선을 타고 서울로 잠입하여 조선총독부에 폭탄을 던졌다. 의거를 마친 후 김익상은 일본 목수로 변장하고 태연하게 용산역에서 평양행 차표를 사 가지고 경의선 열차에 몸을 싣고 유유히 서울을 빠져 나왔다. 평양에서 하룻밤을 쉰 그는 다시 신의주까지 열차를 타고 와서 압록강철교를 건너 의열단 본부로 돌아왔다. 김익상이 의거를 위해 북경에서 서울로 가서 의거를 하고 다시 북경으로 돌아오는 데 걸린 시간은 단 일주일이었다. 철도가 있었기에 가능한 일이었다.[54]

한편 의열단원은 아니지만 의열단의 도움을 받아 서울로 잠입하여 종로경찰 서에 폭탄을 던지고 일본 경찰대와 대치하다 자결 순국한 김상옥의 잠입과정 도 이채롭다. 1922년 중순 김상옥은 김원봉에게서 군총 3정, 실탄 500발, 살포 용 격문을 받아 휴대하고 선편으로 상해를 출발하여 안동으로 갔다. 그는 농부 차림으로 변장하고 야음을 틈타 압록강을 몰래 건넌 후, 수백 리를 걸어서 경 의선 어느 간이역에 도착하였다. 마침 정차 중인 석탄수송차가 있으므로 뛰어 올라 몸을 숨기고 있다가 12월 1일 일산역에서 하차한 다음 서울로 잠입하였 다.[55] 비록 여객열차가 아닌 석탄수송차를 타기는 했지만, 앞서 설명한 '주요역 뛰어넘기'의 방식으로 열차를 이용했다.

1925년 이후 의열단이 방향전환을 모색하고 있던 시기에 마지막으로 벌인 의열투쟁인 식산은행 동양척식회사 습격사건의 주인공 나석주 역시 선편과 열 차편을 동시에 이용하였다. 그는 1926년 12월 말 중국인으로 위장한 채 중국 영구에서 중국 윤선 이통호를 타고 인천에 도착했다. 그는 인천에서 진남포로 갔다가 이튿날 오후 평양발 기차로 다시 서울로 들어왔다. 그리고 그 이튿날인 12월 28일 동양척식회사와 식산은행을 습격하여 전후 7명의 일본 경찰을 사살 하고, 경찰대의 추적을 받자 스스로 가슴을 쏘아 장렬한 최후를 마쳤다.[56]

국내와 해외 민족해방운동의 연결: 국제선

1920년대 중반 이후 조선 내지로 잠입하여 국내와 연계를 맺으려는 시도는 다양한 조직들에서 지속적으로 펼쳐졌다.[57] 그중에서도 소위 '국제선'으로 불 렸던 조선공산당 재건운동 그룹의 활약이 두드러진다.

'국제선'은 코민테른의 주도 아래 조선공산당 재건운동을 펼친 그룹을 일컫 는다. 구체적으로는 모스크바의 코민테른 조선위원회의 주도적 역할로 상해에

잡지 『꼼뮤니스트』를 창간하여 활동하던 그룹이 조선 내지의 운동가들을 조직하여 조공재건운동을 펼친 것이다. 이때 상해에서 『꼼뮤니스트』를 발간하며 운동을 진두 지휘한 사람은 김단야였다. 그리고 국내에 파견되어 재건운동 조직을 꾸려나간 사람은 김형선이었다. 당시 김형선의 노력으로 형성된 '국제선'의 국내 조직은 20개 안팎의 세포단체에 구성원은 90여 명이었다. 세포단체의 분포지는 주로 도회지였다. 노동자들의 밀집 지구로 지목되는 인천, 평양, 진남포, 부산, 마산, 목포에는 예외 없이 세포단체가 조직되었다.[58] 세포단체가 조직된 이 도시들은 당연히 철도 통과지였다. 김형선이 조직활동을 하는데 이용한 교통수단이 주로 열차였음을 짐작케 해준다.

그러나 김형선은 1933년 7월 영등포에서 일본 경찰에 체포되었다. 김형선과 함께 조공 재건운동에 종사하던 김태희는 김형선이 체포되기 직전인 1933년 7월 12일 체포되었다. 그는 조공재건운동의 내용을 코민테른에 보고하기 위해 국경을 넘으려다가 열차 안에서 평안북도경찰부 이동경찰대의 검속에 걸리고 말았던 것이다.[59] 그는 당시 상해에 있던 코민테른 원동국 위원 김단야로부터 국내의 조동호와 연락한 조공을 재건하라는 밀명을 받고 서울에서 조동호를 만나 조직 결성을 합의한 후 이를 보고하기 위해 국경을 넘으려다가 체포되었다.[60]

김형선과 김태희의 체포 이후에도 코민테른의 밀명을 띠고 조선 내지에 조선공산당을 재건하려고 잠입하는 일은 지속적으로 이어졌다.[61]

07

점과 선을 면으로 압박하라
철도를 둘러싼 민족해방투쟁

1) 이만역 방어전투에서 산화한 대한의용군 한운용 중대

극동공화국의 성립과 연해주해방전쟁의 시작

시베리아에서 꼴차크정부가 붕괴되고 난 후 1920년 4월 6일 이르쿠츠크에 극동공화국이 수립되었다. 이전 하바롭스크 극동소비에트정부의 수반이었던 크라스노쇼코프가 수상 겸 외상으로 취임했다. 부르주아민주공화국을 표방한 극동공화국은 가능한 한 일본군과의 대결을 피하면서 백군과의 전투에만 몰입하고자 했다. 일단 극동공화국은 영내의 백군을 격파하는데 중심을 두었다. 그리하여 그해 10월 치타에 주둔하고 있던 세묘노프군을 격파하고 11월에는 수도를 치타로 이전했다. 이렇게 하여 1920년 11월 이후 극동러시아지역에는 중앙의 소비에트정부와 연결된 극동공화국과 일본의 지원을 받는 연해주의 메르쿨로프의 임시프리아무르정부가 대치하게 되었다.

극동공화국과 소비에트 러시아의 지도부는 임시프리아무르정부를 구성한 메르쿨로프 백군을 하루빨리 제압하고 내전을 끝내고자 했다. 그런데 이를 위해서는 일본군의 철수가 필수적이었다. 극동공화국은 일본군을 연해주에서 철병시키기 위해 온갖 외교적 노력을 시도했다. 이를 위해 극동공화국은 먼저 임시프리아무르정부와의 사이에 중립지대를 설치했다. 중립지대는 이만 남쪽, 스파스크 북쪽 지역으로 설정되었다. 이만과 스파스크는 시베리아철도를 두고 연결되어 있는 도시들이었다.

일본 역시 장기간에 걸친 출병으로 인해 국내외적인 반발에 직면해 있었다. 대내적으로는 경제위기가 있었다. 제1차 세계대전의 호황이 끝나고 1920년부터 시작된 경제위기는 일본정부로 하여금 정부예산을 모험적인 출병정책에 더 이상 지출하는 것을 어렵게 만들었다. 이에 따라 일본 내에서 반전운동이 계속해서 일어났다.[1] 아울러 대외적으로 미국 등 제국주의 열강들의 압박이 있었다. 이미 1920년 초 시베리아에서 철병한 미국, 영국, 프랑스, 이탈리아 등 서구 제국주의 열강들은 시베리아를 혼자 차지하려고 드는 일본에 대해 경계심을 나타내고 있었다. 미국은 1921년 5월 31일 "일본군에 의한 동부시베리아의 계속 점령은 동 지방에 있어서의 무질서를 완화하기보다 오히려 증대시키는 경향이 있다"[2]라는 항의 통첩을 보냈다.

이처럼 극동공화국과 일본 사이에 이해관계가 합치되면서 1921년 8월 26일부터 대련회담(大連會談)이 개최되었다. 그러나 양측의 기대와는 달리 대련회담은 쉽게 합의에 이르지 못했다. 극동공화국 측은 시베리아로부터 일본군의 즉시 철병과 소비에트러시아 대표의 회담 참가를 요구했다. 그러나 일본은 소비에트러시아 대표의 참가를 거부했다. 극동공화국 대표단은 즉각 회담장을 떠났다. 이후 회담 막바지에 일본은 극동공화국에 요구서를 제출했다. 그 내용은 "극동공화국은 육상과 해상에서 무장해제할 것, 공산주의 체제를 포기할 것, 80년간 사할린 북반부를 조차할 것"[3] 등이었다. 이외에도 "러시아 원동에서 일본 상민에게 특별한 이권을 부여할 것과 철병은 조약성립 후에도 석달 후라야 할 것"[4]이 제기되었다. 극동공화국측으로서는 받아들일 수 없는 요구였다. 회담은 1922년 4월 16일 결렬되었다.[5]

한편, 대련회담이 계속되고 있는 중에도 일본군은 백군을 지원하여 극동공화국에 대한 공격을 시도하도록 했다. 이는 대련회담에서 극동공화국을 압박하려는 의도였다. 1921년 10월 일본군의 지원을 받은 메르쿨로프 백군의 총공세가 시작되었다. 시베리아내전의 최후단계인 연해주해방전쟁이 시작되는 순간이었다.

대한의용군의 연해주해방전쟁 참가

1921년 10월 극동공화국을 향한 일본군과 메르쿨로프 백군의 총공세가 시작되었다. 일본으로서는 당시 진행되고 있던 대련회담에서 우위를 차지하기 위해서 극동공화국에 대한 압박이 필요했다. 극동공화국과 임시프리아무르정부의 완충지대 남쪽 스파스크에 일본군 사병 및 장교 20,000명이 집결했다. 백군은 보병과 기병이 26,000명에 달했다. 이미 백군은 수찬과 아누치노 등 빨치산부대들의 집결지에 대한 공격을 착수한 후였다.[6]

1921년 11월 30일 일본군의 지원을 받은 백군은 시베리아철도를 따라 진격을 시작했다. 쉬마코프구와 우수리역에 장갑열차와 볼자닌 직속 보병 및 기병 2,500명으로 구성된 카벨네프군이 집결했다. 이들은 곧 극동공화국 인민혁명군과 한인 빨치산부대들이 주둔하고 있던 이만을 향해 공격을 시작했다. 시베리아내전의 최후단계인 연해주해방전쟁이 시작되었다.[7]

카벨네프 백군이 이만으로 진격하던 당시 이만에는 대한의용군이 주둔하고 있었다. 대한의용군은 서간도에서 조직된 군비단의 군사부가 연해주로 건너와서 재조직한 부대였다. 연해주 이만에 도착한 군비단은 새롭게 대한의용군사의회를 조직하고 군사의회 산하에 사관학교를 설립하기로 결정하였다. 이때 사관학교를 조직하기로 한 대한의용군사의회의 결정내용은 다음과 같다.

교장에 리용, 교육장에 한운용, 학도대장에 김홍일로 선거하여 무관속성사관을 양성키로 하다.

1. 사관학교 위치는 양허재(뉴까놉까)로 정하고 교사를 매득케 하자.
2. 교수긔간은 6개월노 하자.
3. 사관학교 수용물품은 서무부로서 지급케 하자.
4. 경비는 재무부에서 지출하되 1개월에 150원이 넘지 말게 하자.
5. 학생 수효는 50명을 한도로 하여 련속 교수하자.
6. 교실용 시탄은 학생으로 자담케 하자.
7. 교과서는 일, 아, 중 각국의 병학을 구입하여 쓰자.[8]

3개 중대로 이루어진 대한의용군의 사령관은 헤이그밀사 이준의 아들인 이용이었다. 이용은 대한의용군의 사령관일 뿐만 아니라 그 산하에 사관양성을 위해 설립된 사관학교의 교장을 맡고 있었다.[9] 한운용과 김홍일이 교관으로 있던 사관학교는 6개월 과정으로 약 50명의 생도가 교육을 받았다. 이를 기반으로 편성된 대한의용군의 사령관에는 이용, 1중대장 겸 참모로 임표, 2중대장에 한운용, 3중대장에 김홍일이 임명되었다. 소대장은 김동명, 이빈, 강신우, 박흥, 마춘걸, 마건, 이성춘, 오동명 등이었으며 병력수는 357명이었다.[10]

군비단이 대한의용군으로 재편되어 이만에 주둔하고 있던 1921년 말 이만 남쪽 스파스크에 주둔하고 있던 일본군과 백군은 하바롭스크를 향해 북쪽으로 대대적인 공세를 시작했다. 첫 공격지점은 이만이었다. 극동공화국 인민혁명군 제6연대장 C. 세리세프는 전군에 동원령을 발포함과 동시에 대한의용군에게도 합류할 것을 요청했다. 대한의용군사의회는 회의를 열어 전투에 참가할 것을 결정하고 1921년 12월 2일 사령관 이용 명의의 동원령을 내렸다. 곧 대한의용군 전 부대가 집합하여 사령관으로부터 출전명령을 받고 극동공화국 인민혁명군과 함께 전선으로 이동했다. 당시 전투참가 결정서의 내용은 다음과 같다.

첫째, 일본은 원동에 신장하려던 정책이 점점 수포로 화하여 비록을 버리고 고초를 너으는 범의 운수를 당하였다. 붉은 주권이 세계적으로 파급되는 날에는 그 조류가 일본에 흘너들어 군국주의의 비참한 증조가 박두에 이를게고 "대한의 용군"의 활동하는 무대를 동요치 않으면 후환이 눈섶에 밎일 것을 근심하는 일본군은 적위군과 우리 의용군을 대상하고 련합전선을 꾸미였다. 그러므로 왜적의 축임을 받는 백군은 적위군을 대항하는 동시에 우리의 사업을 도발할 놈들이니 방관치 못할 적으로 저항할 것이오.

둘째, 전세계 로동자와 식민지 민족이 자유 복락을 제3공산당의 긔치하에 결속하고 자본주의를 타도함에 이구동성으로 공명된 이때 우리로서 적위군을 응원함이 당연할 뿐 아니라 우리의 활로를 개척하는 동시에 세계전쟁에 용진하는 혁명군이 되어야 할지니 어찌 마당안의 환을 대안에 붙는 불로 보고 있으리오.

셋째, 패망의 말로에 당한 백군들은 최후의 발악으로 "고려혁명군"을 만나면 모조리 학살, 또는 일본군에게 압송하여 외교상 미공을 짓는 실례가 명확한 즉 앉아서 확단을 맛보는 것보다 돌연히 전선에 출각하여 장략을 연출하고 일격에 창도함이 우리 혁명군의 본색인 즉 주저할 것 없고,

넷째, 원동 정국의 정돈이 시간을 격한다면 동양풍운의 속도가 따라서 연타될 심려와 일군이 마적을 리용하여 연해주에 사는 고려인을 학살하던 만행을 백군이 모형하여 우쑤리 연안에 양출할 통한을 관측하고 있는 우리는 결사의 정곡을 결할 것이다.[11]

여기에서 "원동해방전의 첫 희생자"[12]이자 "소비에트권력을 수립하기 위한 극동지역 노동자들의 영웅적인 투쟁의 역사에서 위대하고 잊을 수 없는 한 페이지를 차지한"[13] 한운용 중대의 이만방어전투가 벌어졌다. 이 전투는 뛰어난 전과와 희생으로 인해 살아남은 많은 빨치산들의 회고에 거의 빠지지 않고 남겨졌다.[14] 여러 자료를 종합하여 이만전투 당시의 상황을 재현해 보도록 하자.

한운용 중대의 전설적 투쟁: 이만역 방어전투

1921년 12월 2일 이만으로 진격하고 있던 백군에 대항해 출동하라는 동원

령에 따라 대한의용군의 모든 부대는 이만으로 집결했다. 대한의용군은 이곳에서 극동공화국 인민혁명군 사령부로부터 무기를 지급받았다. 이전까지 제대로 된 무장을 하고 있지 못했던 것이다. 12월 3일 밤 3개 중대로 이루어진 대한의용군은 전열을 갖추어 극동공화국 인민혁명군과 함께 백군을 공격하기 위해 출동했다. 이들은 강행군을 거듭하여 무라뵤프-아무르키끼이(Муравьев -Амурский)역을 지나 우수리강에 도착했다. 정찰대가 와서 백군이 이미 우수리역에 나타났다는 보고를 했다. 이에 따라 대한의용군 부대와 인민혁명군은 즉각 전투태세에 돌입했다. 그런데 사령부로부터 전투를 미루고 일단 그라프(Граф) 마을까지 철수하라는 명령이 내려왔다. 부대들은 곧 철수했다. 인민혁명군은 철도를 따라, 대한의용군은 우수리강을 따라 질서정연하게 퇴각했다.

인민혁명군의 퇴각을 알아차린 백군은 즉각 공격을 시작했다. 그들은 정면 공격과 함께 철도 연선의 오른쪽으로부터 인민혁명군을 포위하며 이만으로 접근했다. 인민혁명군과 대한의용군은 이만과 그라프 사이에서 포위당할 위험에 처하게 되었다. 백군에게 포위당하지 않기 위해 인민혁명군은 빠르게 그라프를 지나 이만까지 퇴각하기로 결정했다. 대한의용군 1, 3중대와 인민혁명군은 급히 이만으로 향했다. 대한의용군 2중대만이 그라프에 남겨졌다.

12월 4일 어둠이 걷히지 않은 새벽 5시 대포의 포격과 기관총사격을 앞세운 백군의 공격이 시작되었다. 포연이 이만 시가지를 뒤덮었다. 백군의 강력한 공격에 밀린 인민혁명군은 이만으로 진입하는 요충지인 이만철교를 버리고 퇴각할 수밖에 없었다. 인민혁명군 사령부는 즉각 이만 북쪽 비킨(Бикин)역으로 퇴각했으며, 부대들도 사령부의 뒤를 따랐다. 대한의용군 1, 3중대는 퇴각하는 인민혁명군의 후미에서 철수부대를 엄호하는 임무를 맡았다. 사령관 이용의 명령에 따라 이만철교를 지키기 위해 1중대 1소대가 남았다. 아침 7시 백군의 전초부대가 이만철교에 나타났다. 주위가 너무 어두웠기 때문에 1소대는 그들이 백군인지 인민혁명군인지 분간할 수 없었다. 백군은 기습적으로 사격을 가해

왔다. 소대장 윤동선과 소대 군정위원 주병록, 그리고 2명의 병사가 적탄에 쓰러졌다. 남은 소대원들은 급히 퇴각할 수밖에 없었다. 이들은 곧 비킨으로 퇴각하는 본대에 합류했다. 이만은 별다른 저항없이 백군의 수중에 떨어지고 말았다.

▲ 이만전투의 현장(현재 러시아 연해주 달네례첸스크역)

문제는 그라프에 남겨졌던 대한의용군 2중대였다. 한운용이 지휘하는 2중대는 본대와의 연락이 끊어진 채 백군의 포위망 속에 남겨졌던 것이다. 그라프에서 밤을 지새운 한운용 중대는 본대를 쫓아 이만으로 퇴각했다. 이들은 이만이 이미 백군에게 점령당했다는 사실을 알지 못하고 있었다. 한운용 중대는 어떤 의심도 품지 않고 대열을 갖추어 이만역으로 접근했다. 때는 정오 무렵이었다. 이만을 점령하고 역 근처에 보병과 기병을 배치해두고 있던 백군 역시 역으로 접근하는 부대를 적이라고 알아차리지 못했다. 그들도 자신들이 이미 반나절

전에 점령한 이만 부근에 인민혁명군이 남아있으리라고는 생각조차 하지 못했던 것이다.

상대를 먼저 알아본 것은 한운용 중대였다. 둘 사이의 거리가 약 200미터 가량 남았을 때 한운용은 이만역에 주둔한 부대가 자신들의 본대가 아니고 백군 부대임을 알아차렸다. 한운용은 즉각 산개하여 사격하라는 명령을 내렸다. 한운용 중대는 백군을 향해 강력한 공격을 퍼부었다. 아무런 준비를 하지 못하고 있던 백군은 이 뜻밖의 공격에 당황하여 30분 만에 백기를 올렸다. 한운용 중대는 백군을 포로로 잡고 부상자들을 정돈하면서 전투 정리에 들어갔다.

그러나 승리의 시간은 그리 길지 않았다. 한운용 중대의 뒤를 이어 무라뇨프－아무르스키역으로부터 약 1,500명에 이르는 백군 부대가 도착한 것이다. 항복하던 백군들은 자신들의 본대를 알아보고서는 들었던 백기를 부러뜨리고 다시 사격을 가해왔다. 한운용 중대는 곧 자신들보다 수십 배 많은 적들에게 포위되었다. 전투를 해서는 승산이 없었다. 항복하는 수밖에 없었다. 그러나 한운용 중대는 항복하기를 거부하고 최후의 한사람까지 싸우기로 결정했다. 그들은 곧 적들을 향해 맹사격을 가했다. 백군측으로부터 총탄이 비오듯이 쏟아졌다. 얼마 지나지 않아 사격소리가 끊어졌다. 탄약이 떨어진 것이다. 한운용 중대와 함께 전투에 참가했던 약 30여 명의 인민혁명군들 중 절반이 항복했다.

그러나 죽더라도 결코 항복하고자 하지 않았던 대한의용군 병사들은 곧 백병전에 돌입했다. 불행히 그들의 총에는 총검이 장착되어 있지 않았다. 개머리판으로, 맨몸으로 백군과 최후의 일전을 벌이던 그들은 하나 둘씩 쓰러져갔다. 애초에 상대가 되지 않았던 전투의 시간은 그리 길지 않았다. 대한의용군 2중대원들은 모두 쓰러졌다. 그러나 아직 전투가 끝나지 않았다. 중상을 입고 동지들의 시체들 속에 파묻혀 있던 중대장 한운용과 소대장 강신우, 분대장 엄관호, 윤상원, 한익현은 전투가 끝났다고 생각하고 시체를 정리하던 백군을 향해 마지막 권총사격을 가했다. 이 공격으로 18명의 백군이 더 죽었다. 50여 명의 한운용 중대는 전멸했지만 백군의 피해는 이보다 훨씬 컸다. 백군은 사망자 약

600명에 부상자가 200여 명에 달하는 엄청난 피해를 입었다.

이만전투의 영웅들

전투가 끝난 후 18군데에 칼을 찔린 채 시체더미 속에 누워있던 마춘걸은 밤이 되자 기어서 이만의 한인 농가들 중 한 곳으로 숨어들었다. 그곳에서 응급처치를 받은 그는 곧 이만을 탈출했다. 김치율과 김덕현은 부상당한 상태로 적십자에 의해 발견되었다. 그러나 그들은 병원에서 도망하는데 성공했다. 전투 후 3일이 지나고 이만의 한인 주민들은 시체를 거두어 눈 속에 임시로 매장했다. 1922년 4월 6일 인민혁명군이 이만을 탈환한 후 이들의 시체는 동지들과 한인 주민들에 의해 이만공동묘지에 안장되었다.

한운용 중대는 마춘걸, 김치율, 김덕현 3명의 생존자를 제외하고 전원 전사했다. 이들의 희생 덕분에 극동공화국 인민혁명군과 대한의용군 1, 3중대는 안전하게 후방으로 퇴각할 수 있었다. 이날 전사한 대한의용군 군인들의 신원에 대해서는 정확히 알 수 없다. 다행히 각종 기록들에서 이름은 확인할 수 있다. 각종 기록들에 나타나는 전사자 명단은 다음과 같다.

> 중대장 한운용, 소대장 강신우(강위), 윤동선, 강성도, 분대장 주병록, 윤상원, 이종설, 한익현, 양만혁, 리룡문, 강학서, 포병대장 한진천, 사령부 주계 김춘호, 군인 이봉조, 김봉수, 김정욱, 김천선, 한병훈, 엄관호, 김학호, 박규문, 박배근, 박경림, 박용석, 박춘심, 박경천, 김윤원, 서창락, 정치주, 엄주순, 김명선, 김영순, 심대현, 최봉춘, 김용문, 이형극, 김형곤, 김만규, 최진팔, 최진봉, 최흥용, 엄길수, 이재근, 이춘영, 심해운, 지순서, 조봉옥, 장원준, 김대현, 헌병 김관덕, 최영민, 통역 강표도르, 교원 박홍.

이들 중 신원이 확인되는 몇 명을 통해 대한의용군이 어떠한 이들로 구성되었는지를 유추해볼 수 있다. 먼저 중대장 한운용은 군비단이 대한의용군으로 재편될 때 가담한 인물이다. 한운용이 이만으로 올 때 자유시로부터 100여 명의 인원이 이만으로 집결했다는 것으로 보아 대한의용군으로 재편될 때 합류한 인원이 조금 더 있었을 것으로 보여진다.

▲ 이만전투 희생자 영결식

다음으로 윤동선, 주병록, 엄관호 등의 옛 군비단원을 들 수 있다. 윤동선은 장백현의 군비단이 이만으로 옮겨올 때 첫 부대를 이끌고 온 군비단의 중견인물이었으며,[15] 주병록은 5차 이동 때 위생부원으로 이동해왔다.[16] 또한 엄관호는 원래 백두산의 포수였는데 이만역에서 혼자 25명의 적군을 사살하고 희생당했다.[17] 이들이 부대원 중 가장 많은 비율을 차지할 것이라고 생각되지만 옛 군비단원의 명단이 없어 확인할 수는 없다.

마지막으로 이전부터 이만에 살던 한인들 중 부대에 합류한 이들이 있다. 2

중대의 소대장이었던 박홍과 마춘걸은 이만의 한인학교 교사였다. 그들은 일단의 청년들, 아마도 한인학교 학생들을 이끌고 대한의용군에 참가했다.[18] 강표도르는 전투 후 그의 부모가 사체를 수습했던 것으로 보아 이만 한인학교의 학생이었던 것으로 추측된다.[19] 이렇듯 대한의용군은 옛 군비단원과 자유시로부터 이동해 온 병력, 그리고 이만 현지에서 모집된 인원들로 구성되어 있었음을 알 수 있다.

이만역 방어전투는 항일전투였다

한운용 중대의 이만전투에 대해 빨치산들의 회고가 아닌 또 다른 자료가 있어 흥미를 끈다. 그것은 다름 아닌 일본 정보당국의 정보문서이다. 일본 정보당국은 이만전투에 대해 다음과 같이 파악하고 있었다.

> 백군 이만 점령전에는 조선인군대와 러시아적군과는 작전 등에서 공동의 동작을 취하여 조선인군대 안에는 무기를 소지하지 않은 자도 다수 있었으나 점령 수일 전 러시아 적군사령부로부터 조선인군대에 대해 백군의 습격이 급박하므로 적군만으로는 방어가 불가능하니 조선인군대의 응원을 의뢰한다는 요청에 의해 조선인 군대는 이를 응락하고 적군으로부터 무기를 보충받아 약 250명은 다수 러시아적군과 함께 무라비요프역에 배치되고 다시 나머지 49명은 이만시내를 방비(이만시내는 이 49명의 조선인에 덕분에 방비되었다)하는 일에 나섰다. 이렇게 배치된 다음날 백군의 기병 꼬자크의 습격이 맹렬해져서 무라비요프역에 배치되었던 露鮮군대는 이만시내에 있는 군대에 통지함 없이 기차를 타고 북쪽으로 퇴각하였고, 그것을 알지 못하던 이만시내의 군대는 적군이 아직도 이만역을 방비하고 있다고 믿어 정거장에 도착한 바 이만역은 이미 백군에게 점령당했으므로 백군으로부터 위 조선인군대에 대해 무기를 내놓고 항복하라는 뜻이 전달되었으나, 조선인군대는 모두 1920년 간도방면으로부터 도망온 자들이라서 러시아어를 알지 못한 관계로 백군의 투항명령을 거절했다. 조선인군대로부터 먼저 발포하여 백군지휘관 1명이 죽자 백군은 크게 격노하여 곧 저들을 무장해

제시키고 위 49명의 조선군을 이만 교외에서 총살형에 처했다.

　이 조선인군대의 시체는 이만 선인민회에서 매장했으나 총살 당시 백군은 혹
은 총검으로 난자하여 살해하고 혹은 개머리판 등으로 쳐서 죽이는 등 참학이
극에 달해서 안면 등은 그 형체도 없었기 때문에 착용한 의복에 의해 처형자의
씨명을 추측했다고 한다.[20]

　이 외에도 일본 정보당국은 몇 차례에 걸쳐 이만전투의 상황을 보고하고 있
다. 그들도 이만전투의 중요성과 대한의용군의 활약을 인정하고 있었던 것이
다. 다만 대한의용군의 저항을 실제보다 축소시켜 서술하는 부분이 눈에 띈다.
　우선 이 문서에는 대한의용군이 무장해제되어 백군에게 총살당했다고 기록
하고 있다. 즉 한운용 중대의 결사항전을 굳이 드러내고 싶어 하지 않은 것이
다. 그러나 뒤에 이어지는 총살 당시의 정형, 즉 "총검으로 난자하여 살해하거
나 개머리판 등으로 쳐서 죽이는 등"의 살벌한 풍경과 전투가 끝난 후 이만지
역 한인들에 대한 보복을 고려할 때 "무장해제 후 사형"이라는 서술은 믿기 힘
들다. 다른 정보문서에는 "백군의 이만 점령 후 전장에 유기된 무장선인의 사
체 합계 48구는 토착 조선인이 매장하고자 하였는데"[21]라고 하여 그들이 전투
의 과정에서 사살되었음을 확인하고 있다.
　또한 한인군대가 백군에 투항하지 않고 끝까지 저항한 이유를 단지 "러시
아어를 알지 못한 관계"였다고 희화화시키고 있다. 이는 다른 정보문서에 좀
더 자세히 기록되었는데 "백군은 저들에게 총을 쏘지 않고 투항할 것을 권고
했지만 러시아어를 이해하고 지리에 정통한 지휘관 韓某(한운용 - 필자)는
기관총을 조종하다 전사하고 다른 이는 노어를 이해하지 못했기 때문에 백
군측의 권고를 이해할 수가 없어서 의연 저항을 계속하다가"[22]라고 하여 러
시아어를 아는 한운용의 사망으로 한인 군인들이 어쩔 수 없이 계속 전투에
나선 것으로 파악하고 있다. 이는 이만전투에 참가한 한인군대가 모두 간도
로부터 왔다는 일본 정보당국의 판단도 한 몫을 하고 있는 것으로 보여지는

데 사실과는 거리가 멀다.

우선 앞서 전투에 참가한 대한의용군의 구성에서 살펴본 바와 같이 한운용 중대에는 간도로부터 이동해 온 군비단원 뿐 아니라 이만 현지에서 모집된 병력도 있었다. 더구나 이만에서 한인학교 교사로 있던 마춘걸과 박홍이 소대장으로 지휘하고 있었다는 점을 보면 러시아어를 이해하지 못해서 항복하지 않았다는 것은 터무니없는 판단이다. 또한 백군 내에는 일본군 군사고문이 있었는데 단지 러시아어를 이해하지 못한다고 해서 항복하라는 의사가 전달되지 않았다는 것도 이해하기 힘들다. 이는 최후의 일인까지 싸우고자 했던 한운용 중대의 저항을 폄하하고자 하는 일본 정보당국의 의도라고 보여진다.

그런데 최근의 한 연구에서 일본군이 백군의 복장으로 변장하고 이만전투에 참가했다는 주장이 있어 눈길을 끈다.23) 하지만 이런 주장의 근거를 찾을 수 없다. 지금까지 나온 이만전투에 관한 자료들에는 일본군이 백군을 지원했다는 사실은 기록되어 있지만 일본군의 참전사실은 보이지 않는다.24) 일본군이 이만으로 진격한 백군을 지원했음은 명백하다. 나아가 일본군이 백군으로 변장하고 전투에 참가했을 개연성은 아직도 남아있다. 하지만 현재로선 일본군이 직접 참가했다는 사실은 확인할 수가 없다.

이만전투에서 한운용 중대의 불굴의 투쟁으로 인해 극동공화국 인민혁명군과 대한의용군의 1, 3중대는 후방 비킨 지역으로 안전하게 퇴각할 수 있었다. 그러나 한운용 중대의 저항이 이만지역 한인들에게 남긴 대가는 컸다. 이 전투에서 600명 이상이 전사하는 큰 피해를 입은 백군은 한인들에 대해 극히 가혹한 태도를 취했다. 백군은 이만 점령 후 종래 소비에트 적군과 관계하던 한인민회을 해산하고 친일적인 한인들로 구성된 새로운 민회를 조직하여 이만지방 한인에 관한 사무를 총괄하게 했다.25) 그리고 소비에트 적군과 관계한 한인을 체포하여 구금하는 것은 물론이고 다른 일반 한인들에 대해서도 엄격한 조사를 취했다. 예를 들어 가택수사를 할 때 만약 청년이 신을 신고 있는 것을 보면 누구를 막론하고 구금, 투옥하여 한인들은 아예 외출을 하지 못했다고 한다.26)

이러한 백군의 태도로 인하여 이만의 한인들은 백군에 대해 매우 불만스럽게 생각하고 있었다.[27]

▲ 이만전투 추도비 옛모습

▲ 이만전투 추도비 현재 모습

한편 이만전투에서 한운용 중대의 희생은 백군으로 하여금 이만의 한인들에게 가혹한 태도를 취하게 하는 이유가 되기도 했지만 이후 전투에서 백군이 한인부대와 정면으로 맞서는 것을 꺼리게 되는 계기로 작용하기도 했다. 한인 부대의 용기를 두려워한 백군은 계속되는 전투에서 대한의용군의 방어선 쪽은 회피하곤 했다. 그래서 소비에트 적군 장교들도 "이르보! 뻬료드!(여보! 앞으로!)"라는 대한의용군의 구령을 배워 사용하곤 했다고 한다.[28] 즉 맞서는 부대가 한인부대인 것처럼 속여 백군의 사기를 꺾어 놓고자 했던 것이다. 실제로도 대한의용군은 한운용 중대의 희생을 발판삼아 이후 백군 및 일본군과의 전투에서 가장 용감하게 싸웠다. 그리하여 연해주해방전쟁사의 첫머리에 대한의용군의 이름을 올려놓을 수 있었다.

2) 시베리아철도 연선에서 벌어진 대한의용군의 전투들

퇴각전: 비킨역 전투, 하바롭스크방어전, 인역 전투

한운용 중대의 희생으로 비낀으로 안전하게 퇴각한 극동공화국 인민혁명군 6연대와 대한의용군 1, 3중대는 전열을 정비했다.[29] 하바롭스크로부터 인민혁명군 총사령관 부관인 C.쎄리세프가 도착했다. 하바롭스크로의 퇴각이 결정되었다. 12월 7일 대한의용군은 우수리강 우안을 따라 인민혁명군 포병의 철수작전을 엄호하여 그들을 전장에서 벗어나게 하는데 성공했다. 대한의용군도 철수하기 시작했다. 목적지는 우수리강변 중국 요하현(饒河縣) 맞은편 어느 러시아촌이었다.[30]

시베리아 12월 추위에 철수작전은 매우 힘들었다. 저녁 7시경 시작한 철수작전은 밤을 새워 이루어졌다. 식량이 바닥이 난 지는 오래되었다. 대원들은 추위와 굶주림에 허덕이며 밤을 새워 행군을 계속했다. 철수작전의 막바지에 대원들을 이끌던 3중대장 김홍일마저 실신하고 말았다. 그는 이튿날 아침 부근을 수색하던 인민혁명군에 발견되어 요행 목숨을 건질 수 있었다고 한다. 잠시 김홍일의 회고를 들어보도록 하자.

> 참으로 어려운 철수작전이었다.
> 저녁 7시께 시작하여 그 이튿날 새벽 2시까지 장장 7시간여의 사력을 다한 지그재그 철수작전 끝에 겨우 적의 추격을 피하여 우리 부대는 비로소 안전권에 철수할 수 있었다. 그러나 우리 부대엔 전날에 이미 식량보급이 떨어졌던 탓으로 장병들은 모두 점심과 저녁을 굶으면서 7시간여의 그 힘겨운 후퇴작전을 벌였으니 피로는 이만저만이 아니었다.
> 그 창자가 타는 듯한 허기를 견디지 못하고 병사들은 하나둘씩 길바닥에 쓰러지기 시작했다. 내가 탔던 말도 이틀간이나 제대로 먹이지 못한 탓으로 끝내는 길바닥에 쓰러지고 말았다. (중략)

시간이 흐를수록 배는 더욱 고파지고 다리는 무겁고 그때 우리에게 있어선 50리란 거리는 마치 5천리나 되는 것처럼 까마득하게 느껴졌다. 그럴수록 나는 정신을 차렸다. 그때 마침 길가의 나무밑에 누가 흘렸는지 감자가 한 개 떨어져 있는 것이 눈에 띄었다. 나는 얼른 그것을 입에 넣고 으드득 씹어 봤다. 아려서 혀가 아플 정도였다. 나는 나도 모르게 그 감자를 내동댕이쳤다.

어쨌든 앞으로 가자.

나는 온 힘을 다하여 자꾸 걷는 수밖에 없었다. 나는 부대 뒤에 떨어져서 걸어가며 앞에 가다 쓰러지는 병사들의 소총을 받아메고 다시 그들을 일으켜서 격려하며 걸어야 했다. 그러다 보니 내 어깨엔 어느새 소총이 여덟 자루나 포개져서 걸리게 되었다. 소총의 중량이 어찌나 무거운지 나는 허리가 꾸부러져 보행도 곤란한 처지였다. 그러다가 부대가 멀리 앞서간 후에 나는 그만 나도 모르는 사이에 지쳐서 쓰러지고 말았다. 내가 쓰러진 곳은 어느 野山 마루턱이었다.

마침 인가가 없는 곳이라 겨울의 찬바람만 슬픈 듯 소리내어 울고 白雪은 滿乾坤한데 나 혼자 굶주림에 지쳐서 땅바닥에 누워 있으니 참으로 처량한 신세였다. 아무리 용기를 내도 손가락 하나 움직일 힘이 없었다. 목이 말라서 눈일 집어 먹으려 하여도 도무지 팔이 움직여지질 않았다.

그러나 나는 겨우 머리를 돌려서 입을 땅으로 향하고 혀를 내밀어 눈을 핥아 먹는데 성공하였다. 나는 자꾸 눈을 핥아 먹었다. 그러니까 좀 눈앞이 훤해지는 느낌이었다. 잠도 달아나고 정신도 든다. (중략) 그런데 그때 나는 그런저런 생각에 잠기다가 그만 얼굴을 눈위에 댄 채 어느새 잠이 들어 버렸다.

그 후 얼마나 지났을까.

나는 아침 햇살 속에서 人馬들이 북적대는 소리에 놀라 번쩍 눈을 떠보니 고맙게도 사령부에서 장병들이 나를 찾아온 것이다. (김홍일, 『대륙의 분노』, 145-147쪽)[31]

중대장마저 추위와 기아에 쓰러졌는데 일반 부대원들의 형편이야 말해 무엇하겠는가?

12월 12일 하바롭스크에서 군사당국회의가 개최되었다. 회의에서는 인민혁명군 본대가 도착하지 않은 상태에서 전면전을 펼치는 것은 불리하니 지구전을 하자는 견지로 하바롭스크를 버리고 베라(Bepa)로 퇴각하기로 결정되었다.[32] 대한의용군이 또다시 인민혁명군의 철수를 위한 엄호에 나섰다.

하바롭스크 인근 블라디미롭카(Владимировка)에서 12월 14일부터 3일간 벌어진 전투에서 김홍일의 3중대는 백군의 진격을 차단하여 인민혁명군이 안전하게 인(Ин)역까지 퇴각하게 했다.[33] 대한의용군 외에 하바롭스크에 있던 프리아무르주 한인공산당연합회에 속해 있던 박영, 박 모이세이, 김치준, 황삼봉, 한기권 등 23명이 김치준을 소대장으로 하여 하바롭스크를 방어하는 전투에 참가했다.[34] 인민혁명군 총사령관 부관 C. 세리세프는 퇴각전에서 보여준 한인 빨치산부대의 용맹에 감탄하여 다음과 같이 말했다.

> 아군의 손실없이 하바롭스크에서 현재 우리들이 안전하게 퇴각한 것은 블라지미로프까와 하바롭스크 지역에서 적의 공격을 지연시킬 수 있었기 때문이었다.
> 우리는 이 임무를 전례없는 용감성과 전투력을 보여준 한인 중대에게 맡겼다.[35]

하바롭스크로부터 퇴각한 극동공화국 인민혁명군과 대한의용군은 볼로차예프카(Волочаевка)역을 거쳐 인역까지 퇴각하여 전열을 정비하고 휴식을 취하게 되었다. 인역과 볼로차예프카역 사이에서 수차례 소규모 전투가 거듭되다 12월 24일 마침내 백군은 인역에 대공격을 개시했다. 인민혁명군도 더 이상은 물러날 수가 없었다. 인역을 사수하기 위한 대전투가 벌어졌다. 대한의용군도 인민혁명군과 함께 인역 사수를 위한 전투에 돌입했다.

이 전투에 참가했던 김하경의 회고를 통해 당시 급박했던 전투상황을 들여다 볼 수 있다.

> 1921년 12월 23일 김하경의 부대는 인정거장 뒤 언덕위에 자리잡은 병영에 주둔하고 있었다. 그날 저녁 인민혁명군 사령부로부터 다음날 새벽 백군의 공격이 있을 거라는 통지가 왔다. 그날 밤 정거장으로 돌입한 백군들은 새벽을 기해

인민혁명군 병영을 향해 기관총과 대포 사격을 시작했다. 병영의 유리창이 산산조각이 났다. 인민혁명군 병사들은 혼돈 속에서 무질서하게 퇴각했다. 김하경이 속한 대한의용군 부대도 인민혁명군과 함께 퇴각하던 중이었다.

그때 인민혁명군 기병대가 원조하러 나타났다. 기병대장은 퇴각하던 병사들에게 대열을 정비하여 돌격하라는 명령을 내렸다. 전의를 잃고 달아나던 인민혁명군의 소대장은 그 명령에 불복하려 했다. 그러자 기병대장은 그 자리에서 명령에 불복하는 소대장을 총살하고 다시금 진격명령을 내렸다. 전열을 가다듬은 인민혁명군과 대한의용군 연합부대는 "우라(Ypa)", "만세", "뽀료드(Перед)", "앞으로"를 외치면서 인정거장을 향해 반격을 개시했다. 대포와 기관총이 공격을 엄호했다. 백군은 더 이상 버티지 못하고 정거장으로부터 퇴각했다.[36]

이후에도 백군은 하루종일 세 차례에 걸쳐 인역을 공격했다. 그러나 인민혁명군과 대한의용군의 강력한 저항에 맞닥뜨린 백군은 마침내 퇴각했다. 인역 방어에 성공한 것이다. 다음날 대한의용군 사령관 이용은 부대를 이끌고 올리곡뜨까지 백군을 추격하고 돌아왔다.[37]

마침 서쪽으로부터 총사령관 B.K. 블류헤르(Василий Константинович Блюхер)[*]가 지휘하는 극동공화국 인민혁명군 본대가 인역에 도착했다. 백군은 볼로차예프카역에 방어선을 구축했다. 영하 40도를 넘나드는 강추위 때문에 양측은 1922년 1월 한 달간 전력을 추스르며 대치했다.

* 바실리 꼰스딴찌노비치 블류헤르(Василий Константинович Блюхер) (1889. 12. 1~1938. 11. 9) 내전에서 활약한 소비에트러시아 군인. 야로슬라블주 바르쉰까에서 빈농의 아들로 태어났다. 1차대전이 발발한 이후 제정러시아군에 징집되었다가 러시아사회민주당에 가입하여 10월혁명에 참가했다. 1917년 11월 볼세비키 적위대의 지휘관으로서 혁명에 반대하는 두토프 반란을 진압했으며 1918년에는 적군에 참여하여 사령관이 되었다. 내전 과정에서 혁혁한 공을 세웠으며 1921년에는 극동공화국 인민혁명군 총사령관으로 임명되어 연해주해방전쟁을 승리로 이끌었다. 1924년부터 1927년까지 중국에 군사고문으로 파견되어 갈렌(Гален)이라는 이름으로 장제스를 보좌하며 국민당의 북벌을 지도했다. 이후 극동특별적기군(ОКДВА)의 사령관으로 근무하다 1938년 스탈린의 대숙청으로 처형되었다. (Большая Российская энциклопедия, Москва, 1969-1978гг.)

1921년 12월 22일 부대를 이끌고 인역에 도착한 인민혁명군 총사령관 B.K. 블류헤르는 부대를 세 그룹으로 나누었다. 인민혁명군 6연대에 속해 있던 대한 의용군은 제5, 6연대와 특립아무르연대로 이루어진 혼성여단에 들어가 철도연 선을 따라 진군하여 빨치산부대의 지원 하에 백군의 우측을 공격하고 볼로차 예프카를 점령한 후 하바롭스크 방면으로 적을 추격하는 임무를 맡았다.[38]

▲ 볼로차예프카전투 묘사도

1922년 2월 10일 볼로차예프카에 대한 총공격이 시작되었다. 최계립과 임표 가 이끄는 한인중대는 인민혁명군 제6연대의 최선봉에 서서 볼로차예프카 요 새의 철조망을 헤치고 돌격했다. 백군의 참호로부터 기관총이 발사되어 많은 희생자가 속출했다. 하루 종일 계속된 공격에도 볼로차예프카 요새는 점령되 지 않았다. 한인중대가 포함된 혼성여단을 지휘했던 여단장 B.A. 포포프는 이 전투 광경을 다음과 같이 기술했다.

> 2월 10일 영하 40도의 혹한 속에서 진격을 개시했다. 제6연대 한인중대가 제
> 일 먼저 철조망에 이르러 돌격을 감행했다. 대부분의 전사들은 철조망을 절단하

는 도구가 없었다. 그래서 철조망을 총칼, 총끝 아니면 자신의 몸으로라도 제거해야만 했다. 적군의 장갑자동차에서 발사되는 집중 기관총사격으로 한인중대 전체가 전사했다.

한인 기관총수 니꼴라이 김의 헌신적이고 용감한 행동을 나는 한 번도 잊은 적이 없다. 적의 총탄에 의해 기관총수인 에피로프가 그 자리에서 죽었다. 니꼴라이 김이 그의 자리를 대신했다. 그는 장갑을 벗어 버리고 기관총의 보탄대를 채워넣고, 공격하는 백군에게 집중사격을 가했다. 맥심기관총은 니꼴라이 김의 굳건한 손에서 부단히 작동했다.[39]

2월 10일 전투에서 한인중대 전체가 전사했다는 기술은 사실이 아니다. 다만 그만큼 많은 희생을 치르고 용감하게 싸웠다는 것을 웅변하고 있는 것이다. 2월 10일의 공격에서 볼로차예프카 요새의 약점을 알아낸 제6연대는 2월 11일 밤 장갑차를 이끌고 남쪽으로부터 공격을 시작했다. 2월 12일 아침까지 계속된 전투는 제8호 장갑차가 철조망을 돌파하고 뒤이어 인민혁명군 병사들이 총공세를 가함으로써 오전 11시 끝났다. 볼로차예프는 점령되고 백군은 수많은 사상자를 남긴 채 도주했다.[40]

볼로차예프카 전투에서 보여준 용감하고 영웅적인 투쟁으로 한인중대가 소속되어 싸웠던 제6보병연대는 가장 뛰어난 부대에게 수여하는 적기훈장을 받았다. 제6보병연대는 '적기훈장 제4볼로차예프카보병연대'로 개명되었다. 볼로차예프카 공격 전투에서 전사한 병사들을 위해 이윤-코란산에 기념비가 건축되었다. 전사한 이들이 묻힌 형제묘 위에 손에 장총을 든 인민혁명군 병사의 동상이 세워졌다. 이 형제묘에는 18명의 한인 병사들이 잠들어 있다.[41]

볼로차예프카 전투는 연해주해방전쟁에서 전환점이 된 전투였다. 이후 인민혁명군은 거침없이 진격했다. 2월 14일에는 하바롭스크로 진격했고 2월 28일 마침내 이만을 탈환했다. 이만탈환전에 대한의용군은 참가하지 않았다. 다만 이전 김경천 부대의 병사였던 김희열, 송순학 등 35명이 인민혁명군에 가담하여 참가했다.[42]

▲ 볼로차예프카전투 희생자들이 묻혀있는 이윤 - 코란산

볼로차예프카 전투 이후 한인중대는 더 이상 전투에 참가하지 않고 특립보병중대라는 이름으로 인, 볼로차예프카, 블라지미로프까 일대를 수비하는 임무를 맡게 되었다.[43] 이만이 탈환되고 난 후 한운용 중대의 생존자인 마춘걸이 와서 이만전투의 소식을 전해주었다. 이용과 임표는 예전 군비단원 50명을 데리고 장례를 지내기 위해 이만으로 떠났다. 한인특립보병중대는 김홍일과 최계립이 남아 지휘했다.[44] 이만에 갔던 이용과 임표는 그곳에서 대한의용군사회를 재조직하고 눈속에 파묻어 두었던 한운용 중대의 전사자들을 다시 이만시 공원에다 묻고 장례를 지내주었다.

08

철도연선을 넘나드는 독립운동가들

1) 탈출: 철도를 넘어서라

학병들의 입영열차

1938년 4월에 육군특별지원병제도를 실시하여 조선의 청년들을 전쟁터로 끌고나가기 시작했던 일제는 1944년 4월 마침내 전조선에 징병령을 발포하였다. 그에 앞선 1943년 10월 20일 일제는 소위 「1943년도 육군특별지원병임시규칙에 관한 육군성령」을 관보에 공시하여 대학, 고등 정도의 학교에 재학중인 자로서 징병적령이 지났거나 징병적령에 달한 한국, 대만의 학도에 대해서도 특별지원병으로서의 지원 입대할 수 있는 길을 연다고 결정 발표하였다. 하지만 이는 '학병'이라는 이름을 달고, '지원'의 방식을 취하고는 있었지만 사실상 100% 지원을 목표로 각종 선전 및 회유, 종용 등의 방법을 동원하여 학병들의 지원을 강요하고, 경찰과 관청을 앞세운 강제동원이었다.[1] 이에 따라 학업을 중단하고 '지원'한 '학병'들은 이듬해인 1944년 1월 20일 일본군에 입대하여 전장으로 끌려나갔다.[2]

▲ 일본군에 징집되어 끌려가는 조선 청년들

　당시 6,000명을 약간 상회하는 것으로 보여지는 조선인 대학생, 전문학교생들은 일부 고학생들을 제외한다면, 대부분 고등교육비 지원이 가능한 환경 출신으로(지주나 상공업경영자), 일종의 '직업'으로 병사를 지원하는 일은 하지 않아도 되는 아니, 그럴 필요 자체를 느끼지 않는 경제적 기반을 가지고 있었다.[3] 원하지 않는 상황에 처하게 된 학병들 중 많은 수는 일본군대를 탈출함으로써 자신들이 처한 상황을 타개하고자 하였다. 이들은 해방 이후 고국으로 돌아와 전장의 현실과 전쟁으로 인해 파생된 자신들의 간난신고 그리고 애국애족의 정념을 적극적으로 공개하기 시작했다. 매체 장악력, 공론장으로의 접근 용이성, 사회적 발언능력을 보유한 자로서 그리고 무엇보다도 강제 징집의 부당성을 비판할 수 있는 민족주의적 도덕성과 지성을 소유한 자로서 학병들의

발언은 신뢰의 무게를 싣고 곳곳에 소개되었다.[4]

1943년 10월 20일 공포된 육군특별지원병령에 따라 일제의 전쟁에 '지원'(?)하게 된 식민지 조선의 청년들에게 한반도 그리고 중국 대륙을 잇는 철도는 절망의 길로 바뀌게 된다. 이듬해인 1944년 1월 20일 입대를 하게 된 학병들은 그보다 며칠 전 고향을 떠나 서울, 부산, 평양, 대구 등 각 지방의 중심지 기차 정거장에 마련된 입영열차를 타고 배치받은 군부대로 향했다.

각 역에는 출진하는 학병들을 환송하기 위해 모여든 가족, 친지들과 고향 사람들로 인산인해를 이루었다. 환송을 나온 이들은 떠나는 이의 마음을 상하게 하지 않기 위하여 "이를 악물면서 눈물을 흘리지 않으려고 애쓰기도"[5] 했지만, 결국 "자식과 이별하려는 부모님들과 형제, 자매, 사랑하는 남편과 작별하려는 젊은 여성들의 흐느낌"은 "마침내 출발을 알리는 기차의 기적소리가 울리자 이제까지 속으로만 흐느끼던 설움은 급기야 통곡으로 폭발되고야 말았다."[6]

보성전문학교 재학 중 학병으로 끌려갔다 1944년 3월 25일 중국 산동성 제남의 일본군 병영을 탈출하여 학병 탈출 제1호로 기록된 정철수는 입영열차를 타던 당시의 상황을 다음과 같이 묘사하고 있다.

> "배속으로부터 울려나와 울음으로 끝을 맺는 차 안팎에서의 곡성, 서로들 웨쳐대는, 불안과 공포, 절망과 통분에 쌓인 작별의 울음소리, 고등계 형사 놈들과 헌병 놈들의 살기찬 눈총, 삽시에 정거장은 수라장으로 되고 말았다. 기차는 서서히 떠나기 시작했다. 날은 이미 저물어 눈앞이 몽록하였다. 바로 그때다. 나는 지금까지도 그렇게까지 긴장하고도 자연스러우며 폭탄이 폭발되는 것 같은 녀자의 웨침소리를 들어본 적이 없다.
> '○○야, 네가 가면 난 어떻게 사냐! ○○야……'
> 떠나기 시작한 군용렬차를 뒤따라오면서 같은 외마디쇠로 웨쳐댄다. 사람들의 시선은 삽시에 그에게로 집중되었다. 얼핏 보기에 오십쯤 되여 보이는 그 녀자는 흰 저고리에 흰 치마를 입고 흰 고무신을 신었는데 당시로 말하면 전형적인 점잖은 가정부녀들의 차림새였다. 점점 빨라지는 기차를 쫓느라고 자갈에 걸려 한 짝이 벗겨진 모양이다. 차를 따라 달려오는 그 녀자는 발을 약간씩 절었고

뒤쪽에는 흰 고무신 한 짝이 딩굴고 있었다. 차의 속도가 점점 빨라지자 그 녀자의 그림자는 차차 희미해지더니 시그널 옆까지 오자 더구나 어렴풋해졌다. 단정하게 빗어 올렸던 머리가 달리는 차 바람에 헝클어져 볼모양 없게 된 그 녀인은 마치도 미친 사람인 듯 버선발로 두 손을 허우적거리면서 뭐라 계속 웨치며 따라오는 것이었다. 기차의 속력이 빨라짐에 따라 그 녀인은 점점 멀어지더니 이제는 유령같은 흰 점이 아물거릴 뿐 드디어 그것마저 어둠 속에 사라지고 말았다. 나는 점잖고 단정해 보이던 그 녀인이 그렇게까지 광적 상태에 이른 모습을 생각하고 모성애의 힘과 그의 처지를 생각해 볼 때 새삼스럽게 뜨거운 눈물이 가슴속으로 굴러 떨어지는 것을 어찌할 수 없었다."7)

1944년 1월 20일의 감상을 적은 다른 회고들을 적어 본다.

"드디어 창자를 끊은 강제입영의 날이 왔다. 이 애처러운 출정의 행렬을 疑視하는 학병들의 부모도 울고 형제자매도 울고 이를 말없이 지켜보고 있는 고국산천에 초목도 울었다. 전국 방방곡곡에서 성대한 환송을 받아가며 우리 자매들의 정신과 혼이 담긴 千人針을 두겹 세겹씩 허리에 차고 출정하든 일생을 두고 잊혀지지 않는 서기 1944년 1월 20일이다."8)

"1월 20일! 이날 때문에 얼마나 자기와 싸우고 더불어 번민하고 탄식했을까! 고귀의 역사가 갱신되는 날 어찌 잊으리오!"9)

"1944년 1월 20일, 아- 어찌 잊으랴! 내 평생토록 잊을 수 없는 원한의 그 날, 한국인 대학들이 특별지원병이란 미명 아래 세계 제2차대전 중인 일본군대에 강제로 입대하게 되었으니"10)

1월 20일 조선의 각지에 설치된 병영으로 입대한 학병들은 기본적인 군사훈련을 받은 후 중국, 만주, 일본 나아가 동남아시아의 전장으로 파견되었다. 압록강철교를 통해 경의선철도와 연결된 안봉선을 거쳐 산해관을 지나 중원 대륙까지 학병들을 실어 나른 것은 다름 아닌 기차였다. 학병들에게 이 기차는

"원한의 군용열차"[11]였던 것이다. 그렇게 전장으로 떠났던 학병 4,385명 중 8·15 이후 생환한 이들은 3,700여 명으로 추산된다. 남양군도와 중국, 만주 전선에서 전사했거나 병사 또는 실종된 이들이 무려 657명에 이르는 것으로 추정된다.[12]

탈출: 철도를 넘어서라

원한의 군용열차를 타고 중국대륙의 전선으로 떠났던 학병들 중 많은 수가 일본군대를 탈출하여 광복군 또는 조선의용군에 입대하였다.

지금까지 일본군대를 탈출하여 광복군에 투신한 학병들에 대해서는 김준엽의 『장정』, 장준하의 『돌베개』 및 한광반(한국광복군 훈련반) 소속 33명의 회고록 등을 통해 그 면모가 대체로 드러났다고 할 수 있다. 하지만 조선의용군에 투신한 탈출 학병에 대해서는 신상초의 『탈출』을 제외하고는 잘 알려져 있지 않다. 더구나 『탈출』은 철저한 반공주의적 입장에서 쓰여졌기 때문에 탈출학병들의 조선의용군 참여의 실상을 제대로 드러내지 못하였다. 최근 조선의용군에 입대한 탈출 학병인 정철수의 유고집이 출판(2013년)되었으나 여전히 조선의용군의 탈출 학병에 대한 연구는 부족한 것이 현실이다. 추후 지속적인 연구가 필요하다고 생각된다. 추후 세심한 연구가 필요하겠지만, 탈출 학병이 광복군과 조선의용군 중 하나를 택하게 된 계기는 무엇보다도 탈출 지역에서 가까운 곳에 있던 부대를 찾아갈 수밖에 없었던 상황 때문이었으리라고 짐작된다. 즉, 화중지방의 일본군대를 탈출한 학병들은 중국국민당군을 먼저 만나서 광복군으로 가게 되고, 화북지방의 부대를 탈출한 학병들은 팔로군을 만나 조선의용군으로 가게 되었던 것으로 보인다.[13]

어쨌든 죽음을 무릅쓰고 일본군대를 탈출한 학병들에게 최우선 과제는 중국의 항일부대를 만나는 것이었다. 다행히 중국의 항일부대를 만난 탈출 학병들의 다음 과제는 광복군이든, 조선의용군이든 한인 부대를 찾아가는 것이었다.

그러나 북경(北京)에서 광주(廣州)까지 중국대륙의 주요도시를 연결하는 철도선을 장악하고 있던 일본군을 피해 목적지까지 가는 것은 결코 쉬운 일이 아니었다. 일본군은 '점과 선의 점령'이라는 말처럼 철도의 장악만은 철저하였다. 특히 서주(徐州)의 일본군 부대를 탈출해 불노하(不老河) 강변의 중국국민당 계열 유격대를 만났던 김준엽, 장준하 등 5명의 탈출 학병들이 중경(重慶)의 대한민국임시정부를 찾아가기 위해서는 진포선(津浦線), 롱해선(隴海線), 평한선(平漢線) 등 세 개의 철도를 넘어서야 했다. 이제 장정에 들어선 탈출 학병들에게 철도는 진로를 가로막는 거대한 장벽이 되어 나타난 것이다.

▲ 학병에서 탈출해 광복군이 된 장준하(오른쪽)와 김준엽(가운데)

맨먼저 지나가야할 진포선(津浦線)은 천진(天津)에서 시작해 남쪽으로 내려와 남경(南京) 대안의 포구(浦口)까지 이어지는 철로였다. 황(黃)선생이라고 불린 유격대원이 5명의 탈출 학병을 인도하였다. 학병들은 황(黃)선생이 데리고 온 안내인 3명의 도움을 받아 3개 조로 나누어 장날 장터에 가는 장꾼으로 위장하여 철도 건널목을 건넜다. 건널목의 초소에는 일본군 병사가 총에다 칼을

꽂고 건너는 사람들을 쳐다보고 있었다. 금시 "동작이 수상하니 이리로 좀 오라"고 할 것만 같았다. 하지만 결국 무사히 진포선(津浦線) 횡단에 성공할 수 있었다.[14]

다음은 연운항(連雲港)에서 섬서성(陝西省) 보계(寶鷄)까지 중원의 동서를 가로지르는 롱해선(隴海線)을 넘어야 했다. 롱해선의 철도 경비는 진포선과는 비교가 안될 만큼 삼엄하였다. 일본군은 철도 양쪽으로 각각 두 개씩의 참호를 터널같이 파놓고 사람의 접근을 막고 있었다. 이 철도의 횡단을 도와주기 위해 후리후리한 키에 말쑥한 체격을 가진 청년이 밧줄을 가지고 나타났다. 철도 횡단은 야음을 틈타 이루어졌다. 청년은 탈출 학병들에게 밧줄을 타고 참호를 내려갔다 올라갔다 하게 하여 철도에 접근하게 하였다. 철로는 포복과 구르기를 번갈아 하며 누워서 건넜다. 다시 밧줄을 잡고 두 개의 참호를 건넌 일행은 역시 무사히 롱해선을 횡단할 수 있었다.[15]

두 개의 철도를 무사히 건넌 5명의 탈출 학병은 며칠 동안을 걷고 걸어 마침내 임천(臨泉)에 도착했다. 그곳에는 중국 중앙군관학교 임천분교가 있었고, 그 안에 한국광복군 간부훈련반(韓光班)이 부설되어 있었다. 그들은 이 한광반에 입교하여 3개월간 훈련을 받고 정식으로 중국 육군 소위로 임명되었다. 임천의 한광반을 졸업하고 정식 광복군이 된 이들은 최종 목적지인 중경을 향해 출발하였다. 이번에는 학병 25명을 비롯하여 모두 53명이나 되는 대부대였다. 이들이 돌파해야할 가장 큰 장벽은 역시 철도였다.

북평(北平)에서 한구(漢口)까지 중원을 남북을 가로지로는 평한선(平漢線)은 연합군의 해상 보급로 차단으로 육로 보급에 의존할 수밖에 없는 일본군에게 작전상, 보급상 가장 중요한 철도였다. 따라서 철로의 경비 또한 더욱 삼엄할 것이 틀림없었다. 하지만 평한선 통과는 의외로 쉽게 이루어졌다. 그 이유는 다음과 같다. 광복군 일행은 중국 중앙군 1개 사단과 함께 평한선을 돌파하기로 하였다. 중국군으로부터 새벽 2시에서 3시 사이에 철로횡단을 감행한다는 연락이 왔다. 출발신호와 함께 부대는 뛰기 시작했다. 철로를 건너 먼동이 터오를 때까지 계속 달린 부대는 밤사이에 일본군의 경비지대를 벗어날 수 있었다. 나중에야 중국군과 철로를 경비하는 일본군 사이에 모종의 타협이 이루어졌다는 것을 알게 되었다. 즉 소규모인 일본군은 중국부대의 철로 횡단을 묵인하고 그대신 중국군은 철로를 파괴하지 않는다는 타협이 있었던 것이다.[16]

결국 세 개의 철도를 무사히 횡단한 탈출 학병들은 서쪽으로 서쪽으로 걷고 또 걸어 대한민국임시정부가 자리한 중경에 무사히 도착할 수 있었다.

2) 다시 전선으로: 철도를 이용하라

일본군대를 탈출한 학병들이 중경의 임시정부를 찾아가기 위해 목숨을 걸고 철도를 넘어서야 했지만, 다른 한편으로 탈출을 위해 철도와 기차를 이용했던 사례도 있다. 1944년 일본 큐슈(九州)의 일본군 부대를 탈출하여 현해탄을 건너고 한반도를 지나 북간도로 갔다가, 중국 대륙으로 가서 안휘성(安徽省) 부양(阜陽)의 작은 시골 마을 싼타지(三塔集)에 있는 광복군 제3지대를 찾아갔던 김문택의 경우가 대표적이다. 김문택이 큐슈에서 싼타지까지 일본군을 탈출하여 광복군을 찾아가기까지 106일이 걸렸다. 거리는 수륙 2만여 리로 김준엽 등의 장정 6천 리보다 3배가 훌쩍 넘어선다.[17] 김문택이 이 엄청난 대장정을 해낼 수 있었던 것은 그가 철도와 기차를 적절하고 효과적으로 이용했기 때문이었다.[18]

나아가 김문택처럼 탈출 과정에서만 철도와 기차를 효과적으로 이용했던 예만 있는 것은 아니다. 김문택이 찾아간 광복군 제3지대의 주요 임무는 초모활동과 첩보활동이었다. 초모와 첩보를 위해서는 무엇보다 상해와 북경을 비롯한 중국의 주요 도시로 파견되어 나가야 했다. 이 과정에서 철도와 기차역을 점령하고 있던 일본군의 추적을 피해야 했다. 김문택 이외에도 한성수, 윤영무, 김우전 등 탈출 학병들이 활동했던 광복군 제3지대는 일본군과 밀정의 눈을 피

해 초모활동과 첩보활동에서 괄목할만한 성과를 거두었다.[19]

하지만 운동가들의 철도와 기차 이용이 항상 성공적이었던 것만은 아니다. 그 중 한광반을 졸업한 탈출 학병 출신 한성수의 경우가 있다. 그는 다른 동료들과 함께 중경으로 가지 않고 제3지대에 남았다가 김학규 지대장의 특명으로 적 점령 지구 내 초모 및 첩보 공작 임무를 띠고 기차편을 이용해 일본군의 최고사령부가 있는 상해로 침투하였다. 무사히 상해로 잠입한 한성수는 한교 청년들과 접촉하면서 거점 확보 및 초모 공작을 중점으로 동지 포섭에 노력하여 10여 명의 애국 청년을 포섭하는데 성공하였다. 그러나 기차를 타고 귀환하려던 도중 일본 특무기관원 10여 명의 습격을 받고 총격전 끝에 체포되었다. 그는 일본의 군법회의에 넘겨져 비공개 재판을 받았는데, 광복군 공작책임자라는 직책에 더해 일본군대를 탈출한 학병이라는 점이 추가되어 극형인 사형을 선고받고 1945년 5월 13일 상해에서 형장의 이슬로 사라졌다.[20]

09

철도를 이용하라 vs 파괴하라
달라진 전쟁의 양상

1) 해방과 분단 그리고 철도

해방과 철도

1945년 8월 해방 당시 철도의 총길이는 6,362킬로미터, 역 762개, 기관차 1,166량, 객차 2,027량, 화차 15,352량, 종사원 100,527명으로 발전 가능성을 갖고 있었다.[1] 그러나 남한에서는 미군정이, 북한에서는 소련에 의한 군정이 시작되면서 한반도는 남북으로 분단되었다. 해방된 지 한 달도 채 안되었던 1945년 9월 11일 남북 간 철도운행이 중지되었다.

남북한 철도 운행이 중단된 지 일주일 후인 1945년 9월 18일 하지 중장은 정례 기자회견을 통하여 "북위 38도선 이북은 소련 측에서, 그 이남은 미군이 진주해 있으므로 교통, 통신이 두절 상태에 있으나 이 문제를 해결하고자 소련 측과 절충 중이며 38도선 이북은 별 문제로 하고 그 이남 지방은 가급적 속히 이를 복구시킬 터이다"라고 기본 입장을 발표하였다.[2]

결국 38도선 이남은 남한 철도 총량은 선로 연장길이 3,738킬로미터, 영업길이 2,642밀포미터(41.5%), 역 300개(39.4%), 기관차 488량(41.8%), 객차 1,280량 (63%), 화차 8,424량(54.8%), 통차 29량, 조사원 56,960명(54%)으로 반쪽짜리가 되었다. 철도망의 2/3는 북한 지역에 있었다.[3] 일제 식민지배기에 만주와 연결 되었던 한반도 종관철도의 기능은 상실되었다. 당시 직접적으로 단절된 철도 는 경의선, 경원선, 금강산 전기철도선 등이었다.

▲ 해방 직후 서울역 모습(1945.9)

해방과 분단을 거치면서 한국철도에서 무엇보다 부족한 것은 철도를 운영하 고 열차를 운행할 기술인력이었다. 주지하는 바와 같이 일제강점기에 일본인 은 고위관리직뿐만 아니라 현장의 기술직에도 종사한 반면, 한국인은 주로 하 위기술자와 현업원에 불과하였기 때문에 해방이 되자 관리 및 기술부문에서 커다란 공백이 생겼던 것이다. 1945년 9월 6일 당시 워드 해밀튼이 교통국장에 취임했을 때 교통국에 근무하는 79,000명의 종사원 중 23,000명은 일본이었다. 이 가운데 17,344명의 일본인이 철도에 취업하고 있었는데, 그들이 거의 모든 관리직을 차지하고 있었고 그 외에 34,000 명의 한국인은 주요 정비창의 극히 일부를 제외하고는 단순 노무를 담당하는 하위직에 종사하고 있었다. 이 때문에 1945년 9월 29일 현재로는 서울-인천 간에 단 1대의 열차만이 운행되고 있었고 그 외에 운행되는 열차는 전혀 없었다.[4]

또한 대부분의 한국인은 전쟁 중 채용된 청소년으로 근무 경험이 적고 충분한 직무능력을 갖고 있지 못하였다. 일본인이 고위 관리직 뿐만 아니라 현장의 기술직을 담당하고 있었고 판임관 이상의 한국인은 3%대에 불과했기 때문에 철도운영이 정상적으로 이루어지지 못하고 있었다. 이에 미군정은 일본인을 해직 처분하는 한편, 미철도부대를 증파하여 철도운영을 재개하는 동시에, 미국인 감독 하에 한국인의 운영능력을 제고하기로 결정하였다.[5]

철도에 종사했던 일본인이 남한에서 모두 물러간 것은 1945년 10월경이었는데 숙련된 철도기술자의 필요성을 절감한 운수부는 필리핀에 있던 미국의 2개 철도대대의 배속을 요청하였다. 1945년 11월 4일 한국에 도착한 미국의 2개 철도대대 가운데 1개 대대는 서울지구에, 1개 대대는 부산지구에 배치되었다. 2개 대대는 장교 35인과 하사관병 1,213인으로 구성되어 운전사령, 조차장장, 기계공, 선로검사요원과 같은 관리 및 기술직에 종사하며 한국인 직원을 지시하고 관리하였다.

한국에 온 2개 철도대대는 철도 운영에는 많은 공헌을 했지만 철도 운영을 맡을 한국 종사원을 훈련시키는 데까지는 성과를 올리지 못했다. 그래서 미군정은 1945년 10월에 부족한 전문기술자를 육성하기 위해, 통신 110명, 전기 37명, 기계 45명, 운전 110명을 6개월간 교육하였다. 이 중 운전계통은 요원부족이 너무나도 심각해서 수업기한을 3개월로 단축, 1945년 12월부터 수료생 110명을 현장에 긴급 배치하였다.[6]

졸속적 철도운영과 참극

이렇듯 운전요원들이 졸속적으로 양성되다 보니 대형 사고의 위험이 항상 도사리고 있었다. 1946년 11월 13일 40여 명의 희생자가 발생한 열차사고 이후 영등포 역장과 한 승객의 인터뷰 기사는 이러한 단기적인 '처방'의 상황을 잘 보여준다.

> 이번 철도참사에 대하여 영등포역장은 다음과 같이 현재 철도운영에 대한 기술의 빈곤과 인원의 부족 등 여러 가지 원인을 솔직하게 지적하였다. 훌륭한 기관수가 되려면 적어도 20년 동안은 기관차와 싸워야 할 것인데 지금은 20내외의 혈기 방장한 청년들을 단기간에 양성하여 중대한 임무를 맡기게 되는 것이 이런 사고의 원인이라는 것이다.
>
> 요전에는 영등포역에서 역 책임자와 열차운전수가 한 시간 이상 싸움을 하는 동안 기차는 그냥 서 있었습니다. 열차가 그냥 역에 들어와 한 시간씩 기다리는 것은 보통이오 연발은 두 시간 세 시간이 보통이니 어떻게 믿고 통학 통근할 수 있습니까?[7]

한편 미군정이 도입한 철도 시스템은 지방분권적으로 운영된다는 점에서 기본적으로 미국식 철도시스템과 동일하였다. 또한 기관차 및 객화차도 일본의 협궤용이 아닌 표준궤용으로 미국식을 따르고 있었고, 보유차량의 일부는 식민지시기 미국에서 구입되었다. 이러한 관계로 한·미간 철도운영의 기술체계에 그렇게 커다란 차이점이 있었다고는 생각되지 않는다. 그러나 미군 지시하의 철도운영이 그렇게 원활했던 것 같지는 않다. 언어장벽과 동서양의 사고방식 차이가 있었을 뿐만 아니라 대부분의 병사가 현업원으로 감독자의 자질이 충분하지 못하였다. 이에 더하여 12월 말까지 교통국 배속 장병 46명 중 26명이 귀국, 재배치되었던 것에서 알 수 있듯이, 전후 장병들의 제대와 복귀가 많아져 철도운영에 차질을 불러일으켰다.[8]

1945년의 나머지 몇 개월 동안 철도 운영은 최악의 상태로서 모든 여객열차는 연착하는 것이 상례가 되고 그 외의 철도 운영도 비정상적이었다. 분기되는 선로의 열차접속이 거의 이루어지지 않아 바꿔 탈 여객이 곤욕을 치루었고 각 기관차의 성능은 오랫동안 수리 보수를 제대로 못해 비관적인 상태였다. 80%의 기관차가 쓸모없는 상태에 있고 나머지 20%조차도 언제 주저앉을지 모를 상태였다.[9]

1946년 1월 1일 현재로 111대의 기관차가 운행되고 있었지만 이미 노후되어 상태가 형편없었다. 더 많은 철도차량을 재생시켜 운행하기 위해 가능한 모든 노력이 경주되었지만, 수많은 장애가 속출하였다. 또한 철도 침목의 수명을 약 7년으로 보면 대략 100만 정의 철도침목이 연간 소요량으로 추산되었지만 일본인들은 이러한 수요에 대체를 하지 않아 해방 후에는 이 수요를 충족시킬만한 국내 산림자원이 거의 없었다. 38도선에 의한 남북한의 분단은 충분한 연료 공급을 차단시켰고 기관차용 연료는 남한의 석탄 생산이 미미하여 부득이 일본에서 수입하고 있었다.[10]

당시 필요한 기관차용 연료의 양은 철도의 단축운행에도 불구하고 매월 석탄 약 6만 톤에 이르렀다. 미군청 광구부의 무어 대위는 석탄 문제에 관해 "미군이 진주하던 당시 3일분 정도의 석탄이 있었을 뿐이고, 그 후 삼척으로 기술관을 파견하고 수송진을 총동원하였으나 여의치 않았으며, 38도선 이북에는 유명한 탄광이 많지만 그 외의 탄광은 갱목, 펌프 등을 일본인들이 파괴시키고 갔기 때문에 채탄할 수 없는 형편이었다. 앞으로 필요한 60일분의 사용량 중 18.2% 밖에 확보하지 못한 상태이므로 법령에 의한 통제를 해서라도 시급한 부문에 우선 배급하고, 수송에 만전을 다하고자 교통국에서 전담하도록 하였으며 화순, 단양, 장성, 장기(長岐)와 또한 일본으로부터 기관차용 유연탄을 대량으로 반입할 계획"이라고 밝혔다.[11]

해방 후 남북분단으로 한국철도는 대륙철도로서의 성격을 잃어버려 수송수요가 줄었을 뿐만 아니라 철도시스템의 절반 이상을 상실하였다. 더구나 일본인 소유의 해운, 하역, 자동차운송 등 교통관련 회사 34개사가 귀속사업체로 교통국 관리 하에 들어왔으나, 사업부문은 철도에 한정되어 귀속사업체의 일상적인 업무처리에도 지장이 생겼다.

그런 가운데 철도경영에서는 철도지출이 수입의 배 이상으로 커져 군정청 재정 자체를 압박하고 있었고 1946년 5~8월이 되자 철도직원 실질임금은 1945년 10월에 비해 절반수준으로 떨어졌다. 더구나 미군정이 경영안전을 꾀하기 위해 1946년 9월 직원수를 25% 감원하고 월급제를 일급제로 전환하자, 운수동맹의 심장인 경성철도공장과 부산철도공장은 9월 23일부터 파업에 돌입했다. 서울과 부산을 기점으로 열차운행이 정지되기 시작하여 모든 열차운행이 정지되었다. 결국 미군정은 반격에 착수하여 30일 국가경찰 및 철도경찰 2,100명이 기관총과 전차를 동원해 용산철도기지를 포위한 다음, 우익청년단체와 대한노총 조합원이 돌입하여 파업농성단과 격돌하였다. 파업농성은 직원 3명이 사망하고 40명 이상이 부상을 입었으며 총 1,400명이 검거됨으로써 강제 해산되었다. 그 결과 10월 1일 오후부터 일부 열차운행이 재개되고, 2일부터는 사무직원도 출근하기 시작해 점차 열차운행이 회복되었다.[12]

대한민국 정부수립과 철도운영의 정상화 노력

미군정기를 지나 1948 8월 15일 대한민국정부가 수립되면서 교통부가 설치되었다. 11월 4일에는 대통령령 제26호로 1실(비서실), 6국, 29과의 교통부 직제가 공포되었다. 지방철도 직제는 1950년 1월 13일에 대통령령 262호에 근거하여 서울, 대전, 부산, 순천, 안동, 삼척의 6개 철도국이 신설되었고 그 하부조직으로 서무, 후생, 수송, 운전, 보선, 건축, 시설, 공전, 전기, 기계, 경리, 심사, 자재과의 13개 과와 현업기관이 설치되었다. 이후 1951년 1월 18일 철도국 직제가 새로 제정되어 설치되어 하부조직으로 관리, 운수, 공무, 공전, 경자과의 5개과와 현업기관이 설치되었다.[13]

철도관련 조직을 정비한 정부는 철도망 구축에 착수하게 되었다. 1948년 12월에 '대한민국과 미국 간의 원조협정'이 체결되었다. 이에 따라 한국에 파견된

ECA(Economic Cooperation Administration) 사절단은 대한민국정부와 협의 하에 한국 경제 부흥계획을 입안하였다. 한국 경제 부흥계획 입안과정에서 철도 부흥계획은 전체계획의 실현가능성을 보장하는 중심적인 위치를 점하였다. 1949년 1월 1일에 발표된 「경제부흥을 위한 산업개발철도 및 철도망건설계획」에는 다음과 같은 내용이 포함되어 있었다.

1) 경제 부흥에 수반한 산업경제개발 철도 및 철도망의 건설 사업
2) 수송력 강화를 위한 수송기구의 정비
3) 주요 간선을 비롯한 각선 직통 여객열차의 부활
4) 철도 환경의 미화 사업
5) 외래품 억제와 자재난 극복을 위한 국산 부속품 생산 계획
6) 일제 잔재 불식을 위한 제반 여건의 개혁[14]

해방과 남북분단으로 인해 철도운영에서 가장 문제가 되는 점은 연료였다. 또한 경제부흥계획이 기존설비의 부흥을 우선시하여 기초물자를 증산하는 한편, 수입대체, 수출산업을 육성하여 외화획득을 꾀하는 것이었기 때문에 여기서는 무엇보다 에너지 확보가 필요하였다. 마침 남한에서 태백산맥을 중심으로 한 내륙의 중앙부와 소백산맥을 중심으로 내륙의 남서부에는 각종 지하자원이 많이 매장되어 있었다. 때문에 한국철도는 온갖 어려움 속에서도 미군정 시기인 1947년도 말부터 소위 3대 산업선으로 불리던 영암선(榮岩線, 영주—철암), 영월선(寧越線, 제천—오동), 단양선(丹陽線, 조담—사평)의 건설을 계획하여 실측조사 등 준비작업을 추진하고 있었다. 이외에도 철도부흥계획에서는 경북선, 문경선 등 7개 노선 350킬로미터의 건설사업, 중앙선의 전화(電化), 낙동강철교 보강 등 개량사업, 대규모 차량정비 등의 내용이 들어있었다. 그러나 미국과의 협의과정 속에서 건설개량사업은 탄전개발과 관련된 소위 3대 산업선의 부설과 중앙선의 전화만이 실현가능하다고 평가되어, 계획이 축소되었다. 결국 한국철도는 경제자립의 상징인 3대 산업선의 건설을 추진하여 1950년

5월 현재 영암선 28%, 영월선 43%, 단양선 93%가 완성되었고, 단양선은 연내에, 영월선은 51년 3월에 개통될 것으로 예상되었다. 하지만 3대 산업설의 건설에도 불구하고 전반적으로 부흥자재의 공급이 지체되어 차량수리가 본격화되지 못하고 선로보수의 실적도 원래의 계획대로 진행되지 못하였다.

이러한 철도부흥사업의 지체에도 불구하고 수송수요는 경제회복으로 인해 점차 증가하고 있었다. 1949년 주한미군의 철수와 더불어 군수품 수송이 감소한 가운데에서도 경제 전반의 생산회복에 따라 민수품 수송수요가 급증하자, 수송력부족 현상이 나타나기 시작하였다. 이에 대해 한국철도는 화차운용 효율 향상 월간 및 통운작업의 합리화를 추진하는 등 화차운용 효율을 제고함으로써 수송수요의 급증에 대응하고자 하였다. 그 결과 해방 후 수송위기에 직면했던 철도운영은 1948년부터 개선되기 시작하여 1949년이 되자 수송효율이 크게 향상되었다.[15]

〈표 1〉 해방당시 한국철도 남북 상황 비교[16]

분류별	북한	남한
직원	한국인 3만 5,919명, 일본인 1만 733명	한국인 3만 8616명, 일본인 1만 7344명
영업km	3,720km	2,642km
차량	기관차 777량, 객차 962량, 화차 7,104량	기관차 538량, 객차 1,333량, 화차 1만 1,465량

〈표 2〉 한국철도의 자본스톡 · 직원 · 수송실적[17]

연도	1944	1946	1947	1948	1949
영업km	4,938	2,558	2,558	2,753	2,776
기관차	1,236	548	656	631	621
객차	1,982	1,390	1,321	1,338	1,291
화차	15,156	9,389	9,318	11,337	11,399
직원	102,373	38,675	39,150	36,584	35,952
여객(천명)	106,373	50,375	54,641	61,128	77,422
인km(백만 인km)	8,752	3,011	2,806	2,829	3,107
톤(천 톤)	27,526	3,045	4,838	5,118	6,421
톤km(백만 톤km)	3,452	631	996	1,041	1,275

북한지역의 철도 상황

북한의 철도상황도 남한과 별로 다르지는 않았다. 오히려 상황은 남한보다 좋지 않았다. 아래의 기사 내용을 보면 북한지역의 상황이 더욱 좋지 않았음을 알 수 있다.

> 남북조선의 철도 운행 재개에 앞서는 문제는 여러 가지 풍문이 돌고 있는 북조선의 차량 사정인데 해방 당시 북조선에는 기관차 약 5백대, 화차 객차가 각각 약 1만대가 있었으나 작업능력이 완전치 못한 청진, 원산, 평양 3철도공장이 그 후 고장차를 얼마나 수리하였는지가 의문시됨으로 남조선의 차량사정보다 극히 비관시되는 바 있다고 한다. 이에 대해 남조선 철도 당국으로서는 공동위원회의 지시만 있으면 북조선에 부족한 차량과 인원을 남조선에서 보충하여 통일된 철도 연락을 행할 수 있게 하려고 연구 중이라 한다.[18]

북한에 독자적인 정권을 수립하려던 소련군사령부의 스티코프는 1945년 10월 8일부터 11일까지 5도 인민위원회를 소집하고 그 회의에서 반드시 해결해야 할 행정, 경제 영역의 과제 가운데 하나로 철도운수의 신속한 복구를 통해 경제활동의 정상화를 가능하게 할 대책을 마련할 것을 촉구했다. 아울러 북한의 철도망을 2개로 분할하여 평양철도관리국과 함흥철도국을 설치하고 그 지도기관으로 북조선철도관리위원회를 조직할 것이 결정되었다.

소련군정은 북한지역에서 전리품과 상품을 소련으로 반출하기 위한 교통수단인 철도를 복구하기 위해 많은 노력을 기울였다. 1946년 5월 1일까지 금, 은, 구리 등 광물을 포함한 3,460만 엔 상당의 전리품과 상품이 소련으로 반출되었으며, 각종 공장과 광산의 창고에는 1억 4,600만 엔 상당의 재고품이 반출을 위해 대기 중이었다. 1946년 2사분기에는 1억 9,420만 엔 상당의 상품이 생산될 계획이었는데, 이것도 모두 소련으로 반출될 예정이었다.[19]

공업설비의 철거와 반출은 소련군의 북한 진주와 거의 동시에 시작되었다.

북한주재 소련 민정청의 문서에는 1945년 8월과 9월에 이미 금속가공 공작기계, 발전설비, 기계제작 설비, 아오지 안조연료공장의 검사측정기 등이 소련으로 반출된 것으로 기록되었다. 다음 기사는 북한지역의 철도설비의 소련 반출에 관한 보도이다.

> 북한 김일성 괴뢰집단은 귀중한 양곡과 공업생산품을 소련으로 반출하고 있어 이북 애국동포들의 반감을 사고 있다 함은 여러 번 보도된 바와 같거니와 이번에는 우리나라 산업발전에 지대한 관련이 있는 철도 시설을 철수하여 소련으로 반출하였다는 소식이 있다. 즉 최근 모처에 들어온 정보에 의하면 소련 스탈린의 지시로 작년 10월 20일부터 11월 10일까지 약 20일 동안에 매일 수백 명의 이북동포들을 강제로 동원하여 평양과 신의주 사이에 시설한 철도 레루를 철거한 후 신의주 소련군 부대를 경유하여 소련으로 반출하였다 한다.[20]

당시 소련 민정청 교통부장 돌기흐의 보고서에는 북한지역의 철도가 공업시설의 반출에 이용되었음이 분명하게 나타나 있다. 이 보고서에 의하면 1946년 2월 말까지 북한의 철도운수는 공업설비와 전리품의 반출 및 군부대 수송에 동원되었는데 1946년 1월 말 2,000대의 차량이 공업설비 수송에 이용되었으며, 1946년 2월 말 공업설비 반출을 위해 1,000대의 차량과 전리품 반출을 위해 4,000대의 차량이 이용되었다는 것이다. 그리고 공업설비의 반출을 위해 일반 경제의 수요를 위한 철도의 수송과 여객수송은 전면 중단되었다는 것이다. 1946년 4월까지도 북한 철도수송의 50%가 소련군의 수요를 충당하였다는 것이다.

이와 동시에 북한은 소련군정 하에서 주요 산업의 국유화 조치를 단행하면서 철도의 국유화 작업을 진행하였다. 1946년 8월 10일 공포된 북조선 임시인민위원회의 '산업, 교통, 운수, 체신, 은행 등의 국유화에 관한 법령의 내용은 다음과 같다.

조선 인민을 착취하고 조선의 자원을 일본으로 반출할 목적으로 일본이 조선 내에 건설한 일체의 기업소, 발전소, 광산, 철도 등은 반드시 조선 인민의 소유로 이용되어야 할 것이다. 여기서 북조선인민위원회는 산업, 교통, 운수, 체신, 은행 등의 국유화에 대하여 다음과 같은 법령을 공포한다.

일본 국가와 일본인 사인 및 법인 등의 소유 또는 조선 인민의 반역자로 되어 있는 일체의 기업소, 광산, 발전소, 철도, 운수, 체신, 은행, 상업 및 문화 관계 등은 전부 무상으로 몰수하여 이를 조선 인민의 소유 즉 국유화한다.[21]

남북의 철도교류

해방이 된 후 남과 북에 미군과 소련군이 진주하면서 북위 38도선을 경계로 분단이 되었다. 초기에는 38선이 분단선이 될 것이라고는 꿈에도 생각하지 못했고, 38선을 넘어 자유롭게 왕래할 수도 있었다. 하지만 세계적으로 냉전이 심화되고, 남과 북에서 좌우의 대립과 갈등이 격화되면서 점차 38선은 분단선으로 획정되어 가고 당국의 허가를 받지 않고 38선을 자유롭게 넘나드는 일이 힘들어지게 되었다. 그렇다고 38선을 건너 남북을 왕래하는 일이 아주 불가능해진 것은 아니었다. 1947년까지는 제한적이고 통제된 형태이기는 하지만 남북한의 주민들은 철도를 통해 남북을 왕래할 수 있었다. 당시 철도에 의한 인적 이동의 수를 정확하게 파악하기는 어렵지만 당시 동아일보의 사설을 보면, 많은 사람들이 철도를 이용했음을 짐작할 수 있다.

현금의 사정으로는 일반적으로 위험 발생의 가능성은 그렇지 않아도 많음이 사실이다. 열차 운전 회수의 감축과 자재난으로 인한 차량의 부족 그 위에 여객은 격증하여 각 운행 열차마다 살인적 초만원으로 실로 위험천만이다. 그러나 그렇다고 하여 그 종업원들의 책임이 경감될 이유가 아닐 것이니 그처럼 위험 발생의 가능성이 많으면 많을수록 그 주의와 성의는 더욱 더 요구되는 것이다.[22]

당시 철도를 통한 인력수송의 우선순위는 철수하는 일본인의 수송 문제였다. 1945년 10월 23일부터 28일까지 이를 위한 특별열차가 운행되어 약 3,000명의 일본인이 부산까지 운송되었다. 또한 만주, 일본 기타 지역에 있는 한국인들의 귀국을 위한 수송문제도 중요했다. 그 뿐만 아니라 식량이 생산되지 않는 지역으로의 식량수송 문제도 철도의 중대한 임무의 하나였다.

▲ 분단 상황에서도 운행되던 열차

경의선을 이용하는 승객은 1946년 5월 9일까지는 38도선 접경지인 장단까지는 자유롭게 여행할 수 있었으나 5월 10일부터는 구간이 단축되어 문산까지만 여행할 수 있게 됨으로써 개성 등지에서 출근, 통학하는 많은 승객에게 불편을 주게 되었다.

남한만을 놓고 볼 때, 철도이용객은 1947년에 5,464만 명(통근 1,451만 명, 일반여객 4,013만 명), 1948년에 6,113만 명(통근 1,708만 명, 일반여객 4,405만 명)으로 저조한 편이었다. 그러나 1949년에는 철도이용객이 7,741만 명(통근 3,079만 명, 일반여객 4,662만 명)으로 크게 증가하였다.

해방 후 화물수송량은 정부가 수립되고 국내 산업이 가동됨에 따라 활기를 찾기 시작하여 1946년도 305만 톤, 1947년도 484만 톤, 1948년도 512만 톤, 1949년 642만 톤으로 증가했다.[23]

한반도가 분단된 상황에서 제한적이고 통제된 형태이기는 했지만 남북한의 주민이 철도를 통해 왕래할 수 있었기 때문에 철도는 남한과 북한의 소식을 전달하는 통로 역할을 했다고 할 수 있다. 남북한 지역의 주민들은 철도를 통해 남북한 지역을 왕래하면서 미군정 하에서 겪은 자본주의와 민주주의, 그리고 소련군정 하에서 겪은 사회주의의 실상에 대해 서로 의견을 교환하였다. 아직 활자매체에 익숙하지 못한 대중들에게는 그러한 경험에 의한 의견교환이 오히려 더 큰 교육효과를 가졌다고 할 수 있다.

또한 분단 상황에서 미군정청은 한반도 전체의 통일적인 철도 운행 재개를 준비하기도 하였다. 1946년 1월 미육군성이 한반도에 관한 맥아더 보고서를 발표했는데, 여기에서 철도 문제는 긴급문제로 언급되었다.

> 소련이 점령하고 있는 북부 조선과의 철도재개가 긴급문제라고 또한 그는 말하였다. 행정방면에 있어서는 이상에 부합하지 않는 일본 법률을 철폐하고 법원의 인원도 조선인으로 변경하고 경찰방면에도 동일한 조치를 하였다.[24]

모스크바 3상회의의 결정과 관련하여 1946년 1월 16일 개최된 미소회담에서 미국은 향후의 본 회담에서 '우선적으로' 토의할 몇 가지 의제를 설정했는데, 그 첫 번째 의제가 '남북한의 철도를 서울에 위치한 중앙기구의 완전한 통제 아래 단일 운영체제로 다시 복구한다'는 것이었다. 소련 측도 5개의 의제 중 '남북한 철도 연결문제'를 네 번째로 제시하였다. 미소 대표는 38도선을 경계로 하는 남북 양쪽의 육상, 해상의 교통, 산업기관의 상호간 상행위에 의한 교환물자의 이동, 방송, 우편물, 전력 문제 등에 대해 토의한 결과 교통문제와 관련하여 다음과 같은 합의를 도출하였다.

협정에 있는 전차, 자동차 기타 해운데 의하여 두 지역 간의 상호 이동을 허가하여 양 지역 사령부와 개인 산업 기관의 상행위에 의하여 교환되는 물자의 상호 이동을 확인한다. … 양 지역에서 3명씩 선출하여 조직된 운수기술공동위원이 이 문제에 협력할 것이다. … 만일 조선인이 적당한 신청서를 60일 이내에 제출하면 양방 지역의 어느 곳이든지 자신의 전 주거지에 귀환하는 것을 허가한다.[25]

그리고 1946년 1월 19일, 소련군 장교 일행이 철도운수문제를 토의하기 위해 용산 운수국을 방문했다는 기사가 보도되기도 하였다. 당시 남북간의 철도 운행문제가 현안으로 대두되었음을 말해주는 기사이다.

민족통일에 지대한 지장을 끼치는 38도선에 관한 문제는 지난 16일 군정청 제1회의실에서 개최된 미소공동위원회의 첫 과제로 상정되었다. 이에 대처함인지 19일 오전 9시 반 소련장교 일행 4명은 용산 운수국을 심방하고 약 2시간에 달하여 코넬슨 운수국장과 요담한 바 있었는데, 이것으로 조선 전민중 대망의 38도선 철폐와 일반 철도문제가 기술적으로 각 방면에 걸쳐 토의된 것으로 관측된다.[26]

미소공동위원회 공동성명서

결국 1946년 2월 5일 미소공동위원회 15차 예비회담이 종결되면서, 교통망과 관련하여 다음과 같은 내용의 공동성명서가 발표되었다.

1. 제한적인 철도, 차량, 연안 해상 운송
2. 남북 양측의 한국인 왕래: 이 항목은 일반적인 여행뿐만 아니라 무역이나 상업 활동으로 인한 여행, 그리고 시민들의 과거 거주지로의 귀환과 학생과 개인이 가정의 일이나 급박한 일로 인해 하는 여행도 포함된다. 모든 사람은 특정 허가와 세부적인 규제를 받는다.[27]

위의 공동성명서가 발표된 이후 미국은 1946년 3월 2일 아놀드 소장의 부관인 부드 대령, 민정장관인 메이 대령, 미국무성에서 파견된 베닝호프 등을 평양으로 보내 회담을 계속한 결과, 미소공위의 최종적인 공식 15개 항의 의제를 확정했다. 15개 의제 가운데 '두 지역에서의 철도, 차량 운송과 남북한 항구 간의 연안 수송'이 포함된 것을 볼 때, 남북한 간의 교통 왕래는 미소 군정 모두의 관심사였음을 알 수 있다. 이러한 상황은 다음과 같은 기사에 잘 나타나 있다.

> 조선민족 전체가 갈망중인 남북조선간의 철도 운전 재개 문제는 작년 봄에 열린 미소공동위원회에서도 논의되어 그 당시 운수부 철도 당국에서는 북조선 철도조사대까지 편성하고 공동위원회의 지시만 기다리다가 무기휴회로 말미암아 그냥 지상계획이 되고 말았는데 금년에는 미소 양국 정부의 동향으로 보아 해결될 듯하므로 만일의 경우에라도 지체가 되지 않을 강력한 조사단 재편성의 필요성을 느껴 현재 관계자 간에 신중한 대책을 고려중이라고 한다.[28]

하지만 남북간의 철도 왕래를 의제로 삼고 있던 미소공동위원회가 결국 결렬되고 남과 북에 단독정부가 수립된 이후, 철도를 통한 남북간 교류는 더 이상 가능하지 않게 되었다. 이제 완전히 분단이 된 것이다. 그리고 이러한 분단은 그로부터 2년이 채 지나지 않아 민족사 최대의 비극인 한국전쟁의 발발로 이어졌다.[29]

2) 한국전쟁의 발발: 철도가 전쟁을 바꾸고, 전쟁이 철도를 바꾸다

철도가 전쟁을 바꾸고, 전쟁이 철도를 바꾸다

근대화 이후 전쟁은 많은 양상을 띠면서 변해 왔다. 근대국가 형성 이후 철도가 전쟁의 형태를 변모시켰듯이 비약적인 과학기술의 발전은 현대전의 양상을 변모시켰다. 현대전에서 항공기가 개발되어 전쟁에 본격적으로 사용되기 전에는 지상군 전력이 전쟁의 승패에 필수적이었다. 그러나 오늘날 현대전은 지상군 이외에 해공군의 지원이 중요하다. 특히 제공권을 장악하는 것이 전쟁 수행에서 무엇보다 필요하므로 해공군의 지원 없이는 전쟁을 수행하는 것이 불가능하다.

또한 20세기 후반부의 현대전에는 지상군의 투입을 최소화하려 한다. 예컨대 걸프전의 경우, 압도적인 공중 전력으로 적 방어 전력을 파괴한 후 최단의 지상전투로 최소의 인명피해를 가져온 전쟁이다. 즉, 오늘날의 현대전은 해당 지역을 점령하지 않고 적 의지를 마비시킬 수 있도록 해공군이 독립작전을 수행하는 동시작전으로 점차 발전하고 있다. 그래서 지상군을 초기에 투입해서 막대한 인명 및 재산의 손실을 초래하는 것은 피하고 있다.

또한 과거 전쟁에서는 화력, 기동, 정보의 제한 때문에 전장으로부터 중심이 위치한 후방지역으로 진입하는 작전의 특징을 갖고 있으나 현재에는 전후방을 동시에 공격할 수 있는 다차원의 동시작전이 가능하다. 이런 상황에도 불구하고 전쟁의 궁극적인 승리 혹은 승패는 지상군의 몫이다. 지상군은 병참능력과 수송능력이 뒷받침되어야 한다. 공군이 창설되기 전에 철도는 군대병력과 병참물자의 수송을 위한 최고의 교통수단이었다. 철도를 보다 많이 확보하고 건설한 후 전쟁에 임하는 것이 전쟁승리의 지름길이었던 것이다.

그러나 현대전에서 철도의 역할은 제한적이다. 제공권 없는 철도이용은 무용지물일 수 있기 때문이다. 한국전쟁에서 공군과 해군력을 준비하지 못한 채 전쟁을 시작한 북한군은 미국의 제공권의 압도적 우위로 인해 패전할 수밖에 없었던 역사적 사례가 그것을 증명한다.

그렇다고 해서 군사전략에서 철도의 유용성이 사라진 것은 아니다. 베트남전의 경우 미군의 공군력이 철도를 폭파하더라도 철도는 바로 복구되었다. 철도는 레일과 침목을 준비하고 있으면 언제든지 복구가 가능했다. 물론 철도복구에는 각종 복구장비가 있어야 하지만, 일반도로가 콘크리트나 시멘트를 배합하여 현지로 운반해야 하는 등 장비와 부대시설이 더 많이 소요될 수 있기 때문에 폭파된 일반도로를 보수하는 것에 비해 철도를 복구하는 것이 더 용이할 수 있다.

또한 일반도로에 비해 전차나 대포 등 대규모 군사장비를 대량으로 이동하는 데는 철도를 이용하는 것이 최적이다. 탱크나 대포, 장갑차와 같은 대규모 군사장비를 이동시킬 때 군사장비의 무거운 하중으로 인해 일반도로는 지반이 붕괴될 가능성이 높다. 또한 군사장비를 수송하는 대형트럭 등 운송수단이 부족하며, 요즘처럼 교통량이 많은 시대에 일반차량의 통행에 방해가 될 뿐 아니라, 반대로 일반차량으로 인해 군사장비들을 제대로 이동시킬 수가 없을 것이다.

무엇보다 군사장비나 병력이동에 따른 보안상의 문제에서 철도는 일반도로보다 유용하다. 일반도로를 이용하여 병력이동이나 장비이동은 적에게 노출되기 쉽다. 그러나 철도를 이용할 시, 일반 화물로 위장할 수 있고, 병력의 경우 통상적인 여객수송의 일환, 혹은 관광열차나 학교나 직장의 단체여행으로 위장할 수 있는 것이다. 특히 철도는 전쟁개시 전 후방지역의 대규모 병력과 물자를 전장으로 수송하는 병참선으로 중요한 가치를 갖고 있다.

이렇게 볼 때 철도는 전투지역에서 직접 사용되기보다 후방지역에서 주로 사용된다는 점에서 여전히 유용성을 갖고 있다. 반면 철도는 이동로의 변경불가능성 때문에 이동로가 사전에 노출되면, 일반도로에 비해 이동로를 변경할 전술적 유연성이 거의 없다는 단점이 있다.[30]

북한군의 남침에서 철도의 역할

1950년 한국전쟁은 남북한 모두에게 엄청난 피해를 초래하였다. 철도 역시 막대한 피해를 입고, 단절되는 사태를 맞았다. 한국전쟁에서 철도는 한편으로는 핵심적인 전쟁수단이었고 다른 한편으로는 전쟁의 최대 희생물이기도 했다.

우선 철도는 북한지역에서 한국전쟁을 준비하는 데에 큰 기여를 했다. 북한 정권 초창기 김일성은 철도의 경제적 가치에 대해 자주 언급하였다. 그는 "나라의 동맥인 철도를 복구하여 수송을 정상화하여야 합니다. 철도가 정상적으로 운영되지 않고서는 인민생활을 향상시킬 수 없고 나라의 경제를 발전시킬 수 없으며 민주주의 새 조선을 성과적으로 건설해 나갈 수 없습니다"라고 주장하였다. 그래서 김일성은 일본이 패망하면서 철도운수시설과 체신시설들을 파괴하였기 때문에 어느 것 하나 온전한 시설이 없으므로 건국사업에서 중요한 역할을 수행하는 철도시설 복구를 지시하였다.

하지만 북한이 한국전쟁을 준비하면서 철도의 군사적 측면이 부각되었다. 철도는 수송측면과 군부대의 이동루트로서 가치를 지니고 있었다. 김일성은 "전쟁의 운명을 결정하는 항구적 요인의 하나인 후방의 공고성은 다른 항구적 요인들을 결정하는 기초로 됩니다"라고 하면서 전쟁수행을 위한 후방의 공고화를 강조하였다. 후방지역을 공고히 다지기 위해서는 수송능력 확보가 필수적 요인이다. 당시 도로사정과 차량의 부족 등을 고려해 보면 철도만큼 중요한 교통인프라가 없었다.

김일성은 "군수품과 후방물자를 전선에 제때에 수송해야 하는데, 적기의 폭격으로 철도와 도로가 파괴될 경우 인민들을 동원, 제때에 복구하여 군수품과 후방물자 수송에 만전을 기해야 한다"고 하여 철도의 중요성을 역설했다. 그래서 "전시수송조직을 합리적으로 하며 기관차와 화차를 비롯한 철도운수수단들을 제때에 수리정비하고 그 리용률을 높여야 하겠다"고 언급하였다. 또한 "전시수송조직에서는 수송의 선후차를 정확히 가리며 중점적으로 수송하는 원칙을 철저히 지켜야 합니다. 철도일군들은 전선수송을 선차적으로 보장하는데 모든 력량을 집중하며 전시조건에 맞는 렬차운행방법을 적극 받아들여 수송의 기동성을 보장하여야 하겠습니다"라고 주장하여 전쟁에서 철도의 군사적 측면을 부각시켰다.[31]

북한은 1950년 6월초 개전을 준비하면서 각 사단을 '대기동작전 연습'이란 명분으로 38선 쪽으로 배치하였다. 이 때 짧은 시간에 부대 이동을 가능케 했던 것은 다름 아닌 철도였다. 이는 다음의 증언을 통해서도 알 수 있다.

> 6월 8일을 기해 북한 전역의 철도는 비상 태세에 들어갔다. 특수공무원을 제외하고는 주민의 여행은 금지되고 …… 6월 8일부터 38선을 향하여 남하하는 열차는 줄을 이었고, 열차에는 군인, 전차, 포, 차량, 마차 등이 실려 있었으며 …… 3월 중순부터 38선 5킬로미터 내에 거주하는 주민들은 전부 소개시켰는데, 이러한 주민 소개는 군사 이동 상황 등의 기밀을 보장하기 위한 것과 한편으로는 남한의 공격이 예상된다는 구실을 붙이기 위해 취해진 배치였던 것 같다.[32]

다음의 북한 철도원 출신의 증언에서도 그러한 사실을 잘 알 수 있다.

> 1950년 3월경부터 무측차로 탱크와 야포 등 무수한 군용차가 남하하였다. 4월 들어 무개차에 석탄을 만재한 장대 화물열차가 교행하기 위하여 대기 정차하였다. 여느 때와 마찬가지로 통표를 메고 화차 연결기 사이를 넘는 순간 화차측판 사이로 나무상자가 보인다. 탄약이었다. 위에 석탄을 싣고 위장한 것이었다. '전쟁준비를 하는구나'하고 나는 직감하였다.[33]

한국전쟁 개전 초기 전광석화와 같은 속도로 남침을 했던 북한군의 진격루트에서 주목을 끄는 것은 경의선과 경원선 철도를 통한 진격작전이다. 1950년 6월 25일 새벽 북한군은 포병의 지원사격을 받으며 임진강 철교를 간단하게 통과하였다. 비슷한 시기 역시 전차부대를 앞세운 북한군 제1사단은 국군 1사단 13연대가 포진해 있는 임진강 상류지역인 고랑포 쪽으로 쳐들어왔다. 고랑포 지역은 북한 군부대의 이동이 쉬운 지형이다. 북한군은 국군이 방어선을 치기 쉬운 경의선(임진강 철교) 쪽으로는 전차를 선두로 투입하지 않았으나, 상대적으로 전차의 진입이 쉬운 고랑포 지역에 먼저 진격하였다. 국군 1사단의 패배는 경원선이 지나는 의정부 축선(경원선 축선)을 맡고 있던 국군 7사단의 붕괴와 함께 서울 함락으로 이어졌다. 즉, 북한군은 경의선과 경원선 루트를 따라 남침한 것으로서 경의선과 경원선은 북한의 주요한 남침통로가 된 것이다.[34]

하지만 철도가 북한이 전쟁수행 과정에서 긍정적 역할만을 한 것은 아니었다. 때로 철도는 북한이 전쟁을 치르는 데 있어서 걸림돌 역할을 하기도 했다. 1950년 7월 19일 평양에서 김일성이 인민군 최고사령관 직함으로 직접 하달한 극비명령을 보면 철도의 통제가 제대로 되지 않아 군수품 수송에 지장이 있었음을 알 수 있다.

> 각 인민군 부대와 철도원들 상호간의 밀접한 연락과 조직이 제대로 되어있지 않기 때문에 군수품 수송을 보장하는데 있어서 막대한 지장을 초래하고 있다. 즉, 군대 철도 경비원이 근무조직을 계획적으로 하지 않고, 또한 수송자와 수취인 간의 연락이 없어서 역 구내에 도착한 군용 화물을 체류시킨 것 때문에 다음과 같은 중대한 사태를 야기시켰다.
> 1. 6월 28일 신탄역에서는 탄약을 실은 3대의 화차가 철도 경무원과 지휘부에서 수송 및 하차에 대해서 아무런 구체적 지시가 없었기 때문에 적기의 공습으로 폭격당하였다.
> 2. 금천에서는 1개월 가까이 200톤의 휘발유를 방치하고 있었다. 또한 제12사단에 수송하는 탄약이 도중에서 체류하고 있었기 때문에 전투 보장에 막대한 지장을 주었을 뿐만 아니라 7월 7일에는 적기의 공습으로 폭격되었다.[35]

이렇듯 때로 철도가 북한군의 군수품 지장에 지장을 초래하기도 했지만, 어쨌거나 개전 초기 북한은 철도를 잘 이용하여 승기를 잡을 수 있었다. 북한은 한국전쟁 준비과정에서 철도의 중요성을 깊이 인식하고 잘 활용하고자 하였다. 또한 개전 초기 이렇게 철도를 잘 이용한 북한군의 전술은 개전 3일 만에 서울을 점령하는 극적인 성공을 이끌어 냈다.

국군의 퇴각과 철도, 교량 파괴

북한군이 개전 초기 철도를 이용하여 승승장구했던데 반해 전혀 준비태세를 갖추지 못했던 국군은 철도를 이용하기는커녕 행여나 철도가 북한군의 이동에 이용될까 두려워하여 스스로 철도와 교량을 파괴하기에 여념이 없었다. 한국전쟁이 발발하자 철도는 당일로 전시수송체제로 긴급 군사수송 임무를 맡게 되었다. 그러나 국군에게는 자신들의 물자와 군인들을 수송할 겨를이 없었다. 오히려 북한군의 전진을 막고자 철도를 파괴하였던 것이다. 한국전쟁 초기 우리나라 육운의 중추적 역할을 담당하고 있던 철도는 기존시설의 약 60%가 심각한 파손을 입었다. 그리고 그 대부분은 국군에 의한 파괴였다. 그 중 대표적인 것이 한강철교의 폭파였다.

한국전쟁 당시 전시비상계획에 따르면 유사시에 국군은 서울 북방의 교량과 도로에 다이너마이트를 설치하고 바리게이트를 치게 되어 있었다. 하지만 이 계획은 준수되지 않았다. 미군사고문단의 리차드 크로포드 소령은 병사들이 지나치게 공포에 질린 나머지 설치한 폭탄은 폭발하지도 않았고 장벽이 세워졌으나 이를 지킬 마땅한 병력도 없었다고 토로했다. 일부 용감한 한국군 부대가 다가오는 북한군 탱크 밑으로 막대기에 묶은 폭탄을 던져서 하나의 다리 위에서 네 대의 북한군탱크를 폭파시킨 일은 있었다. 그러나 더 이상 북한군탱크의 전진은 막을 수 없었다. 탱크를 저지할 대전차 지뢰가 없었던 것이다.

소련제 탱크의 지원을 받는 4개 사단 이상의 북한군의 진공을 간신히 저지하고 있던 한국군은 겨우 2개 사단으로 잔여 병력은 1만 명에 정도에 불과했다. 6월 27일 자정이 되자 한국군은 완전하게 붕괴되고 말았다. 한국군에게는 한강을 건너 남쪽으로 후퇴하라는 명령이 내려졌다. 이미 한국군 공병대는 3차선 도로와 독립된 3개 철교가 있는 한강대교의 콘크리트 교각에 엄청난 양의 폭약을 설치해둔 상태였다. 국군이 안전하게 철수한 다음 한강철교를 폭파하라는 명령에 따른 것이다.

▲ 폭파된 한강철교

　그러나 놀라운 소식이 전해진다. 한국군에 배속되었던 조지 세드베리 2세 소령이 군사고문단에게 어처구니없는 정보를 전화로 알려준 것이다. 1만여 명의 한국군과 주요 장비와 무기가 한강을 건너지 못한 상황에서 한강철교폭파 명령이 내려졌다는 것이다. 이 명령은 한국군 고위사령부에 큰 파장을 일으켰다. 참모총장 채병덕 소장은 큰소리로 반대했다. 100킬로의 거구인 그는 너무나 뚱뚱하여 어기적거리며 걸어 다니며 몇 시간만 교량을 지킨다면 당장에 필요한 병력과 무기와 장비가 살아남는데 폭파가 무슨 말이냐고 고함치며 말린 것이다.

그러나 한국의 국방부 고위관리는 비록 수천 명의 한국군이 희생되는 한이 있어도 한강철교를 즉각 폭파시켜서 북한군 탱크가 한강을 넘는 일을 방지해야한다고 명령했던 것이다. 채병덕 참모총장이 반대하자 그는 강제로 지프에 실려 한강 너머로 보내진다. 그리고 채병덕 장군의 대리인 김백일 장군은 한강다리 폭파에 동의한다.

이런 논란 속에서 미국군들은 한강철교 폭파가 어리석다고 항의했다. 라이트 대령은 미군사고문단의 참모차장인 월터 그린우드 2세 중령을 한국군 측에 급파하여 적 탱크가 한국군 사령부가 있는 도로 상에 나타날 때까지는 한강철교를 유지하기로 했던 처음의 약속을 상기시켰다.

포성은 점점 가까워지고 있었다. 남부여대한 피난민의 대열과 후퇴하는 군인들을 실은 차량으로 한강철교는 가득 메워지고 있었다. 사람과 사람 틈에서 군인을 실은 트럭이 경적을 울리며 꼼짝도 못하고 있었고 철교는 어디고간에 인간으로 가득했다. 이런 와중에도 철교 위를 행군하는 일부 한국군은 군가까지 부르고 있었고 헌병들은 자동차와 보행자를 정리하느라 눈코 뜰 새가 없었다. 등과 머리에 가재도구와 짐짝을 지고 인 수천 명의 피난민들은 비틀거리며 무질서하게 걸어가고 있었다. 모두가 불안한 것은 후방에서 인민군을 저지하고 있는 지연작전부대가 얼마나 오래 동안 견디는지 아무도 모르고 있었기 때문이었다. 너무나 많은 민간인들이 다리 위와 다리의 교각과 난간에 개미떼처럼 매달려 있었기 때문에 아슬아슬했고 떨어져 죽는 사람도 부지기수였다.

한강철교의 비극

6월 28일 새벽 2시 15분경이었다. 갑자기 오렌지색 거대한 화염이 온 하늘을 밝혔다. 곧이어 엄청난 폭발음이 들렸다. 헤아리기 힘들 정도로 많은 사람들과 차량들이 공중으로 날아올랐고 다음 순간 다리 밑으로 모두 떨어졌다. 피바다로 변한 사방은 온통 부서진 차량과 죽고 다친 피투성이 인간으로 가득했다. 병사들과 피난민의 시체와 중상자가 뒹구는 가운데 피난민들은 비명을 지르며 오던 길로 미친것처럼 달렸다. 사람과 차량으로 발 디딜 틈조차 없었던 인도교의 중간부분이 강으로 폭삭 내려앉았다. 이어서 철교도 무너져 내렸다. 한 순간에 500명에서 800명의 군인과 민간인이 폭발로 죽거나 강에 떨어져 죽어 버렸다.

조기에 한강철교를 폭파해버린 사건은 한국전쟁의 장래에 엄청난 재앙을 초래했다. 국군의 주력부대와 중심부서가 모조리 강북에 고립되어 버린 것이다. 그리고 중요한 교통수단과 중무기와 보급품과 중장비등을 모두 잃어버린 것이다. 교량의 조기 폭파로 3개 사단의 병력과 장비를 후송하지 못했으며, 차량 보급품도 한강 이북에 그대로 남겨놓은 결과가 되고 말았다. 미 8군 전방사령부의 집계에 따르면 전선에 투입된 국군 9만 8,000명 중 한강을 건너온 장병은 불과 2만 4,000명에 불과했다고 한다. 경찰 병력 중 피난을 간 사람은 4,500명에 불과했다. 결국 상당수의 군인과 경찰들을 한강 이북에 남겨둘 수밖에 없었던 육군본부의 후퇴작전은 국군을 온전히 인민군에게 바치려는 계획처럼 보였다.[36)]

이제 고립된 한국군이 한강을 건너려면 위험한 나룻배를 이용할 수밖에 없게 되었다. 때늦은 후회지만 한강철교가 6시간이나 8시간 정도만 늦게 폭파되었다면 한국군 2개 사단과 대부분의 군수물자들이 안전하게 새로운 방어선으로 이동할 수 있었을 것이다. 실제로 인민군이 서울의 심장부에 도달한 것은 한강철교 폭파시간인 2시 15분보다 10시간이나 지난 정오가 지날 무렵이었다. 그리고 인민군의 선공부대가 한강에 닿은 시간은 오후도 늦어서였다. 그러므로 13시간에서 15시간보다 앞서서 한강철교를 폭파해버린 셈이었다.

이후 며칠 동안 살아남은 병력은 사방으로 흩어져 작은 배나 뗏목에 의지하여 필사적인 도강을 감행할 수밖에 없었다. 당황한 한국군은 군사재판을 열었고 한강철교폭파방법의 책임을 물어 공병대장을 약식으로 처형해버리는 선에서 사건을 덮어버린다. 그런데 많은 장비와 인력을 한강 이북에 남겨놓은 시점에서 폭파시간을 앞당기는 결정이 국방부장관이나 대통령이 확인하지 않은 상황에서 내려질 수 있었는지는 의문이다. 어쨌든 한강철교 폭파는 놀라운 속도로 한국군을 해체시켜버렸고 결정적으로 자생력을 잃어버리게 만든 중요한 실책이었음이 드러난 것이다.

하지만 한강철교 폭파에는 전술적인 실책보다 더 큰 문제가 있었다. 수많은 민간인들의 희생과 더불어 한국 정부가 국민들의 신뢰를 잃어버렸다는 사실이다. 한강철교를 폭파하기 5시간 전인 6월 27일 밤 9시 "우리 군이 북한군을 격퇴하고 있다. 아니 이미 38선을 넘어 해주를 향해 진군하고 있다. 모든 것이 잘 돼가고 있으니 국민들은 안심하라"라는 이승만 대통령의 목소리가 중앙방송을 통해 서울을 비롯한 전국에 울려 퍼졌다. 생중계였다. 그러나 모두 거짓말이었다. 불과 몇 시간 뒤 서울 전역이 북한군의 수중에 넘어갔다. 그리고 서울시민들을 서울에 묶어둔 채 한강인도교와 한강철교가 폭파되었다.

방송을 들은 국민들은 이승만 대통령이 중앙청 또는 경무대에서 방송한 것으로 알고 안심하고 있었다. 그러나 그때 이미 이승만은 서울을 떠나 대전에 가 있었다. 이승만과 그의 각료들은 27일 새벽 2시 비밀리에 특별열차를 타고 수원을 거쳐 대전에 이르렀다. 국민들이 열차를 타고 피난을 가지 못하도록 한강철교를 폭파시켰으면서도, 자신들은 특별열차를 타고 도망을 갔던 것이다. 국민들을 적의 수중에 내버려둔 채 자신만 몰래 도망하였던, 그러면서 국민들이 피난도 가지 못하도록 한강철교를 폭파시켜버린 대통령과 그의 각료들을 보면서 서울시민들은 무슨 생각을 하였을까?

그런데 더욱 어처구니없는 일은 인천상륙작전으로 서울을 수복한 후 개선장군처럼 돌아온 이승만은 서울을 떠나지 못해 북한군의 치하에서 간신히 살아남은 서울시민들을 부역자로 몰아댔다는 사실이다.[37]

퇴각하는 국군의 철도와 교량 파괴는 한강철교에 그치지 않았다. 국군과 미군은 퇴각하면서 남진하는 북한군의 진격을 조금이라도 늦추기 위하여 거의 대부분의 교량과 철도를 폭파시켜 버렸다. 서울에서 목포 간 국도 1호선을 이어주던 중요한 다리였던 공주금강철교도 이 운명을 비껴가지 못했다.

1933년 10월 23일에 건설된 길이 514미터의 공주금강철교는 한강 이남에서 가장 긴 철교였다. 그러나 대전 지역 사수의 명령을 받은 미8군 제24사단 윌리엄 딘 소장은 7월 8일 미군이 천안전투에서 패배하자, 예하 모든 병력을 금강 방어선에 집중시키기 위해 금강을 건너 진지를 구축하고 강 하류에 있는 나루터를 수색하여 나룻배를 모두 파괴한 후 7월 12일 금강철교를 폭파하였다. 이로써 공주금강철교는 한강철교에 이어 전쟁에 의해 폭파된 두 번째 철교가 되었다.

그러나 북한군은 7월 14일 공주 서쪽의 검상리 나루터에서 북한 전투기의 엄호를 받으면서 작은 배로 도하를 시작해서 별다른 저지 없이 금강 남쪽 강변에 교두보를 세우고 우회하여 미군의 측면을 공격하였다. 미군은 별다른 대응을 하지 못한 채 남쪽으로 후퇴하여 한국전쟁 최후의 방어선이었던 낙동강까지 밀리는 상황이 전개 되었다. 금강철교는 이후 전쟁이 진행 중이던 1952년 물자수송과 부대배치를 위해 복구되었다.[38]

3) 철도를 이용한 작전

북한군의 포로가 된 미군 사단장

철도와 열차는 전쟁에서 장비수송이나 병력이동에 큰 역할을 할 수 있고, 실제로 한국전쟁에서 큰 역할을 해냈다. 하지만 철도는 이동로의 변경이 불가능하기 때문에 전술적 유연성이 없어서 실제 군사작전에는 사용되기 힘들다. 근대에 철도가 발명된 이후 전쟁의 역사에서 군사작전에 사용된 철도를 찾기는 매우 힘들다. 그런데 한국전쟁에서는 그 보기 힘든 작전이 실제로 수행되었다. 바로 딘 소장 구출작전이었다. 그럼 딘 소장은 누구인가?

윌리엄 F. 딘 소장은 1945년 8월 15일 일본 패망 직후 한국에 진주한 미 점령군 사령관 하지 중장 바로 밑에서 군정장관으로 3년간 근무하며 한국과 관계를 맺게 되었다. 1948년 8월 15일 대한민국 정부가 수립되고 미군정이 끝난 다음에는 일본 큐슈의 고쿠라로 이동하여 미8군 제24사단 사단장이 되었다. 한국전쟁이 터지기 바로 전날인 1950년 6월 24일 토요일 밤 사단본부에서는 costume party(의상파티)가 있었는데, 그때 딘 소장은 한복차림에 갓을 쓰고 나왔고 부인은 치마저고리를 입고 나와 인기를 모았다고 한다.

몇 시간 후인 6월 25일 새벽 4시 북한군의 남침이 시작되고 3일 후 서울이 점령됐다. 다행히 북한군은 서울서 3일을 푹 쉬고 7월 1일 한강을 건너 남하를 시작했다. 소련제 탱크를 앞세운 북한군은 거침없이 밀고 내려왔다. 딘 소장은 6월 30일 도쿄의 일본점령군 사령관 맥아더 장군으로부터 한국으로 건너가 남하하는 북한군을 저지하여 시간을 벌라는 명령을 받는다. 그의 24사단이 한반도에서 가장 가까운 거리(일본 고쿠라에서 부산까지 바닷길로 64km)에 있었기 때문이었다.

우선 딘 소장에게 떨어진 명령은 2개 소총소대와 약간의 바주카 포병을 포함해 406명으로 구성된 특공대를 즉시 한국으로 파견하라는 것이었다. 딘 소장은 이 특공대 지휘를 찰스 스미스 중령에게 맡기고 부산으로 공수했다. 그리고 다른 24사단 병력은 배편으로 부산항으로 떠났다.

문제는 한국으로 맨 먼저 파견된 미군 중 실전 경험이 있는 병력은 15%에 불과했다는 점이다. 그러므로 자신만만하던 스미스 특공대가 오산 죽미령에서 처음 만난 북한군에게 참패한 것은 오히려 당연한 결과였다. 배편으로 도착한 24사단 나머지 병력도 즉각 전투에 투입되었으나 의기양양하게 남하하는 북한군을 도중에 막지 못하고 대전까지 밀렸다. 비록 패하긴 했지만 24사단은 적의 남하 속도를 어느 정도 줄이는 데는 성공했다.

교통요지로서 전략상 중요 거점인 대전을 사수해야 할 임무를 띤 딘 소장은 자신이 직접 진두지휘했다. 그러나 7월 20일 북한군은 동쪽을 제외한 삼면에서 대전을 포위해 들어왔다. 미군은 더 버티지 못하고 7월 21일 동남쪽으로 후퇴하기 시작했다. 권총을 빼들고 적의 탱크와 싸우던 딘 소장은 위관급 장교 두 명, 부상당해 걷지 못하는 사병 한 명을 포함한 장병 몇 명과 함께 맨 마지막으로 대전을 빠져나가 동쪽 방향으로 걸어갔다.

딘 소장 일행은 이미 대전을 점령한 북한군을 피해 주로 밤에 걸었다. 부상병은 사병 둘이서 부축해서 걸었다. 그들이 힘들어 할 때 51세인 딘 소장이 부상병을 혼자 업고 걷기도 했다. 부상병은 피를 많이 흘려 물을 자주 마셨다. 곧 물이 떨어졌다. 밤에 다른 장병들이 잠을 자는 동안 딘 소장이 물소리가 들리는 쪽으로 걸어갔다. 대전 외곽의 작은 시냇물 정도로 짐작한 그는 물소리 나는 쪽으로 계속 걸었다. 그러다 그는 절벽에서 떨어져 정신을 잃었다. 깨어나 보니 그는 약간의 부상을 당했을 뿐 견딜 만했다. 그러나 그는 외톨이가 되었다. 그가 어디 있는지 모르는 부하들은 그를 무한정 기다릴 수가 없어 먼저 후퇴했다.

나침판 없는 딘 소장은 해와 별을 보고 위치를 대충 짐작하고 동남 방향으로 산을 타고 갔다. 도중에 역시 낙오된 중위 한 명을 만나서 같이 산속을 헤맸다. 중위는 카빈 소총, 딘 소장은 권총을 가지고 있었다. 낮에는 자고 밤에 걸었다. 산에서는 산딸기 같은 것을, 밭에서는 수박이나 토마토 같은 것을 따먹고 농민들이 감자밭에서 버린 작은 감자알들을 주워 먹기도 했다. 물은 산속 계곡물을 마시거나 비가 올 때 빗물을 손바닥으로 받아먹었다. 두 사람이 처음으로 밥을 얻어먹은 것은 대전에서 동쪽으로 30킬로미터 떨어진 곳에서 10대 아들 두 명을 거느리고 피난을 가고 있던 중년부인을 만났을 때였다. 딘 소장은 금산, 진안을 거쳐 대구로 가기로 하고 동남쪽으로 계속 걸어갔다.

7월 24일 쯤 되었을 것으로 짐작되는 날 저녁에 두 사람은 어느 작은 마을을 발견하고 조심스럽게 접근했다. 곧 동네 사람들이 나와 두 미군 장교를 둘러쌌다. 다행히 북한군은 보이지 않았다. 마을 사람이 한 명이 미숫가루를 찬물에 타서 갖다 주었다. 딘 소장은 생전 처음 먹어보는 것이라고 나중에 자서전에 썼다. 마을사람들은 날계란도 2개씩 갖다 주었다.

그 마을에 영어를 좀 하는 청년 두 명이 있었다. 딘 소장은 그들에게 "우리를 대구까지 데려다주면 100만 원을 주겠다"고 말했다. 청년들은 "오케이, 오케이. 여기서 자고 내일 아침 대구 쪽으로 가자"고 했다. 딘 소장과 중위는 그들을 일단 믿기로 하고 어느 초가집 마루에서 잠이 들었다. 몇 시간을 잤을까, 두 사람은 요란한 총소리에 잠을 깼다. 옆에 있던 영어를 서툴게 하는 청년이 후닥닥 밖으로 뛰어 나갔다. 영어를 더 잘하던 다른 청년은 초저녁부터 보이지 않았었다. 나중에 알고 보니 그 청년이 북한군에게 연락하러 가고 영어를 서툴게 하는 청년이 딘 소장과 중위를 감시하고 있었던 것이다.

"Come out, Americans! Come out! We will not kill you. We are members of the People's Army. Come out, Americans! (미국인들 나와라! 당신들 죽이지 않겠다. 우리는 인민군이다. 어서 나와라!)"라는 큰 소리가 들렸다. 두 사람은 항복하지 않고 초가집 뒷문으로 도망쳤다. 도망치는 와중에 두 사람은 헤어져 다시 만나지 못했다.

8월 20일 그는 진안군 어느 마을에서 좀 떨어진 외딴 집을 발견하고 그 집에 들어갔다. 마침 중년 남자가 어린 딸을 업고 나오기에 딘 소장은 손으로 자기 배를 만지며 배고프다는 시늉을 했다. 그 남자는 친절하게 그를 집안으로 불러들여 자기 식구들을 소개하고 먹을 것도 주었다. 그런데 보리밥과 김치 그리고 돼지비계 삶은 것이 전부였다. 그래도 거의 한 달 만에 처음 얻어먹는 밥이라 맛있게 먹었다. 돼지비계도 남김없이 다 먹었다. 그러나 그날 밤 배탈이 나서 다 토했다. 이튿날 아침 그는 그 집 마당에 닭이 있는 것을 보고 손가락으로 닭을 가리켰다. 계란 있으면 좀 달라는 뜻이었다. 그러나 농부는 그것을 계란이 아니라 닭고기를 달라는 것으로 오해했다. 그날 그는 닭곰탕에 삶은 감자로

포식을 했다. "그것은 내가 겪은 가장 운 좋은 오해였다. 이렇게 맛있는 치킨수 프는 일찍이 먹어본 적이 없었다"고 그는 자서전에 썼다.

　그 친절한 농부 집에서 이틀을 신세지고 나와 걷다가 키 작은 중년남자를 길에서 만났다. 딘 소장은 그에게 대구로 가는 길을 좀 알려달라고 했다. 그리 고 거기까지 안내해주면 100만 원을 주겠다고 제의했다. 나중에 한두규라고 이 름이 밝혀진 남자는 영어라고는 "오케이, 오케이" 밖에 할 줄 몰랐으나, 손짓발 짓으로 딘 소장을 대구로 안내하겠다는 의사를 전달했다. 딘 장군은 그를 따라 가다 이번엔 20대 청년 하나를 만났는데 나중에 최XX으로 밝혀진 사람이었다. 청년 역시 영어를 못했다. 이들을 따라가던 딘 소장은 구식 소총을 든 10여 명 의 청년들과 마주쳤다. 그들은 장군의 두 팔을 등 뒤로 묶었다. 그는 권총을 써볼 겨를도 없이 당했다. 그는 마을 파출소로 끌고 갔고 결국 나중에 북한 인 민군에게 넘겨졌다. 그날이 1950년 8월 25일, 공교롭게도 그의 결혼기념일이었 다. 그때 그의 나이 51세. 한국전쟁 기간 동안 북한군 포로가 되었던 미군들 중 가장 계급이 높았다.

　딘 소장은 이후 평양으로 끌려가 포로생활을 했다. 딘 소장이 포로가 된 대 부분의 기간 동안 북한군은 그가 장군인 것을 알지 못하였고, 그는 고문으로 정보를 누출할 것이 두려워 자살을 시도하였으나 미수에 그쳤다고 한다. 이 과 정에서 마침내 그의 계급이 밝혀졌지만 북한군은 그로부터 아무런 정보도 없 었다고 한다. 그가 미군정의 군정장관이었던 딘 소장이라는 것은 결국 미군정 의 민정장관이었던 안재홍에 의해 확인되었다. 딘 소장은 휴전협정이 체결된 지 1달이 지난 1953년 9월 4일에 인민군 총좌인 이학구와 포로교환이 이루어져 3년여의 포로생활을 마치고 판문점을 통해 귀환하였다. 90킬로그램에 육박하 던 당당하던 체구는 귀환했을 때 58킬로그램에 불과했다고 한다.

　딘 소장이 귀환할 무렵인 1953년 9월 미군 사단장이라는 거물을 북한에 넘 긴 한두규(40세)와 최 아무개(24세)는 월북하지도 않고 도망가지도 않고 그냥 남한에 머물러 있다가 체포되었다. 심지어 한두규는 체포 당시 '자유당 안천면

당 국민부장'의 감투를 쓰고 있었다. 한두규는 의사소통의 문제로 딘 소장이 자신들을 오해한 것이며, 자신들이 딘 소장을 넘긴 것이 아니라 우연히 인민군과 마주친 것 뿐이라고 강력히 주장했다. 그러나 경찰은 이 두 사람이 딘 소장을 인민군에게 넘겨주고 3만 원을 받았다고 발표했다. 해를 넘겨 1954년 1월 12일 1심에서 최는 사형, 한은 무기징역을 선고받았다. 검사는 두 피고인에게 모두 징역 5년을 구형했으나 판사가 구형량보다 훨씬 높은 중형을 선고한 것이다. 딘 소장은 두 피고인에게 관대한 처벌을 부탁하는 편지를 이승만 대통령에게 보냈다. 딘 소장은 그 편지가 법원에 전달되지 않은 것 같다고 자서전에 쓰고 있지만, 2심에서 그들은 징역 5년을 받았고 3년여 만에 풀려났다고 한다.

딘 소장 구하기?

한편 딘 소장이 길을 잃고 산속을 헤매고 있을 때, 다른 한 편에서는 기상천외한 작전이 펼쳐지고 있었다. 딘 소장의 실종에 비상이 걸린 미군은 특공대를 결성하여 이미 적의 수중에 떨어진 대전으로 돌격해 들어간다. 듣도 보도 못한 나라의 군대에게 미군 사단장이 죽음을 당하거나 포로가 된다는 사실을 도저히 용납할 수 없었던 것이다. 그런데 이 구출작전에 이용한 것이 한국인 기관사가 모는 기관차였다.

1950년 7월 19일, 조금 전에 최종열차 편으로 대전을 철수해 옥천역에 도착한 대전역 신호원 장시경(張時景)은 미군으로부터 하달된 긴급지령을 받았다. "상금 대전지구에 잔류된 딘 장군 이하 다수 장병과 군수물자를 구출기 위하여 기관차 1대에 객차 4량을 편성한 구원열차로 대전에 돌입하여 목적을 완수할 것. 동원 인원은 승무원 2명, 신호원 1명, 결사대 무장병력 20명." 이 긴급지령에 따라 미군 결사대 20명이 구원열차로 대전역에 도착하여 일대를 수색하였으나 딘 소장의 행방은 찾을 길이 없었고, 정황을 포착한 북한군의 공격을 받게 되자 결사대는 황급히 철수했다.

▲ 만화로 만들어진 딘 소장 구하기

이 구출작전이 실패하자 미군 제24사단은 실종된 딘 소장이 대전에 은신해 있을 것으로 보고 다음날인 7월 20일 다시 33명의 특공결사대를 조직하여 열차로 적진에 들어가 구출한다는 2차 계획을 실행했다. 결사대를 태우고 갈 기관차로 미카 3-129호가 지정됐다.

결사대를 태운 기관차를 운전하겠다고 분연히 자원한 철도원은 27세의 김재현(金栽鉉) 기관사였다. 대전 남쪽 옥천역과 세천역까지도 이미 적군에 점령된 상황에서 기관차를 운전하고 적지에 들어간다는 것은 생환을 기약할 수 없는 비장한 결행이었다. 김재현 기관사는 황남호(黃南湖. 당시 31세), 현재영(玄在英. 당시 23세) 두 기관조사와 함께 기관차와 화차 1량을 연결한 열차에 결사대원들을 태우고 오후 6시 이원역을 출발, 대전을 향해 전속력으로 달렸다.

옥천역을 통과해 세천역 직전에 있는 증약터널을 빠져나오는 순간 양쪽 야산에서 북한군의 따발총 총탄이 빗발쳤다. 이어 박격포탄과 수류탄도 날아들었다. 기관차에 타고 있던 미군도 일제히 기관총으로 사격을 개시했다. 치열한 사격전이 벌어진 지 1분여 만에 결사대원 10여 명이 목적지에 도착하기도 전에 기관실과 탄수차 위에 쓰러졌다.

김재현 기관사는 최고속도로 기관차를 몰아 간신히 적의 공격권을 벗어나 대전역 남부 신호실 앞에 도착했다. 대전 시내는 불바다가 되었고 하늘은 검은 연기로 뒤덮여 지척을 분간하기 어려운 상황이었다. 결사대원들이 1시간 동안 수색활동을 펼쳤으나 적군의 탱크와 포탄이 휩쓸어 폐허가 된 시가지에서 딘 소장을 찾아내기란 불가능한 일이었다. 이제는 더 머무르면서 수색해도 구출 작전에 성공할 수 없다고 판단한 결사대는 철수하기로 하고 기관차에 올라 전 속력으로 대전역을 탈출했다.

구출 결사대의 철수를 예측한 북한군은 대전역 남쪽 4킬로미터 부근 판암동 산기슭에 매복해 있다가 열차가 이 지점을 통과할 무렵 집중사격을 퍼부었다. 미군 결사대들도 달리는 열차에서 응사했으나 중무장으로 공격하는 적과 대항 하기에는 역부족이었다. 북한군의 집중사격을 받은 미군 결사대는 총상을 입 은 한 사람을 제외하고 전원이 전사했다. 기관차를 운전하던 김재현 기관사도 북한군의 총탄에 맞아 쓰러졌다. 그는 총탄에 맞고 쓰러지면서 현재영 기관조 사를 불러 열차의 무사귀환을 당부했다. 현재영 기관조사가 쓰러진 김재현 기 관사를 부둥켜안았으나 그는 이미 피를 토하며 숨을 거두고 있었다. 저녁 8시. 땅거미가 깔릴 무렵 김재현 기관사는 전신에 8발의 총탄이 관통되어 달리는 열 차에서 동료의 가슴에 안긴 채 그렇게 산화했다.

현재영 기관조사는 숨을 거두는 순간까지 기관차의 속도 조절 레버인 가감변 을 놓지 않고 있는 김재현 기관사의 손을 조용히 떼어놓고 대신 운전석에 앉았 다. 전속력으로 질주를 시도하는 순간 그도 왼팔에 관통상을 입고 쓰러졌다. 기 관차 화실에 석탄 퍼 넣는 작업을 맡고 있던 황남호 기관조사가 다시 운전석에 앉아 간신히 사지를 탈출해 옥천역에 도착했다. 옥천역에는 미군 야전병원 열 차가 미군 사망자와 부상자를 싣고 최후로 철수하기 위해 대기하고 있었다.

병원열차는 김재현 기관사를 포함한 구출결사대 전사자 33명과 부상자 1명을 옮겨 싣고 영동역으로 출발했다. 결사대원과 기관차 승무원 36명 중 구사일생으로 생존한 사람은 미군 1명과 기관조사 황남호, 현재영 세 사람뿐이었다. 기관조사 두 사람이 생존할 수 있었던 것은 철판으로 된 기관실 외벽이 방탄역할을 했던 것으로 보인다.

김재현 기관사의 유해는 황남호 기관조사와 동료에 의해 영동산 아래 묻혔다가 휴전 후 고향인 논산군 노성면 정암리(현 부여군 장암면 정암리) 뒷산으로 이장되었다. 1978년 3월 정부에서는 그의 희생정신을 기려 대통령표창을 추서했고, 1983년 철도청의 요청에 따라 10월 28일 철도인으로는 최초로 국립현충원 영관 묘역에 안장되었다.

외길 선로를 따라 적들이 곳곳에 매복해 있는 적진으로 불을 보고 뛰어드는 불나방처럼 맹렬하게 칙칙폭폭거리면서 돌진하는 것을 과연 작전이라고 할 수 있을까? 2차대전에 참여한 4형제 중 유일하게 살아남은 막내 라이언 일병을 구하기 위해 적진에 뛰어들었던 존 밀러 대위의 라이언 구출팀은 살아 돌아오지 못했다. 라이언 일병이 살아 돌아왔으니, '라이언 일병 구하기 작전'은 성공한 것이었을까?

한편, 한국전쟁 당시 철도직원의 3분의 2인 약 1만 9,300명이 개전과 함께 교통부 산하 전시군사수송본부에 배속되어 군사수송지휘관의 지휘 아래 군수물자, 피난민 수송 등의 임무를 수행했다. 이 중 287명이 전사했다.

10

피난
철도와 고달픈 한국인의 삶

1) 무엇을 타고 피난을 갈 것인가?: 가능하면 기차를 타고

피난살이

피난사회에서는 모두 떠날 준비를 하고 있으며, 모두가 피난지에서 만난 사람들처럼 서로를 대하며, 권력자와 민중들 모두 어떤 질서와 규칙 속에 살아가기 보다는 당장의 이익추구와 목숨보존에 치중하는 경향이 있다. 서로 버스를 먼저 타기 위해 다투고, 차를 앞질러 가기 위해 경적을 울리며 다투는 오늘날 한국인의 행동은 부산 발 마지막 열차를 타기 위해 아우성치고 흥남부두에서 떠나는 배에 필사적으로 매달리던 50년 전 피난민들의 행동과 과연 얼마만큼이나 다른가?[1]

한국전쟁이 발발하자 많은 사람들이 피난의 길을 떠났다. 우리에게 익숙한 피난길의 모습은 갓난아이를 등에 업고 보따리를 머리에 인 어머니를 뒤따르는 어린아이들의 힘든 걸음, 그 뒤에서 행여나 아이들이 어떻게 될새라 커다란 지게 위에 얼마 되지 않는 물품을 쌓아올리고 걸어가는 아버지의 노심초사하는 얼굴로 투영되어 있다. 좀 형편이 낫다 싶으며 소달구지 위에 온갖 가재도 구를 싣고 소를 몰고 가는 촌부의 모습이 떠오르기도 한다. 재수가 좋은 사람 은 덜컹거리는 트럭 위에 올라타는 행운을 누릴 수도 있었다. 피난민의 행렬에 는 낙오한 부상병들이 함께 하기도 하고, 피난민의 행렬을 거슬러 국군들이 피 곤한 행군을 하기도 한다. 이러한 피난길의 화보에는 부모를 잃어버린 아이들 의 울음소리와 저 멀리서 들려오는 아련한 포탄소리 그리고 시도 때도 없이 나타나는 비행기의 엄청난 굉음도 들어 있다.

이렇듯 우리에게 피난길이란 걸어서 걸어서 남쪽으로 남쪽으로 이어지던 기 나긴 행렬이었다. 실제로 대다수의 피난민들은 무엇보다 튼튼한 자신의 다리 를 가장 큰 이동수단으로 사용했다.

그러나 꼭 그렇게 걸어서만 피난을 갔던 것은 아니다. 사람들은 가능하면 좀 더 빠르고 좀 더 편안한 이동수단을 찾으려고 했다. 자동차가 일반화되어있지 않은 당시에 가장 대중적인 이동수단은 열차였다. 전쟁이 발발한 지 채 이틀이 지나지 않아 특별열차를 타고 도망을 가버린 이승만과 그의 일행은 제쳐두고 라도 한국전쟁 초기 피난민들을 가장 많이 실어 날랐던 수단은 열차였다.

대규모 철수작전

한국전쟁 발발로 철도수송체계는 전시 수송체제로 전환되어 수송본부가 설 치되고 비상차량이 동원되었다. 곧 수송본부는 남쪽으로 이동하였다. 그 결과 7월 14일 교통부 본부가 대구로 이동하고 수송본부가 부산에 설치되었다. 그리 고 8월 18일에는 교통부 본부가 부산으로 이동하고 수송본부는 부산에서 대구 로 이동했다.

이렇듯 남쪽으로 이동한 수송본부는 남한 전체를 대상으로 철수작전을 펼친 다. 이때 철수작전에 동원된 객차는 3,354량, 화차는 11,755량이었다. 이 가운 데 7,180여량의 객차 및 화차를 통해 수송된 피난민의 총수는 2,168,000명에 달했다. 2백만 명이 넘는 인원들이 철도를 통해 국군의 최후의 저지선인 낙동강 이남으로 피난을 떠났다.

▲ 피난민 열차

물론 전쟁기 철도의 가장 큰 역할은 전쟁을 위한 군인과 물자 수송이었다. 1950년 9월 15일 유엔군의 인천상륙으로 반격이 이뤄졌을 때 1,900량과 5,300량의 객차가 각각 국군과 유엔군을 수송하였으며, 3,700량과 21,000량의 화차가 각각 유엔군을 수송하였다. 1951년에는 전쟁으로 철도시설이 파괴되고 모든 교통수단이 주로 군사적 목적에 이용되었기 때문에 인원 수송이 2,407만 명(통근 821만 명, 일반여객 1,584만 명)으로 격감하였다. 그리고 휴전협정이 조인되어 점차 사회가 안정되어 가던 1952년에는 철도의 인원 수송이 4,456만 명(통근 1,977만 명, 일반여객 2,479만 명)으로 전년에 비해 2,049만 명이 증가하고, 1954년에는 5,811만 명(통근 2,220만 명, 일반여객 3,597만 명)으로 증가하였다. 화물수송은 한국전쟁 발발로 군사수송이 급증함에 따라 1951년도에는

1949년도에 비해 103% 증가한 1,302만 톤, 1952년도에는 1,345만 톤으로 증가
하였다. 그러나 휴전협정이 성립된 1954년도에는 1951년도에 비해 29% 감소한
927만 톤의 화물이 철도로 수송되었다.[2]

안전하지는 않지만… 빠르게…

전쟁을 치르는 동안 철도는 많은 피난민들에게는 핵심적인 이동 수단이었
다. 한강다리가 폭파되어 용산역은 활동을 중단하고 영등포역이 새로운 기점
역할을 했다. 특히 1951년 1월 4일 북한군이 서울을 재점령함으로써 많은 피난
민들은 기차를 타고 남으로 향했다. 당시의 경험을 기술한 글을 보면 이런 상
황을 잘 알 수 있다.

> 그때는 기차가 있어 천안을 가니 서울과 북에서 온 피난민이 너무 많아서 기
> 차 꼭대기 밖에는 자리가 없었다. 눈은 펑펑 오는데 어머니를 부축하여 꼭대기
> 에 올라와 …… 역에 서기만 하면 석탄 싣고 물 넣고 천안에서 황간까지 4일
> 동안 그대로 기차 꼭대기에 앉아서 먹지도 못하고 추위와 싸웠다.[3]

철도를 따라 움직이는 피난민들은 안전 따위는 생각할 겨를도 없었다. 객차
안이 가득 차면 지붕 위에라도 올라서서 떠나야 했으며, 한 사람이 자리를 떠
서 빈자리가 생기면 다른 사람이 그 자리를 채웠고, 아이가 얼어 죽은 지도 모
르고 안고 있었던 사람, 열차 지붕에서 떨어져 죽은 사람 등 전쟁의 참혹함을
경험했다.

> 우리는 다시 남쪽으로 피난을 가기 위해서 …… 영등포역으로 …… 기차역
> 에는 사람들이 얼마나 많은지 기차지붕 위에도 올라갈 곳이 없어서 겨우 사람
> 위로 해서 올라갔다. …… 밤새도록 겨우 수원까지만 가고 또 안 간다. 거기까
> 지 가는데도 아침에 보니 자리가 많이 비어 있었다. 왜냐하면 둥그런 지붕 위

에 양쪽에 앉아서 서로 붙들어야 하는데 잠이 들면서 쥐었던 손을 놓치면 두 사람 다 떨어져 죽는다. 지붕 위에 몇 사람 남지 않고 다 떨어졌는데 …… 저쪽에 있는 기차가 간다고 해서 가보니 지붕에도 탈 데가 없어서 기차물 넣은 화통에 탔다.

차가 가려면 물을 넣어야 한다고 내려오라고 해도 한 사람도 내려오지 않자 사람이 있는 곳에 물을 부어 사람 옷과 철판이 붙어서 움직이지도 못하고 섰는데 그 상태로 기차는 조치원까지 갔다. 사람들은 다 내려도 우리는 몸과 옷이 철판에 얼어붙어서 꼼짝도 못하고 있는데 화통 양쪽 가장자리에 붙어있던 남자 한 사람이 움직여 얼음이 부서지면서 모두 내릴 수 있었다.[4]

전쟁 발발 후 남행열차가 뜸해지고 북행열차가 많아졌는데 남쪽 화차가 눈에 띄게 많아졌다. 똑같은 화차지만 화차에 그려진 '철도마크'로 식별할 수 있었다. 석탄을 사용하는 시절의 철도마크나 숫자는 흰색의 굵은 선으로 그려져 북한에서는 일정 때 마크를 그냥 사용하고 있었는데, 이남화차는 가는 획으로 새 모양을 그렸고 그 도안도 유치하게 느껴졌다.[5]

전쟁을 치르는 동안 남북한 간의 이동은 전쟁을 피하기 위해 강요된 집단이동인 동시에 정치적, 사상적, 귀속집단을 찾아가는 이동이었다고 할 수 있다. 북한에서 남한으로 이동한 사람의 숫자를 정확하게 알 수는 없지만, 1955년에 실시된 제1회 간이 총인구조사 결과에 의하면 약 40~65만 명이 전쟁기간 중에 북한에서 남한으로 이동한 것으로 나타난다. 열차는 이러한 대량수송에 가장 큰 역할을 담당했다. 북한지역에서는 열차를 이용한 이동을 집중적으로 통제했었다. 따라서 북한에서 남하하려는 많은 사람들이 남행열차에 몸을 실었다가 좌절을 경험해야 했다.

당시 자동차는 별로 없었고 군수물자 수송은 철도에 의존하였다. …… 후퇴 작전이란 정식통보된 것은 아니지만 남행열차 횟수가 많아지고 군수물자(철조망) 등이 역송돼 내려오고 무개차에 편승해 오는 민간인은 군에 의해 퇴조역 이남으로 못 가도록 강제 하차, 제지당했다.[6]

이처럼 통제되고 억압되는 가운데 남과 북의 왕래가 차츰 줄어들었다. 해방 이후부터 전쟁 전까지는 그나마 고향이나 이전 거주지로의 왕래가 어느 정도 허용되었는데 한국전쟁을 통해서 완전히 남과 북이 단절되었다. 결국 휴전 후에는 남북한 이동이 완전히 단절됨으로써 남과 북의 사회 문화적 교류나 소통의 길이 가로막히게 되었고 이념적으로 상이한 남북 간의 이질화가 심화되었다.[7]

바람찬 흥남부두

그날 아침의 배는 6시 15분에 닿았다. 눈바람을 무릅쓰고 얼음판 위에서 밤을 새운 군중들은 배가 부두에 와닿는 것을 보자 갑자기 이성을 잃은 것처럼 와~ 하고 소리를 지르며 곤두박질을 하듯이 부두 위로 쏟아져 나갔다. (중략) 부두 위는 삽시간에 수라장이 됐다. 공포가 발사되고 호각이 깨어지고 동아줄이 쳐지고 해서 일단 혼란이 멎었으나 그와 동시에 이번에는 또 그 속에 아이를 잃어버린 어머니, 쌀자루를 떨어뜨린 남편, 옷보퉁이가 바뀐 딸아이들의 울음소리와 서로 부르고, 찾고, 꾸짖는 소리로 부두가 떠내려가려는 듯했다. 그들은 모두 이 배를 타지 못하면 그대로 죽는 것으로 생각하는 듯했다. (김동리의 소설 『흥남 철수』 중에서)

한국전쟁 시기 대규모로 이루어진 피난들 중에 가장 유명한 것은 아마도 중공군의 전쟁 개입 이후 이루어진 흥남부두의 철수작전일 것이다. 대한민국의 성인이라면 누구나 따라부를 수 있을 "눈보라 휘날리는 바람찬 흥남부두에"로 시작하는 〈굳세어라 금순아〉는 흥남에서 여동생 금순이와 헤어지고 혼자 부산으로 온 피난민이 여동생을 그리면서 통일이 될 때까지 굳세게 살아달라고 바라는 내용의 가사로 많은 국민들의 심금을 울렸다. 1,000만이 넘는 관객을 끌어모은 영화 〈국제시장〉은 흥남 철수에서 영화가 시작되기도 하였다. 흥남철수는 어떻게 이루어졌을까? 왜 피난민들은 철도를 이용하지 않고 배를 이용해 피난을 떠났을까?

▲ 영화 속 흥남철수(국제시장)

　1950년 겨울 미군은 개마고원 장진호에서 북한의 임시 수도였던 강계를 공략했으나 오히려 근처 산 속 곳곳에 숨어있던 중공군에게 포위되어 전멸의 위기를 겪고 가까스로 후퇴하였다. 이후 전세가 불리해지자 유엔군 사령부는 1950년 12월 8일 마침내 흥남 철수 지시를 내렸다. 12월 15일 미국 1해병사단을 시작으로 흥남으로 집결, 해상을 통해 부산으로 철수를 시작했다. 이것이 1·4 후퇴의 시작이었다.[8]

　유엔군이 육로로 철수하지 못하고 흥남을 통해 해로로 철수해야 했던 이유는 이미 그 당시에 중공군이 원산을 점령하여 퇴로가 끊겼기 때문이다. 흥남에서 남쪽을 가자면 함경선을 타고 원산으로 가서 다시 경원선을 타고 서울 방향으로 가야했다. 그러나 원산이 점령되어버리자 철도를 이용해 남쪽으로 갈 수 있는 방법이 사라져 버렸다. 즉, 배로 철수하는 것 빼고는 함경도 등지에 위치한 병력과 피난민이 남쪽으로 내려갈 방법은 없었다. A구역부터 F구역까지 방어선을 설정하고, 동해에 위치한 미 해군의 함포사격의 도움을 받으며 UN군과 한국군은 철수를 준비한다.

이에 수많은 사람들이 같이 내려가겠다고 흥남부두에 모여든다. 그러나 미군은 피난민을 데려가는 것을 꺼렸다. 피난민을 태우느라 시간을 지체할수록 미군의 희생이 늘어나는데다 병력과 장비, 물자를 싣는 데만도 수송선이 넉넉하지 않았으며, 결정적으로 피난민 사이에 스파이가 침투하여 파괴공작을 하게 되면 큰 일이 벌어지기 때문이었다. 하지만 한국군 지휘관들이 "피난민을 버리고 가느니 차라리 우리가 걸어서 후퇴하겠다" 극력 반발했고, 미 10군단 사령관 알몬드 장군의 고문이었던 현봉학 박사, 김백일 장군 등이 끈질기게 요청을 하자 마침내 "병력과 장비를 싣고 남는 자리가 있으면" 피난민을 태우기로 동의한다. 그 결과 약 10만 명의 피난민이 흥남 부두에서 배를 타고 남으로 피난을 올 수 있었다. 이 중 유명한 것이 '메러디스 빅토리'호의 철수작전이다.

메러디스 빅토리호 철수작전

메러디스 빅토리(Meredith Victory)호는 건조된 지 5년 정도 된 7,600t급 수송선으로, 철수작전에서 가장 마지막에 남은 상선들 중 하나였다. 이 배는 일본을 출발할 때 항공유를 잔뜩 싣고 왔는데, 흥남에 짐을 내릴 수 없자 부산으로 갔다가 배가 부족한 바람에 짐을 덜 내린 채 12월 21일에 다시 흥남으로 온 상태였다. 메레디스 빅토리호의 화물이 무엇인지를 안 다른 배들은 절대 가까이 오려고 하지 않았다고 한다. 자칫 메러디스 빅토리호에 불이라도 붙게 되면 주변은 삽시간에 불바다가 되어버릴 터였다.

사실, 메러디스 빅토리호가 꼭 피난민을 태워야 할 의무는 없었다. 적재한 화물의 위험성 등을 강조하여 그냥 가버려도 상관없었으나 메러디스 빅토리호의 라루 선장은 일말의 망설임도 없이 태울 수 있는 만큼 피난민을 태우기 시작했다. 배에는 아직 300t의 항공유가 실려 있었으나 1만 4천여 명의 피난민과 경호를 위한 17명의 한국군 헌병이 탑승한 뒤 12월 23일에 흥남을 떠날 수 있었다. 이들은 아무 일 없이 24일에 무사히 부산항에 도착했으나, 부산에는 이미 백만 명에 달하는 피난민이 몰려 있었기 때문에 행선지를 거제도로 변경했고, 26일이 되어서야 뭍에 내릴 수 있었다. 3일간에 걸친 이들의 항해 결과 메레디스 빅토리 호는 "단일 선박으로 가장 큰 규모의 구조 작전을 수행한 배(the greatest rescue operation ever by a single ship)"로 기네스북에 등재되기도 하였다. 또한 이 비좁은 배에서 5명의 새로운 생명이 태어나기도 했다.

▲ 흥남철수작전 후 폭파되는 흥남부두

사상 유래가 없는 대규모 철수작전이었으나, 193척의 선박을 동원한 미군과 한국군은 거의 피해가 없이 철수하는데 성공했으며, 여기에 약 10만 명의 피난민까지 함께 구해내는 기적을 일구어냈다. 게다가 작전이 종료되어 마지막 배가 흥남을 떠난 날짜는 아이러니하게도 12월 24일, 즉 크리스마스 이브였다.9)

미군 10군단이 미처 배에 다 싣지 못하고 항구에 남겨둔 여러 물자는 중공군에게 넘겨주지 않기 위해서 12월 24일 14시 36분에 마지막 배가 흥남을 벗어나는 순간 흥남 부두의 항구 시설과 함께 모두 폭파되었으며 군인들과 피난민들은 그 폭파의 현장을 보면서 흥남을 떠났다. 그리고 12월 25일 아침 중공군 27사단이 흥남을 점령했다. 단 하루 차이로 철수에 성공한 것이었다.

이 작전의 결과, 최종적으로 철수한 인원과 물자는 한국군과 유엔군을 합쳐 병력 105,000명, 북한 피난민 98,100명, 각종 차량 17,500대, 각종 물자 350,000톤 등이었다. 그야말로 크리스마스의 기적이었던 작전이다. 하지만, 배를 타는 과정에서 가족들이 뿔뿔이 흩어져서 이산가족이 된 사례가 많으며, 이 중 다수는 피난을 온 이후 영원히 만나지 못했다. '굳세어라 금순아'라는 가요는 이 작전 당시의 처량함을 잘 나타내주는 노래이다.

그런데 흥남에서 배에 탑승한 약 10만 명의 피난민들 외에 배에 타지 못한 피난민들도 그와 비슷한 숫자가 있었다. 그 이유는 피난민의 종류가 2가지였기 때문이었다. 미국 해병대에서 대표적인 전투로 손꼽는 장진호 전투에서도 비슷한 사례가 있는데, 미군과 국군이 방어진을 구성할 때 방어진 안에 있었으며, 얼마 뒤 배속된 한국 경찰의 조사를 받아 신원이 확실한 피난민은 철수 시에도 미군이나 국군과 같이 행군하며, 차량에 탑승하기도 하는 등 최대한 편의를 봐주었다. 하지만, 방어진 바깥에 있었기 때문에 중공군이나 북한군과 접촉이 가능한 피난민의 경우에는 방어진을 구성할 때에는 방어진 내부로 출입을 금지시켰으며, 철수 시에도 반드시 철수하는 군대 후미에서 일정거리 이상 접근하는 것을 금했다.

이것만 본다면 매우 비정한 행위라고 볼 수 있다. 하지만 어쩔 수 없는 상황이라고 보는 견해도 있다. 서양인이 동양인을 제대로 구분하기 힘들다는 것은 기본적인 상식이다. 당장 한국인들도 독일인, 프랑스인, 영국인, 미국인을 세워 놓으면 잘 구분하지 못한다. 게다가 북한군과 북한에서 온 피난민은 한국 경찰도 때로는 구분하지 못할 수준이었다.

게다가 피난민으로 가장하고 방어진 내부에 들어와서 파괴활동이나 사격관

측을 하는 스파이 행위가 한국전쟁 중에는 매번 있는 일이었다. 이미 개전 초기부터 이런 것 때문에 진지 내부에서 저격을 받거나, 적의 포탄이 정확하게 탄약고를 명중시킨다든지, 야전병원이 습격당하는 일이 잦았던 유엔군의 입장에서는 신원이 보장되지 않은 피난민은 정말로 믿을 수 없는 존재였다.

이런 이유로 인해 흥남 교두보가 형성되기 전에 교두보 내부로 들어온 피난민들은 최대한 구출하였으나, 교두보 형성 시 바깥에 있던 피난민들은 일부 사례를 제외하면 스파이 침투로 철수 중 교두보의 붕괴되어 대량피해가 발생할 것을 우려한 UN군이 애당초 교두보에 진입하는 것을 막았다. 게다가 흥남 교두보의 경계선에서는 육해공의 전 화력을 기울인 공방전이 벌어지고 있었으므로, 들여보내고 싶어도 못 들여보내는 이유도 있었다. 당장 아수라장의 격전이 벌어지는데, 피난민이라고 주장하는 정체불명의 사람들을 전선 내부로 들여보내면 무슨 일이 발생할지 아무도 모르는 일이었다.

결국, 이런 이유가 겹쳐서 흥남 교두보 내부에 있던 피난민들은 대부분 구출되었으나, 외부에 있던 피난민들은 교두보 외부에 발이 묶일 수밖에 없었다. 그리고 이 때 흥남 철수에 합류하지 못하고 남은 피난민들은 후에 탈출한 피난민들의 증언에 따르면 고향에 돌아가도 반동분자로 낙인찍혀 탄압을 받고 행방불명되는 일이 많았다고 한다. 흥남부두 철수작전 성공의 이면에 있는 우리 민족 비극의 한 단면이기도 하다.

2) 공습과 피난

왜 그토록 많은 북한사람들이 남쪽으로 피난을 왔을까?

그런데 왜 흥남에서는 10만 명에 가까운 주민들이 자신들의 보금자리를 버리고 남쪽으로 피난을 떠나야만 했을까? 단지 5년여 동안 체험한 북한체제가 견딜 수 없을 만큼 싫었기 때문이었을까? 그토록 많은 북한주민들이 피난을 택할 수밖에 없었던 이면에는 초토화작전이라고 불린 미공군의 가공할만한 폭격이 자리잡고 있었다.

▲ 폭파된 대동강철교를 곡예하듯 건너는 피난민들

1950년 겨울 미공군의 가혹한 초토화작전에 맞서 북한주민들이 선택 가능한 가장 적극적인 생존방책 중 하나는 피난이었다. 한국전쟁기 피난의 특징을 분석한 김동춘은 이 시기 북한지역에서 발생한 대규모 피난을 전쟁 초기 서울, 경기 이남지역의 제1차 피난과 구분하여 '2차 피난'이라고 불렀다. 김동춘은 이

2차 피난을 "전쟁이라는 상황이 초래한 생존의 절대절명의 요구이자, 처벌을 피하기 위한 불가피한 선택"으로 평가하며 '생존을 위한 피난'이라고 성격 규정했다. 특히 그는 "한국전쟁 전 시기를 걸쳐서 인민군의 남하를 피해 피난한 정치적 피난보다 미군의 폭격을 피해 피난한 경우가 훨씬 많았다는 점을 기억할 필요가 있다"고 언급하면서, 1950년 겨울의 대규모 피난과 미공군 폭격의 직접적 상관성을 주장했다.[10]

1950년 겨울 북한지역 폭격과 피난의 상관성을 분석할 때 언급하지 않을 수 없는 내용 중 하나가 미국의 원자폭탄 투하 가능성과 피난의 상관성이다. 김귀옥의 월남민 연구에 따르면, 이 시기에 월남한 북한주민 중 상당수가 북한지역에서 발생 가능한 원폭에 대한 소문 때문에 피난길에 올랐다고 한다. 함남 단천군 치안대 출신의 한 인물은 "미군이 원자탄을 떨어뜨린다는 소문"을 친척으로부터 들었고, 대한청년단 소속의 한 인물은 "미군이 원자탄을 투척할 테니, 마을주민을 소개하라"는 지시가 내려왔다고 회고한다. 심지어 함남 북청지역의 어느 마을 대한청년단 단장을 맡았던 한 인물은 원자탄 투하 소문이 돌자 동네 60가구 중 노동당원 20가구를 제외한 모두가 피난을 떠났다고 주장했다.

> 국방군이 후퇴할 무렵 원자탄이 투하된다는 이야기가 동네에 쫙 돌자 마을 사람 대부분이 2~3개월 후에 다시 고향으로 돌아온다고 생각하며 고향을 떠났다. 원자탄 이야기 때문에 피난민들이 많았다. 우리 리에서는 개인 배가 6척 동원되었다. 우리 동네에는 발동선이 없어서 모두 범선을 탈 수밖에 없었다.[11]

불과 5년여 전 원폭의 가공할 위력을 전해 들었던 한국인들에게 원폭 투하 가능성에 대한 소문은 굉장한 공포를 심어주었을 것이다. 심지어 당시 북한사람들은 5년 전 일본인들처럼 미공군의 무차별적 소이탄 폭격을 실제 경험하고 있었기 때문에 원폭 소문을 단지 허황된 뜬소문으로 치부할 수는 없었을 것이다. 게다가 이와 같은 소문이 우익청년단을 중심으로 북한주민들에게 퍼져나갔다는 사실은 당시 워싱턴에서 진행되고 있던 논쟁과 관련하여 매우 의미심장하게 살펴볼 만하다. 왜냐하면 실제 1950년 11월 워싱턴에서는 중국으로의 확전과 핵무기 사용가능성이 진지하게 논의되고 있었기 때문이다.

1950년 11월과 12월 핵무기 사용가능성에 대한 워싱턴의 내부적 논쟁과 대외적 발언들은 어떤 형식으로든 한반도 현지의 군인들과 민간인들에게 확대, 재생산될 가능성이 높았다. 핵무기의 사용은 일순간에 전쟁의 성격 자체를 판이하게 바꿀 수 있었기 때문이다. 1950~51년 겨울, 수많은 북한주민들은 실제 자신의 거주지를 불바다로 만들고 있던 소이탄 폭격으로부터 벗어나기 위해, 혹은 일순간에 자신의 가족과 이웃을 한줌의 재로 변화시킬 수 있는 핵무기의 공포로부터 탈피하기 위해 적극적인 '생존을 위한 피난'을 감행했던 것이다. 이산가족 1세, 2세 가족을 포함한 소위 "1천만 이산가족"의 불행한 신화가 이렇듯 완성되고 있었다.[12]

피난민을 향한 공습: 노근리의 비극

"그것은 아마 누구도 듣고 싶지 않았던 이야기였다."

위 문장은 1999년 미국의 AP통신이 다룬 한국전쟁기 미군의 민간인 집단학살사건인 노근리 사건 기사의 첫 문장이다. 노근리 사건은 한국전쟁기 피난민을 향한 미군의 무차별 공습의 결과 생겨난 비극이었다.

1950년 7월 23일 정오 충북 영동군 영동읍 주곡리 마을에 소개명령이 떨어진다. 이에 주곡리 마을 주민들은 영동읍 임계리로 피난하게 되고 25일 저녁 주곡리, 임계리 주민, 타지역 주민 500~600명은 미군의 유도에 따라 남쪽으로 피난하게 된다.

26일 4번 국도를 통해 황간면 서송원리 부근에 도착한 피난민은 미군의 유도에 따라 국도에서 철로로 행로 변경, 피난을 계속하던 중 미군의 공중폭격과 기관총 사격에 의해 다수의 사상자가 발생하게 된다. 적군과 민간을 구분하지 못한 공군의 무차별 폭격으로 대규모 사상자가 발생한 것이다.

그런데 이러한 미군의 폭격을 피해 피난민은 인근 개근철교(쌍굴) 밑으로 피신하였고, 미군은 쌍굴 밑으로 피신한 피난민들에 대해 26일 오후부터 29일 오전까지 기관총 및 박격포 사격을 전개하여 다시 한 번 수백 명에 이르는 민간인을 살상하고 말았다.[13]

▲ 노근리 양민학살의 현장인 철도 밑 쌍굴다리

사건 당시 남측으로 내려오는 피난민들 중 민간인으로 가장한 북한군이 숨어있다는 소문이 나돌았다. 이에 피난민 통제에 고심하던 미8군은 사건 전날인 25일 저녁 주한 미대사관과 한국 정부와 함께 피난민 통제 대책회의를 실시하였다. 이 회의에서 관계자들은 피난민을 "구호의 대상이 아닌 군사적 관점에서 접근해야 한다"는 결론을 내렸고, 당시 주한 미대사인 무초는 회의 결과에 대하여 "차후 미국 내 논란이 걱정된다"는 서한을 작성하여 보고하였다. 다음날인 26일 오전 10시, 미8군 사령부는 전 부대에 피난민이 미군방어선을 넘지 못하게 하라고 명령하였다. 사령부의 명령을 하달받은 사단장들은 좀 더 구체적인 내용으로 예하부대에 명령을 하달하였다는 사실이 밝혀졌다. 그러나 노근리 피해자들에게 공격을 가한 제1기병사단 제7기병연대 2대대의 전투관련 문서 중에서는 이러한 명령이 포함된 문서가 발견되지 않아, 미 조사단은 해당부대에는 피난민을 공격하라는 명령이 하달된 적이 없고, 그러므로 미 정부의 책임이 아니라는 결론을 내놓았다. 대신 미 조사단은 공동발표문을 통해 당시 전쟁에 참여했던 병사들의 나이가 어리고, 훈련 및 장비가 부족했다고 언급하고 있다. 그리고 조사단은 공식적으로 "우발적으로 발생한 사건"으로 결론지었다.

▲ 노근리 양민학살을 그린 그림

문제는 처음 미공군에 의한 폭격이 어떻게 이루어졌느냐에 있다. 조사단은 26일 철로로 이동 중이던 피난민들에게 가해진 공중폭격에 대해, 당시 노근리 주변에 몇 차례의 공군 작전이 수행된 사실은 있으나 피난민에 대한 공격이 이루어졌는지는 해당 작전기록이 존재하지 않아 확인할 수 없다고 밝혔다. 이에 반해 피해자 측은 "비행기 한 대가 지나간 후, 또 다른 비행기가 나타나 폭격을 가했다", "미군이 소지품 검사 이후 무전을 날렸고 이후 폭격이 시작됐다"고 일관되게 증언하고 있다. 즉 미공군에게는 철로변을 걷고 있던 한국인들이 적군이든 민간인이든 관계가 없었던 것이다. 실제 한국전쟁 전체 기간 동안 드러나지 않은 노근리사건이 너무나도 많이 일어났던 것은 미공군의 공습이 만들어낸 결과였다.

2004년 2월 9일 〈노근리 사건 희생자 심사 및 명예회복에 관한 특별법〉이 국회 본회의를 통과하여 같은 해 3월 5일 노근리 사건 특별법이 공포된다. 이후 피해자 가족들은 노근리 사건 피해자들의 명예회복을 위한 활동을 현재까지 계속 중이다. 한편 공식조사발표 이후에도 미 참전 용사들의 '상부 명령이 있었다'는 진술이 계속되자 미 국방부는 '명령이 없었음이 밝혀졌음에도 불구하고 명령이 있었다고 주장하는 사병에 대해서는 개인적으로 책임을 묻겠다'고 밝혔고 이후 AP통신을 통해 증언을 했던 참전용사들은 증언내용을 번복했다. 이후 증언자들의 사망과 연락두절, 증언거부 등으로 미군측 증언은 더 이상 나오고 있지 않다.

학살사건이 일어난 현장인 개근철교(쌍굴다리)는 지금도 탄환이 잔뜩 박힌 채 보존되어 있으며, 사건 현장 근처에 노근리 평화공원이 세워져 있다.

"저곳 철교 위에서 폭격과 기총소사와 지상군의 소총사격으로 님들은 마구 죽임을 당했습니다. 이곳, 쌍굴 안에서 60시간을 갇힌 채 기관총 사력으로 님들은 처참하게 숨져 갔습니다. …… 우리를 돕겠다고 전쟁의 소용돌이를 헤치고 이 땅에 올라온 미군들이 그처럼 무지막지하게 님들을 죽일 줄이야 누가 알기나 했습니까." (2000년 제사 당시 정은용 노근리 사건 대책위원장의 추모사)

11

파괴와 복구의 반복

1) 철도를 파괴하는 미군의 공습

배후지를 공습하라

한국전쟁 초기 극동공군 폭격기사령부의 주요 임무는 북한군의 전투력에 기여하는 북한지역의 산업시설과 군수창고, 유류저장소, 한강-삼척 라인 북쪽의 철도, 도로, 항만과 항공시설을 파괴하는 일이었다. 즉 한강에서 압록강 사이에 있는 북한군 수송망을 차단하고, 북한군 병참보급에 도움을 주는 산업시설을 파괴하는 것이 폭격기사령부의 주임무였다.

한국전쟁 초기 극동공군 폭격기사령부의 북한지역 폭격 목표는 거의 모두 대도시에 집중되어 있었다. 폭격기사령부는 북한지역 출격 이전에 목표물을 구체적으로 배정했는데, 대부분은 평양, 원산, 흥남, 함흥, 청진, 나진, 성진 등 북한의 대도시에 위치하고 있었다. 한국전쟁 초기 미공군의 북한지역 폭격이 대도시 지역에 국한된 이유는 폭격기사령부의 작전 자체가 '차단작전'과 '전략폭격'이라는 2가지 작전개념 하에 전개되었기 때문이다.

차단작전이란 적의 병력과 물자가 전선으로 이동하지 못하도록 적 후방의 교통중심지, 철도, 도로, 병력이동로, 이동병력의 숙소 등을 폭격하는 항공작전을 일컫는다. 다시 말해 인력과 물자의 이동을 가능하게 하는 적 후방의 모든 시설을 공중에서 파괴하는 작전이다. 따라서 북한 철도와 도로교통의 중심지였던 평양, 원산, 함흥, 청진, 나진 등의 대도시는 전쟁 초기부터 미공군 차단작전의 핵심 목표로 설정될 수밖에 없었다. 특히 원산, 진남포, 나진 등은 물자가 대량으로 드나드는 항구도시이기도 했다. 이렇게 주요 역과 항구를 끼고 있는 북한 대도시들은 차단작전이라는 단일한 작전개념만으로도 폭격기사령부의 주요 타깃으로 설정되기에 이미 충분한 요건을 지니고 있었다.

차단작전과 더불어 병행된 전략폭격은 적의 전쟁수행능력과 전쟁의지를 파괴하기 위해 적 후방의 핵심목표를 구조적으로 괴멸시키는 공중폭격작전을 통칭한다. 따라서 전략항공작전은 적의 군사, 산업, 정치, 경제구조를 총체적으로 파괴하고 사기를 꺾는 것을 기본목표로 한다. 북한의 주요 도시들은 당연히 미공군의 전략폭격에서 핵심목표로 설정될 수밖에 없었다. 왜냐하면 당시 북한 지역의 주요 도시들은 전략폭격의 주요 목표물인 대규모 산업시설들을 포함하고 있었기 때문이다.[1]

원산폭격

미공군 참모총장 반덴버그의 특별지시에 의해 한국전쟁 참전을 명령받은 전략공군 산하 제22폭격전대와 제92폭격전대의 첫 임무는 38선 이북의 주요 항구, 산업도시이자 철도 요충인 원산의 기차조차장과 항만을 폭격하는 것이었다. 특히 원산항 남단의 원산정유공장은 한반도 내에서 가장 큰 정유소일 뿐만 아니라, 아시아에서도 몇째 가는 대규모 정유시설이었다. 원산 북쪽 8킬로미터 지점에 위치한 조선석유회사는 대형 석유저장시설을 보유했다. 원산부두는 7척의 원양어선과 50여척의 중소형 선박이 정박할 수 있는 대형항구였다. 항구에 위치한 원산조선소에는 2차대전 종전 당시 830명의 노동자가 목조선을 건조하고 있었다. 원산의 철도는 한반도 3대 철도 간선의 하나였으며, 원산기관차공장은 한반도에서 두 번째로 큰 열차수리시설이었다. 2차대전 종전 당시 조선총독부 철도국공장 원산공장에는 978명에 이르는 노동자가 근무했다.

▲ 원산폭격

원산은 이와 같은 중요성 때문에 7월 6일과 7일에 이어 7월 13일 대규모 폭격을 받았다. 특히 7월 13일의 원산폭격은 당시 폭격기사령부 B-29기 57대 중에 56대가 동원된 매우 이례적인 대규모 작전이었다. 56대의 B-29기들은 악천후 속에서 레이더폭격을 통해 선착장과 기차조차장을 중심으로 원산 시내 전반에 걸쳐 피해를 입혔다. 원산 해변 가까이에 위치한 학교, 휴양소, 병원을 포함해 민간인 주택지역의 상당부분이 파괴되었다. 공중폭격은 하루 동안에 1,000명 이상의 민간인 사상자를 낳았다.[2]

평양폭격

한국전쟁 초기 폭격기사령부는 북한군의 전쟁수행을 지원하는 교통과 산업의 중심지역들을 조직적으로 파괴하고자 하였다. 평양은 이같은 파괴대상에서 예외일 수 없었다. 평양은 북한 정치, 경제의 중심지이자, 주요 철로가 통과하는 교통의 중심지이기도 했다. 또한 대규모 화물집하장과 철도수리공장 뿐만 아니라 평양병기제조소가 있는 곳이기도 했다. 차단작전과 전략폭격이라는 작전개념에서 볼 때, 평양은 목표에서 제외될 수 없는 핵심타깃 중의 하나였다.

1950년 6월 29일 평양비행장에 대한 폭격을 시작으로 7월 22일, 폭격기사령부의 B-29기들은 평양 기차조차장을 공격했다. 다음날인 7월 23일에도 18대의 B-29기들이 평양 기차조차장을 폭격하여 평양공업대학, 서평양 제1인민병원, 연화리교회, 박구리교회 등이 파괴되고, 민간인 439명이 살상되었다. 7월 28일 다시 폭격당한 평양 기차조차장은 8월 7일 B-29기 49대라는 대규모 비행단에 의해 다시 한 번 공격당했다. 이 폭격으로 평양 기차조차장은 심각한 피해를 입었다. 기차조차장 동쪽의 작업장과 주택구역의 60%가 파괴되고, 해당 구역의 건물 95채가 완벽히 파괴되는 피해가 발생했다. 이상의 폭격으로 8월 중순에는 평양 기차조차장이나 평양 병기제조소 등 평양 시내 극동공군의 주요 목표물들은 상당정도 무력화된 상태였다. 그러나 극동공군사령관 스트레이트마이어는 이에 만족하지 않고, 9월 말 미 지상군이 북진하기에 앞서 B-29기 100대를 투입하여 평양 전체를 지도상에서 아예 지워버리자고 제안했다. 그의 제안은 합참의 정치적 문제제기와 맥아더의 군사적 문제제기로 인해 좌절되었다, 하지만 스트레이트마이어는 잠시 물러섰을 뿐, 평양지역 대량폭격 계획을 완전히 철회하지는 않았다. 수개월 후 그는 유엔군의 수세적 전쟁상황 속에서 평양

초토화계획을 실행으로 옮기게 된다.[3]

청진폭격

한국전쟁 발발 당시 북한에는 원산, 평양, 흥남 외에도 교통과 산업의 중심지들이 여럿 있었다. 이들 도시 중에서도 청진은 항구 2곳에 철도공장과 일제시기 설립된 대규모 철강공장 2개가 위치하는 교통과 산업의 중심지였다. 청진기차조차장은 만주 및 시베리아와 연결되는 한반도 북동지역 철도망의 주요 요충이었고, 철도공장은 일제 말기 360여 명의 종업원을 수용했던 북동지역 유일의 열차수리시설이었다. 또한 일제시기 니혼제철 청진제철소는 1944년 22만 6,683톤에 이르는 선철을 생산했고, 미쯔비시광업 청진제련소는 연간 5만톤 수준의 입철을 생산했으며, 니혼원철 청진공장은 1944년 1월 인천육군조병창의 감독공장으로 지정되어 연간 1만톤 이상의 원철을 생산하고 있었다. 이렇듯 청진은 두말할 나위 없이 한반도 북동지역 교통과 산업의 중심지였기 때문에 미 공군의 전략폭격 타깃 리스트에서 결코 제외될 수 없었다.

1950년 8월 19일 폭격기사령부는 청진시에 대한 최초 폭격을 실시했다. 무려 63대의 B-29기가 동원된 대규모 폭격작전이었다. 이는 실상 청진지역 대부분의 대량파괴를 의미했다. 청진시에 투입된 63대의 비행기들은 크게 4조로 나뉘어 작전을 수행했다. 22대 청진항 공격, 23대 청진 기차조차장 공격, 16대 철강공장 공격, 나머지 2대의 청진 일대 자유공격이 일시에 수행되었다. 이처럼 동시다발적으로 진행된 대규모 폭격은 청진시의 많은 지역을 폐허로 만들며 하루에만 3,000명 이상의 사상자와 2,600호 이상의 주택을 파괴했다. 북한은 도시 주택의 상당수가 손상된 피해양상에 대해 청진시의 90퍼센트가 파괴된 것으로 평가했다.

열흘 뒤인 8월 29일 폭격기사령부는 또다시 23대의 B-29기를 출격시켜 청진 기차조차장을 폭격했다. 이날의 폭격으로 열차공장 구역 내 선로의 90퍼센트가 절단되었고, 대형 수리건물 2채가 심하게 손상되었으며, 소형 건물 5채와 소형 수리공장 2채가 파괴되었다. 총 97대의 열차와 2대의 기관차가 파괴되거나 손상되었는데, 이들 중 70대는 이전의 폭격에 의해 파괴된 것들이었다.

8월 12일에는 B-29기 5대가 함흥 기차조차장을 폭격하기도 했다. 함흥 기차조차장은 동해안의 주요 철도가 통과하는 지점일 뿐만 아니라 동서해안의 주요 철도를 이어주는 중요한 교통요충이었다. 함흥 기차조차장은 그날의 폭격으로 철도 시설의 70퍼센트가 파괴되었다. 함흥 기차조차장은 8월 19일 B-29기 16대, 8월 20일 8대에 의해 또다시 폭격을 당했다. 북한 측 조사보고서는 8월 12일 민간주택 56호가 파괴되었고, 8월 19일 함흥과 흥남 지역을 합해 총 233호의 주택이 파괴되었다고 보고했다.[4]

남진을 차단하라: 교량 파괴

전쟁 초기의 여러 우여곡절을 거치며 잠시나마 근접지원에 동원되었던 B-29기들은 다시 차단작전에 대거 투입되기 시작했다. 물론 차단작전의 주목표는 병력과 보급품의 주요 거점이자 이동경로인 북한지역에 집중되었다. 그러나 남한지역 역시 차단작전에서 예외일 수 없었다. 특히 남한지역 작전에서 가장 강조된 것은 교량의 차단이었다.

열차, 차량, 탱크, 병력의 이동을 막기 위한 교량의 파괴는 전쟁발발 시점부터 남한지역에서 가장 강조된 작전 중 하나였다. 1950년 6월 28일 극동공군은 남한지역 파괴 우선순위에서 교량을 탱크와 병력 다음의 3순위 목표로 지정했다. 6월 29일 극동공군은 모든 한강의 교량을 파괴하라고 지시했다. 전쟁이 발발하고 10여일이 지난 7월 7일 극동공군은 북한군의 전선지역에 대한 보급 활동이 교량폭격에 의해 명백히 둔화되었다고 보고했다. 이런 현상은 특히 서울, 평택, 안성, 청주 지역에서 두드러졌다. 이는 서울－청주 라인에 있는 크고 작은 모든 교량들이 극동공군의 폭격대상이 되었음을 의미한다. 극동공군 폭격기들은 전쟁 발발 시점부터 남한지역의 교량들을 눈에 띄는 대로 속속 파괴해 갔다.

전쟁 초기 남한지역 교량 공중공격은 필연적으로 많은 민간인 희생을 야기할 수밖에 없었다. 전쟁의 포화를 피해 길을 떠난 민간인들이 피난행로의 병목과도 같은 교량에 대거 운집한 상황에서 북한군의 전선 진입을 차단하고자 했던 유엔 지상군과 공군은 피난민들에게 사전 경고 없이 교량을 폭파하곤 했다.

공중폭격에 의한 교량파괴는 아니지만, 1950년 6월 28일 새벽 2시 30분경의 한강다리 폭파는 한국전쟁 초기 교량파괴에 의한 민간인 희생의 대표적 예다. 다리를 건너지 말라는 어떠한 예고도 없이 진행된 남한군의 교량 폭파로 다수의 민간인들이 목숨을 잃었다. 증언에 따르면 이 한 번의 폭파로 최소 500명에서 최대 4,000명 정도가 사망한 것으로 추정된다. 1950년 8월 3일 미 지상군에 의한 경상북도 칠곡군 왜관읍의 왜관교와 고령군 성산면 득성리에 위치한 득성교 폭파 또한 하나의 사례로 언급될 수 있다. 미 육군 3개 사단은 낙동강 동쪽 제방까지 퇴각한 뒤, 북한군의 사용을 막기 위해 다리를 폭파했다. 참전 미군과 한국인 목격자들의 증언, 미군 문서에 의하면 폭파 당시 다리 위로는 수많은 피난민들이 강을 건너고 있었고, 이중 수백 명이 사망했다.

이 사례들은 지상군의 교량 폭파에 의한 민간인 피해양상을 보여준다. 전쟁 초 북한의 공격에 후퇴를 지속하던 미 제8군과 남한군은 북한군의 이동을 지연시키기 위해 주요 교량을 폭파하며 퇴각했다. 이들은 교량을 건너는 민간인들을 자신의 두 눈으로 확인했음에도 불구하고, 피난민에 대한 통제지시 없이 폭격을 예정대로 실시했다. 이는 한국전쟁 초기 미공군의 주요 공격목표였던 교량폭격과 관련하여 중요한 시사점을 던져준다. 교량 위 피난민을 가시적으로 확인할 수 있었던 지상군조차 존재를 확인하고 통제했을 가능성은 매우 희박하다. 더불어 폭격기들의 차단작전이 피난민들의 이동시간대인 낮 시간에 집중되었다는 점, 전쟁 초기 교량은 피난민들의 병목지점이 될 수밖에 없다는 점에서 미공군 교량폭격에 의한 민간인 희생규모는 세심

하게 재고될 필요성이 있다.[5]

용산역 폭격

교량폭격보다 훨씬 더 많은 민간인 희생을 낳았던 목표물은 도심에 위치한 철도역과 기차조차장이었다. 북한지역 사례에서 볼 수 있었던 것처럼, 인구가 조밀하게 밀집해 있던 도심의 역과 기차조차장을 향한 B-29기의 대량폭격은 필연적으로 대규모 민간인 희생을 동반할 수밖에 없었다. 그 대표적 사례로는 서울 용산역과 기차조차장을 향한 대량폭격을 들 수 있다.

앞서 살펴보았듯이, 1950년 7월 1일 미 극동공군사령관은 한강 이남을 따라 형성된 최초의 폭격선을 발표하고 폭격선 북쪽의 목표에 대해서는 아무런 제한 없는 공격을 가해도 된다고 지시했다. 이는 곧 서울지역의 주요 시설들이 전황에 따라 제한없이 파괴 가능한 군사목표가 되었음을 의미했다. 그러나 미 극동공군 기록에 따르면, B-29기는 6월 29일과 30일 한강 북안 폭격 이후 7월 16일 용산지역 폭격이 있기까지 한강교량 폭격 이외에는 단 한차례도 서울지역 폭격에 활용되지 않았다. 앞서 7월 13일 원산폭격에 극동공군 폭격기 사령부 전력의 98퍼센트에 해당하는 55대의 B-29기들이 동원된 사례를 통해 알 수 있는 것처럼, 당시 B-29기들은 북한지역 전략폭격과 차단작전에 자신의 역량을 최대한 집중하고 있었다.

그러나 7월 중순에 이르러 유엔지상군의 전황이 악화되면서, 미 극동공군 수뇌부는 B-29기 폭격 대상에서 잠시나마 벗어나 있던 서울지역 대량폭격을 진지하게 고려하기 시작했다. "마치 폭포 아래에서 흐름을 막는 것 같았다"는 웨일랜드의 당대 전황 묘사에서 알 수 있는 것처럼, 서울 기차조차장 파괴를 포함한 남한지역 차단작전의 수행도 긴급히 필요하게 된 것이다. 1950년 7월 12일 극동공군사령부는 서울 기차조차장 파괴에 대해 기본적으로 승인하면서도, 다음과 같은 조건을 중요하게 제시했다. "서울 기차조차장의 파괴가 중요하다

할지라도, 도시 자체를 공격할 수는 없다." 이와 같은 지시는 사실상 전쟁 초기 북한지역 전략폭격 과정에서 강조된 '군사목표 정밀폭격' 정책의 연장선상에서 하달된 것이었다. 7월 15일 맥아더는 다음날 수행예정인 서울 기차조차장 폭격과 관련하여, 육안폭격으로만 공격을 진행하라고 지시했다. 맥아더는 당시 폭격술로는 사실상 맹목폭격과 다름없었던 레이더폭격 대신, 폭격의 정확도를 높일 수 있는 육안폭격을 명령했던 것이다.

7월 16일 극동공군 폭격기사령부 산하의 B-29기 55대가 한반도를 향해 출격했다. 이들 중 제92폭격전대 소속의 B-29기 8대는 청주 전선 부근 근접지원작전에 임했고, 나머지 제19폭격전대와 제22폭격전대 소속의 B-29기 47대는 서울 기차조차장 차단폭격작전을 수행했다. 서울로 출격한 B-29기들은 기차조차장 내 철도차량과 철로를 파괴하고 철도공장을 불태워버렸다. 이날 용산의 기차조차장에 투입된 47대의 B-29기들은 총 1504발의 225킬로그램 파괴폭탄을 용산지역에 투하했다. 두께 10~15센티미터의 아스팔트 도로 위에 지름 최소 10미터에서 최대 17미터의 폭탄구멍을 낼 정도로 강력한 무기였던 파괴폭탄은 일순간에 용산 일대를 폐허로 만들어 버렸다. 당시 제5공군은 7월 16일 폭격을 통해 용산 일대 철도시설의 80%가 파괴되었다고 자평했다. 기차조차장 내의 수많은 건물과 열차, 철로는 순식간에 무용지물이 되고 말았다. 하지만 47대의 B-29기로부터 쏟아진 1,304발의 파괴폭탄들은 애초 목표였던 기차조차장만을 폐허로 만든 것이 아니었다. 순차적으로 투하된 수많은 폭탄들은 용산을 중심으로 한 인근지역 상당부분을 동시에 파괴했다. 한국전쟁 발발 당시 만 스물한 살이었던 서울시립대 교수 손정목은 7월 16일의 공중폭격에 대해 아래와 같이 회고했다.

어둠 속 독서에 지쳐 후암동에 있는 은사댁을 다녀오기 위해 남산에 오른 1950년 7월 16일은 아직도 생생하게 기억할 정도로 충격적이었다. 당시 울창한 솔밭이었던 남산을 오르려면 오솔길을 걸어가야만 했다. 폭이 너무 좁아 차량은 다닐 수 없었다. 지금의 해방촌 언덕을 지나 남산 능선에 오른 순간 요란한 비행기 굉음에 놀라 뒤돌아보았더니 남쪽 하늘이 미군 폭격기로 뒤덮여 있었다. 그때 1시간 가까이 지켜본 폭격장면은 평생 가장 무서웠던 체험 중의 하나로 남아 있다. 이날 폭격으로 용산 일대가 완전히 파괴됐다. …… 피해지역은 이촌동에서 후암동, 원효로를 지나 마포구 도화동, 공덕동에 이르렀다. 일제시대 대표적 건물의 하나였던 용산역사, 철도국, 용산 마포구청 등이 이날 파괴됐다. 이날의 대폭격 외에도 북한에 점령된 석달과 인천상륙작전, 1·4후퇴를 거치면서 서울은 수많은 폭격으로 잿더미가 되다시피 했다.[6]

　　1951년부터 공직생활을 시작하여 한국현대사의 수많은 역사적 사건들과 대면했던 손정목은 7월 16일 미공군의 용산지역 폭격을 "평생 가장 무서웠던 체험 중의 하나"라고 회고했다. 그는 폭격피해지역이 용산 일대의 광범한 지역에 달하며, 주요 관공서를 포함한 다수의 건물들이 파괴되었다고 말한다. 손정목은 자신의 저서를 통해 약 50대의 대형폭격기들이 용산 일대를 쑥대밭으로 만들었다고 회고했다. 또한 그는 미공군의 목표물에 용산역의 기차조차장과 철도공장 뿐만 아니라, 조선서적인쇄주식회사, 육군병기창, 효창공원 고사포 진지까지 포함되어 있었다고 주장했는데, 7월 16일 원래 폭격기사령부의 B-29기들이 파괴하고자 했던 목표물은 "용산 철도공작창과 기차조차장" 뿐이었다. 손정목의 주장은 아마도 타깃 일대의 상당부분을 동시에 파괴한 B-29기의 높은 오폭율과 전폭기의 호위사격 등을 종합적으로 반영한 것으로 볼 수 있다.

　　7월 16일 B-29기 47대로부터 쏟아진 225킬로그램 파괴폭탄 1,504발은 목표물 적중률이 몹시 낮은 상태에서 투하되었다. 따라서 용산 부근 철도시설을 목표로 투하된 수많은 폭탄들은 사실상 인접 민간지역의 상당부분을 동시에 파괴했다고 볼 수 있다. 당시 서울대 사학과 교수 김성칠은 7월 16일 일기를 통해 용산지역 군사시설과 교통시설이 파괴될 때 이른바 '해방촌'도 맹폭을 입고 수천 명의 무고한 희생자가 발생했다고 했다. 해방촌은 행정구역상 현재의 용산2가동 지역으로, 1946년부터 북한으로부터 이주해온 월남민들이 집단으로 거주하던 지역이었다. 해방촌을 서울 기차조차장과의 인접성뿐만 아니라, 조밀한 인구밀집 상태와 '판자촌'으로 불린 건축자재 특성 탓에 B-29기의 오폭과 화재로 인한 피해확산 가능성이 높았다.

극동공군은 B-29기 중폭격기를 이용한 공격을 1950년 7월 16일 이후에도 꾸준히 지속했다. 8월에만 해도 4일과 5일 각각 B-29기 12대, 20일과 21일, 25일에 각각 8대로 서울 기차조차장에 지속적으로 폭격을 가했다. 폭격기사령부는 8월 21일과 22일의 서울 기차조차장 폭격 결과를 다음과 같이 평가했다. "이전 공격에서 손상되지 않았던 남쪽 기차조차장 끝의 건물 4채가 완파되었다. 남서쪽 구서의 건물 1채가 심각한 손상을 입었다. 이전에 파괴되었던 용산역 남동쪽 중간 크기의 막사식 건물과 창고가 제거되었다." 8월 22일 폭격기사령부는 기존 폭격과정에서 완벽히 제거되지 않았던 서울 기차조차장 내 몇 채의 건물마저 완벽히 없애버리고자 했음을 알 수 있다.[7)]

기차조차장 폭격

B-29기 중폭격기를 활용한 남한 도시지역 차단작전은 비단 서울에 국한된 것이 아니었다. 1950년 7월 26일 15대의 B-29기들이 38선 인근의 차단목표 공격에 동원되었다. 7월 27일에는 서울 기차조차장 공격에 투입되었던 B-29기 6대 외에 B-29기 8대가 북위 37도선과 38도선 사이의 교량과 기차조차장 폭격에 동원되었다. 1950년 9월 15일 극동공군 폭격기사령부의 B-29기 17대는 전선과 무관한 대전과 안동의 기차조차장과 창고를 공격했다. 대전과 안동이라는 남한의 중소도시 폭격에 중폭격기가 17대나 동원된 것은 이례적 규모의 작전이었다. 서울에 비해 상대적으로 소규모인 대전과 안동에 동원된 17대의 폭격기들은 당일 그 지역 기차조차장과 주요 건물 상당수를 파괴했을 것이다. 물론 그날 대전과 안동 지역에 머무르고 있던 상당수의 민간인들도 적잖은 피해를 입었을 것이다.

    남한지역 공군작전을 담당했던 제5공군의 주력은 F-51이나 F-80 같은 전폭기였다. 그러나 제5공군에게도 폭격기가 없지 않았다. 제3폭격전대 소속의 B-26 경폭격기가 그것이다. B-26기는 폭 21.3미터, 길이 15.24미터, 높이 5.66미터, 총 무게 6만 2,368.6킬로그램에 달하는 경폭격기로서, 태평양전쟁기 야간폭격에서 두드러진 활약을 펼쳤던 폭격기종이다.

    B-26기는 한국전쟁기 약 5만 5,000회쯤 출격해 3만 8,500대의 차량과 3,700대의 열차, 406대의 기관차를 파괴하는 성과를 올렸다. 특히 한국전쟁 초기 교량파괴에 동원되어야 하는 B-29기의 상당수가 근접지원작전에 활용됨으로써, B-26기는 B-29기 대신 교량파괴 및 철도차단 작전에서 중요한 역할을 수행했다. 이 기간 동안 B-26 경폭격기들은 2~3대가 하나의 편대를 이루어 소규모의 교량을 공격했고, 4~6대가 1개 편대를 이루어 대규모 교량을 파괴했다. 또한 B-26 편대들은 1950년 6월 25일부터 10월 31일까지 245회의 철도차단에 총 1,140개의 폭탄을 투하했는데, 이중 517개가 목표에 적중했고, 52개는 근처에 투하되었으며, 85개는 불발되었다. B-26기는 이처럼 전쟁 초기 남한지역 차단작전에서 매우 중요한 역할을 담당했다.

    B-26 경폭격기와 전폭기는 '기차조차장 파괴'라는 차단작전 명목하에 폭격선 북쪽의 남한 도시지역을 수시로 공격했다. 더불어 전폭기 조종사들은 북한군 병력과 보급품이 폭격선 북쪽의 남한 촌락지역에 은닉되어 있다는 판단 하에 도로 인근의 촌락들을 공격했다. 1950년 8~9월 전투지역은 낙동강 인근을 중심으로 구축되었지만, 전선 후방의 남한지역은 미공군의 폭격으로부터 자유롭지 못했다.

    8월 10일 제3폭격전대의 B-26기에 동승했던 미공군 행정기획 부사령관 크레이기 소장이 보낸 전문에 따르면, 그가 동승한 B-26기는 455킬로그램 폭탄 4개를 단양 인근 철도역 또는 기차조차장에 투하했는데, 탄흔의 중앙이 철로에서 122미터 정도 벗어나 형성되었다. 목표로부터 120미터나 벗어난 지역에 대한 폭격은 실상 오폭에 가까워 보인다. 그러나 크레이기는 탄흔 가장자리 폭탄의 일부가 최소한 하나의 선로를 차단한 것 같다고 언급하면서, "결과는 꽤 좋았다"고 평가했다. 선로에서 100미터 이상 떨어진 구역을 중심으로 이루어진 폭격의 결과를 '꽤 좋다'고 평가한 사실로 미루어 저공목표를 수행하는 B-26기의 목표물 적중률 또한 그다지 높지 않았음을 짐작할 수 있다.

위와 같은 남한 내 적 후방지역 기차조차장 폭격 사례는 제5공군 전폭기 편대의 임무보고서에도 다수 등장한다. 예컨대 1950년 8월 1일 '하루 동안' 제5공군 제49전폭대대 소속 F-80 전폭기 편대들이 남한지역 기차조차장을 공격한 사례들만 짚어보아도 그와 같은 폭격이 얼마나 빈번히 전개되었는지 충분히 미루어 짐작할 수 있다. 각각 4대의 F-80 전폭기로 구성된 5개의 비행편대는 8월 1일 하루 동안 개별적으로 광주조차장, 논산조차장, 전주조차장, 춘천조차장, 원주-단양 사이의 조차장, 천안조차장 등에 다수의 로켓을 발사하고 기총소사를 실시했다. 1개 비행대대 소속의 5개 편대들이 하루 동안 무려 6곳에 이르는 남한 기차조차장들을 폭격했던 것이다. 폭격지역 또한 전라남도, 전라북도, 강원도, 충청남도, 충청북도 등 광범위하게 분포되어 있다. 사실상 폭격선 북쪽에 위치한 남한지역의 모든 기차조차장들이 전폭기들의 공격대상이었음을 알 수 있다.[8]

좀 더 유리한 조건을 이끌기 위해

1951년 초여름, 유엔군사령부는 한국에서 완전히 새로운 형태의 전쟁에 직면했다. 1951년 7월 이후 유엔 측과 공산 측이 서로 좀 더 유리한 조건에서 정전을 성사시킨다는 동일한 목표를 향해 나아갔던 것이다

극동공군 장성들은 1951년 중반 전선의 고착을 오히려 공군력의 진정한 가치를 보여줄 수 있는 기회로 간주했다. 전선이 고착된 상황에서 새로운 병력과 보급품의 이동을 막는 공군 차단작전이 중요해졌다. 새로 취임한 웨일랜드 극동공군사령관은 "공군의 효용성을 보여줄 수 있는 최초의 호기"를 맞이했다고

주장하면서, 북한 전역에 걸친 철도망의 파괴에 더욱 주목했다.

한국전쟁기 미공군 작전사를 다룬 기존의 연구들은 정전협상이 시작된 후 1년여의 기간, 즉 1951년 6월부터 1952년 6월까지의 기간을 철도차단작전의 시기로 정리한다. 실제 이 시기 북한지역 철도차단은 미공군의 가장 중요한 군사목표 중 하나였다. 38선 인근의 전선에서 싸우는 공산군은 중국으로부터 들어오는 식량과 무기에 절대적으로 의존하여 전투를 수행하고 있었기에 열차는 가장 중요한 보급품 이동수단이었다.

북한은 당대뿐만 아니라 현재까지도 화물과 여객 수송의 많은 부분을 열차에 의존하고 있는데, 철도수송이 전체 화물운송의 90퍼센트를 차지하고, 나머지 도로와 해운 수송이 각각 7퍼센트와 3퍼센트를 담당하고 있다. 여객수송에 있어서도 철도수송이 62퍼센트, 도로수송이 37퍼센트, 해운수송이 1퍼센트를 담당한다. 이처럼 화물과 여객 수송에서 북한이 철도에 절대적으로 의지하게 된 역사적 배경에는 과거 일제의 대륙침략정책에 따른 대대적인 철도부설정책이 자리 잡고 있었다.

일제는 1930년대 한반도 북부지역을 병참기지로 활용하는 정책을 본격화하면서, 조선의 인적, 물적 자원을 효율적으로 징발하기 위해 '조선철도 12년 계획'을 세워 병참과 수탈을 위한 종합적 철도건설을 추진했다. 도문선(웅기－동광진), 혜산선(성진－혜산), 만포선(순천－만포진), 동해선(원산－포항, 울산－부산) 같은 북한지역 철도의 상당수가 이 계획에 의해 추진되었다. 그리고 실제 1930년대 도문선(1933), 혜산선(1937), 만포선(1939), 평원선(1941) 등의 철도가 완공되었다. 일제는 철도건설에서 군사적 측면을 중요하게 고려하여 항만집중적이고 남북종단적 성격을 띤 철로를 건설했다. 물론 이와 같은 특징은 일본의 전쟁수행뿐만 아니라 북한의 한국전쟁 수행과정에서도 주효하게 활용될 수 있는 것이었다.

김일성은 전쟁 초기부터 미공군의 철도차단작전에 대응한 '전시철도복구연대'의 조직을 명령하여 파괴된 철도의 신속한 복구를 도모했다. 김일성은 그

후에도 "전시수송조직을 합리적으로 하며 기관차와 화차를 비롯한 철도운수수단들을 제때에 수리정비하고 그 리용률을 높여야 하겠다"고 역설하거나, "철도일군들은 전선수송을 선차적으로 보장하는데 모든 력량을 집중하며 전시조건에 맞는 렬차운행방법을 적극 받아들여 수송의 기동성을 보장하여야" 한다고 지속적으로 강조했다.

북한지도부의 열차수송의 중요성에 대한 위와 같은 강조는 전쟁 초기부터 수많은 철도사업 관련 영웅들을 탄생시켰다. 예컨대 1950년 7월 28일 북한의 최고인민회의 상임위원회는 전시수송에 특출한 공을 세운 교통운수 부문 노동자 29명에게 당대 북한 최고훈장인 국기훈장 제3급과 공로메달을 수여한다는 정령을 발표했다. 북한은 관련 기사를 통해 리병순 선로원과 김근수 통신사령의 헌신적 피해복구 사례를 중요하게 강조했고, 기관사 강인섭의 목숨을 건 기관차 운행 사례를 멋진 영웅담으로 묘사했다. 전시 열차수송문제가 전쟁의 승패를 가르는 사활적 문제로 부상하면서, 북한지도부는 끊임없이 민중의 헌신을 강요하고 있었다.

1950년 8월 17일 북한 산업성은 「전시 철도화물 소송 보장에 관하여」라는 지시를 통해 개별 기업소별로 군수품으로 간주해야 하는 품목을 정하고, 군수품과 거리가 먼 물품의 철도수송을 '금지'시키는 긴급조치를 취하기도 했다. 이들 군수품 목록은 철광석, 무연탄, 철강, 원목 같은 개별 기업소들의 원료와 기자재로 채워졌고, 그 외 "불급불요의 화물", 즉 급하거나 필수적인 화물이 아닌 경우 열차수송금지 대상이 되었다.

열차수송이 이렇듯 강조된 까닭으로는 북한지역의 조밀한 철도망뿐만 아니라 열차의 상대적으로 압도적인 화물수송 능력을 들 수 있다. 기존 연구에 따르면, 1949년 철로 수송량은 1,630만톤에 이르고, 화물 수송량은 34억 500만톤 길로미터에 달했다고 한다. 다시 말해 한국전쟁 직전 시기 북한철도의 수송능력은 하루 약 4만 4,657톤에 달했던 것이다.

▲ 폭격으로 폐허가 된 평양

한국전쟁 당시 미 제8군 정보보고에 따르면, 북한군과 중국군은 사리원 이남의 전투지역에 각종 형태의 사단 60개를 보유하고 있었고, 각 사단은 일일 약 40톤의 보급품이 필요했다. 즉 공산 측 부대들은 하루 2,400톤의 보급물자 수송이 필요했던 것이다. 트럭 1대의 적재량이 2톤에 불과한 반면, 열차 1량의 적재능력은 20톤에 달했다. 즉 화차 120량이면 일일 보급품 소요량을 충분히 수송할 수 있었다. 1949년 북한의 열차 일일수송량이 4만톤을 훨씬 상회했다는 사실을 고려해 보면, 전쟁기에 어느정도 신속한 복구작업이 진행될 경우 전선의 군인들이 필요로 했던 보급품들은 열차운행만으로도 충분히 충당할 수 있었음을 알 수 있다. 때문에 유엔군은 지상군의 전투에 직접적 영향을 미치는 북한지역 철도 파괴에 집중하지 않을 수 없었다.

1951년 8월부터 12월까지 진행된 '스트랭글작전'과 1952년 3월부터 5월까지 지속된 '쌔처레이트작전'(집중폭격작전)은 이 시기 철도차단작전의 대표적 예다. 극동공군은 스트랭글작전과 쌔처레이트작전으로 대표되는 철도차단작전을 위해 끊임없이 새로운 폭격기술을 개발했지만 최종적으로는 이 모든 철도차단작전을 실패로 규정하지 않을 수 없었다. 당대 세계 최고인 미국의 첨단과학기술이 북한주민들의 인력 앞에 무릎 꿇고 만 것이다.[9]

2) 파괴된 철도망의 복구

이제는 북진을 해야할 때: 철도망의 응급복구사업

한국전쟁의 피해 중에서 철도가 입은 손실은 다른 어느 부문보다도 심각하였다. 도로망이 발달되지 않았던 전시하의 철도는 군대와 물자를 운반하는 최상의 동맥이었으므로, 그 자체가 군사시설과 같은 성격을 지니고 있었다. 더구나 한국전쟁 중에는 전선이 남북으로 빈번하게 이동하였기 때문에, 원래부터 남북종관형으로 형성되었던 우리나라의 간선철도는 적군과 아군으로부터 집중적인 공격을 받아 만신창이가 되었다. 3개월이나 지속된 유엔군의 전략 폭격은 철도가 언제나 주공격 목표였기 때문에 그 피해는 엄청났다. 그중에서도 교량과 터널의 피해가 더욱 심했다. 북한군은 교량과 터널을 탄약집적소나 대피장소로 이용하였으므로 유엔군의 제1 폭격목표가 되었던 것이다.

1950년 9월 28일 서울을 수복한 직후에 조사한 자료에 따르면, 철도의 모습을 종래와 같이 유지하고 있던 노선은 경부선에서 지남 이남, 동해선에서 경주 이남, 진주선에서 함안 이남에 불과했다. 당시 상황으로는 329km의 선로가 날아가 버리고, 163개의 대소 교량이 파괴되었으며, 29개의 터널이 무너졌다. 71개의 급수시설을 비롯하여 약 50%의 건물이 파괴되고, 4,470여 량의 차량이 철로변에 잔해로 버려졌으며, 170여 량의 동력차가 파괴되었다. 유엔한국위원단이 총회에 보고한 자료에도, "한국의 교통체계는 피폐가 극하였으므로 광범한 복구공사를 요한다"라고 기록되어 있었다.[10]

철도의 응급복구는 유엔군의 반격과 더불어 이루어지기 시작하였다. 1950년 9월 총공격이 개시되자 왜관의 낙동강 교량 상행선은 유엔군이 가교로써 가설하였다. 경부선의 선로는 철도복구대의 손으로 주야간에 계속적인 복구작업이 이루어져 총공격 개시 이래 불과 20여 일 이후인 10월 8일에는 부산－서울 간의 열차운행이 재개되었다.

이와 관련하여 "6·25사변으로 인하여 약 3개월 동안에 걸쳐 운휴 중에 있던 열차운행은 지난 9월 18일부터 4만 교통부 종업원이 쉴사이 없이 활동하여 지난 1일까지 전선의 약 92%가 부활 운행되고 있었다"고 보도되었다.

그리고 38선을 돌파하고 북진하는 국군을 따라 북상한 철도복구대는 10월 25일 평양에 공작창 파견대를 설치하였다. 이에 힘입어 11월 12일에는 서울－대동강 사이에 남북연결 열차가 운행될 수 있었다.

교량 특히 판형교량의 피해가 컸다. 한국전쟁 당시 남한의 교량 총 연장은 71,657미터이며, 교량 총수는 3,352개였다. 그중 트러스 가설의 연장은 4,666미터로써 판연교량의 총연장은 66,737미터에 달하였다. 한국전쟁 중 이러한 판항의 총 피해는 297연으로써 총연장은 3,544미터, 즉 전체 판항 연장의 5.3%에 해당할 정도였다.

1950년 9월 낙동강 방어선을 넘어 유엔군의 총반격이 개시되자 경부본선과 중앙본선의 복구가 긴급을 요하게 되었다. 교통부는 유엔군 공병대와 긴밀한 협조 아래 중요 교량과 선로의 복구를 단시일 내에 끝내지 않으면 안 되었다.

1950년 11월 중공군의 개입으로 전선이 오산, 원주로 후퇴한 이후에는 각 지선의 보강과 확보가 군사적으로 중요하였던 관계상 아직 완전한 개통을 보지 못했던 충북선, 충남선, 경북선 등의 각 교량은 유엔군이 준비해 가져온

아이빔을 대량 사용하여 응급 복구하였다. 그 후 부산에서 일부 판항을 신규 제작하고 유엔군이 준비하여 가져온 일본철도의 고형을 개조 보강하며, 추락 파손된 판항의 인양 재생에 전력을 기울여 수해기 전에 완전 복구하기에 이르렀다.[11]

한국전쟁 발발 이후 1952년 7월까지 교통부가 제작, 개조, 재생한 판항은 신규 제작 10연, 고형 개조 38연, 공연 개조 및 조성 8연, 인양 재생 177연, 총계 233연이었다. 이로써 전체 피해 판항의 78%가 복구된 셈이었다. 추락 판항의 인양 재생량은 총 3,040톤이었다.

남한의 철도 및 교량 복구사업

1950년 9월 15일 유엔군이 인천상륙작전을 감행하자 북한군은 왜관전선으로 부터 퇴각하기 시작했다. 교통부는 곧바로 유엔군과 함께 경부선의 왜관 낙동강교량을 복구하기 시작했다.

경부선의 왜관 낙동강교량은 연장 506.9미터에 달하는 상하 양선의 2개 교량이었다. 경간 46.5미터의 크러스트 10연과 경간 15.2미터의 동형 2연으로 구성된 내탄형의 최신식 교량이었다. 이 교량은 상행선이 1939년에, 하행선이 1944년에 준공되었다. 그런데 한국전쟁 중에 낙동강을 사이에 두고 공방전이 치열하게 되자 유엔군이 이를 파괴시켜 버렸던 것이다. 상행선 교량의 제2호 트러스트 1연과 하행선 교량의 제1, 2연 트러스트가 추락하였다. 그밖에도 20여 개의 부재와 교각의 일부가 파손되는 피해를 입었다.

교통부는 곧바로 유엔군과 함께 이 교량의 복구공사를 실시하여 1950년 10월 8일 가복구를 완료하였다. 그 후 1952년 1월 27일 본격적인 복구공사에 착수하여, 경간 46.5미터의 트러스를 제작, 가설함으로써 1952년 4월 30일 완전히 개통시켰다. 왜관 낙동강교량의 복구공사는 우리의 기술과 자본으로 철도교량을 완전히 복구한 첫 사례였기 때문에 그 의미가 자못 컸다.[12]

▲ 폭파된 왜관철교

　한국전쟁이 시작되어 북한군이 서울을 점령한 이후 1950년 9월 28일 유엔군이 서울을 탈환할 때까지 약 3개월 동안 한강교량은 유엔군의 가장 치열한 공격 목표가 되었다. 한강교량은 그만큼 군사상으로 중요한 의미를 지니고 있었다. 한국 전쟁 중에 한강교량이 입은 피해는 실로 엄청났다. 신구 복선 3개선으로 구성된 한강교량의 피해를 당시의 금액으로 환산하면 약 200만 달러에 달하였다.

　국군이 1950년 9월 28일 수도 서울을 탈환하고 얼마 지나지 않은 10월 13일 교통부의 진력으로 부산－영등포 사이의 경부선이 개통되었다. 이를 계기로 삼아 교통부는 군사작전상 극히 중요한 한강교량의 복구를 적극적으로 추진하게 되었다. 교통부는 한강교량을 완전히 복구하기 이전에 먼저 유엔군 공병대의 도움을 얻어 10월 23일에 가교량을 개통시켰다. 그러나 군사 수송의 만전을 기하기 위해서는 본선 교량의 개통이 시급히 요청되었다.

　먼저 복구공사에 착수한 것은 3개의 한강교량 중에서 비교적 피해가 적었던

A선 교량이었다. A선의 복구공사는 1950년 11월 15일에 시작되었다. 그러나 중공군의 개입으로 전선이 다시 남하하자 1951년 1월 3일 부득이하게 공사를 중단하지 않을 수 없었다. 그 후 유엔군의 재차 반격으로 서울을 탈환하게 되자 군사수송 상의 긴급 필요에 의해 1951년 4월 12일 다시 복구공사가 시작되었다. 이후 연달아 B, C선의 복구공사가 시작되었다.

1957년 7월 5일 14시 한강교량 복구공사의 노량진 쪽 현장에서는 복선 교량의 개통식이 성대하게 거행되었다. 한국전쟁으로 한강의 복선 교량이 파괴된 지 7년 만의 일이었다. 이로써 한강의 철도교량은 모두 복구되었다. B, C선의 복구공사에서 5명의 노동자가 순직하는 참사가 발생하였음은 당시의 복구공사가 악조건 속에서 얼마나 치열하게 강행되었는가를 말해주는 증거였다.[13)

1936년에 건설된 북한강교량은 중앙선의 가장 긴 다리였다. 이 교량은 한국전쟁에서 폭격으로 파괴되었다. 1950년 10월 중순부터 응급 복구공사를 시행하여 11월 25일 일단 개통했으나, 중공군의 참전으로 전선이 남하하자 다시 파괴되었다.

1951년 6월 19일에 재착수한 복구공사는 수차례의 홍수를 만나 막대한 지장을 받았다. 그리하여 본격적인 공사는 여름이 끝나가는 9월에 가서 재개되었다. 공사는 순전히 인력을 동원하여 주야 공사를 감행함으로써 1952년 4월 25일 준공하였다.[14)

이 외에도 한탄강교량, 임진강교량, 길아천교량 그리고 진주선 낙동강교량이 순차적으로 복구 또는 가설되었다.[15)

북한의 철도 및 교량 복구사업

유엔군의 폭격으로 인해 북한은 그야말로 초토화되었다. 북한지도부는 철도 및 교량 복구사업에 전쟁의 사활을 걸었다. 김일성은 "적기의 폭격으로 철도와 도로가 파괴될 경우 인민들을 동원, 제때에 복구하여 군수품과 후방물자 수송에 만전을 기해야 한다"고 역설했다. 북한지도부는 미공군의 철도차단작전에 맞서 북한주민들을 적극적으로 복구사업에 동원하고자 했다.

철도복구사업은 거의 전적으로 야간에 진행되었다. 철도복구사업은 폭탄과 어둠에 맞서 싸운 사실상의 전투나 다름없었다. 미공군 정보보고서에 서술된 철도복구 양상은 아래와 같다.

> 적은 그들의 복구작업에 방대한 인적자원을 계속 투입했다. ······ 꽤나 정확한 정보에 의하면, 적은 주요 복구사업을 해질녘에 시작하며, 통상 6~8시간 내에 파괴된 철도수리를 마친다. 모든 복구활동이 동시에 수행되기 때문에, 일반적으로 철로는 자정부터 일출 때까지 활용될 수 있다. 예컨대 적은 신안주와 평양 사이에 철도감시원을 두고 차단된 철로를 찾아, 민간인 노동자들을 고용하여 폭격 이후에 가능한 한 빨리 폭탄구멍을 메우는 작업을 실시하도록 했다. 밤이 되면 숙련된 군의 복구요원들이 재료와 장비를 지니고 철도를 수리하기 시작했다.[16]

미공군의 주간폭격은 위와 같이 야간에만 철도수송과 복구사업을 가능하게 했다. 위의 미공군의 정보보고서는 북한군과 중국군 소속의 복구요원과 대규모의 민간인 노동자들이 복구사업에 지속적으로 투입되었고, 주요 철도 구간에는 감시원을 두어 차단된 철로를 재빨리 찾아냈다고 주장한다. 이는 당시 북한과 중국 측 자료를 통해 쉽게 사실로 입증된다.

실제 북한군과 중국군 지도부는 전재의 성패를 좌우할 수 있는 보급품 이동을 보장하기 위해 대규모 인력을 철도와 열차 수리에 동원했다. 특히 중국군은 참전 초기부터 미공군의 초토화작전으로 인해 물자가 절대적으로 부족한 북한 지역에서 작전을 수행해야 했기 때문에 대부분의 물자와 장비를 중국에서 보충해야만 했다. 게다가 폭격은 지상의 주요 도로와 교량을 대규모로 파괴하고 있었기 때문에 철로의 운송능력은 매우 중요했다.

이에 중국군은 1950년 11월 6일부터 철도노무자들로 구성된 '원조(援朝) 지원대'를 구성하여 철도와 관계된 작업과 작전을 본격적으로 실시했다. 또한 중국과 북한은 철도의 효율적 관리를 위해 양국 간의 통일적 철도관리체계를 서둘러 수립했다. 기존 연구에 따르면, 양국 간의 기본 합의사항들은 1950년 12월 김일성의 베이징 방문을 통해 확정되었다고 한다. 그와 같은 합의의 최종 결과물은 1951년 5월 4일 중국과 북한 정부에 의해 베이징에서 체결된 「북한철도의 전쟁시기 군사적 관리제도에 대한 협의」를 통해 구체화되었다.

양국은 이 협정을 통해 양국의 전시 철도관리방안과 조직체계를 명확히 규정했다. 협의된 내용을 보면, 1951년 7월 평안남도 안주에 정식으로 북한철도 군사관리총국을 설치하여, 중국 측의 유거영을 국장 겸 정치위원으로, 북한 측의 김황일과 김황탁을 부국장으로 임명해 북한지역 철로운수의 관리를 통일적으로 책임지도록 했다. 철도관리총국은 희천, 정주, 신성천, 평양, 고원에 5개의 분국을 두었으며, 모두 1만 2,000여 명의 중국 측 인원을 동원했다. 또한 1951년 11월에는 안주에 전방철도운수사령부를 조직하여 철도보수와 군사방어 업무를 지휘하도록 했다. 이 시기 철도병단은 4개 사단 규모로 증강되었고, 5만 2,000여 명에 달하는 '항미원조중국노무단'이 북한 현지에 투입되었다고 한다. 미공군의 압도적 기계의 힘에 대항하여 북한과 중국 측은 지속적인 인력 투입으로 철도의 파괴를 저지시키고자 했다.

한국전쟁기 국군포로의 신분으로 소위 '도하작업대'의 노무활동에 동원된 박진홍의 생생한 증언은 밤과 낮을 바꿔 생활했던 북한주민의 일상을 부분적으로 보여준다. 도하작업대란 수용소 인근 철교 옆에 설치된 통나무 다리를 통해 매일 밤 열차에서 운반된 화물을 강 건너편의 열차로 옮겨 싣는 역할을 담당했던 작업반을 가리킨다. 박진홍의 묘사에 따르면, 자신이 머물렀던 북한 농촌지역의 주민들 모두가 낮에는 잠을 잤고, 밤이 되면 노무활동에 임하는 사람들로 일대가 복적거렸다고 한다.

한밤중이 되면 기관차와 화차가 도착했다. 철교는 이미 파괴되어 기차가 통
과할 수 없었고, 통나무 다리는 약해서 기관차 등이 통과하지 못했다. 그렇기
때문에 우리가 필요했던 것이다. 우리는 수작업만으로 하역작업을 해야 했다.
선로 보수차 같은 운반차에 물건을 옮겨 싣고, 대여섯명이 통나무 다리 위에서
맞은편으로 운반차를 밀고 갔다. 맞은편에 도착하면 다시 대기하고 있던 화차에
옮겨 실었다. 그리고 다시 화차를 약 300미터 떨어진 터널로 운반했다. 우리는
밤에는 일을 하고 낮에는 자면서 매일 이 작업을 반복했다.17)

　박진홍의 설명에 따르면, 노무활동 시 통나무 다리 위에는 레일이 깔려 있는
데, 낮에는 폭격을 피하기 위해 이 레일을 해체했다고 한다. 미공군은 거의 매
일 이 지역에 폭탄을 투하했는데, 오직 철교만을 공격하고 통나무 다리는 폭격
하지 않았다. 박진홍은 북한군이 고사기관포로 폭격기에 맞대응했지만, 이에
격추되는 폭격기를 단 한 번도 본 적 없다고 증언했다.

　이렇듯 1951년 8월부터 12월까지의 스트랭글작전과 1952년 3월부터 5월까지
의 쌔처레이트작전으로 대표되는 미공군의 집중적 차단작전은 사실상 '기계와
인간의 전투'에 다름없었다. 전선이 고착되고 전투 자체가 1차대전기의 참호전
처럼 치열하게 전개되는 상황 속에서 후방으로부터의 원활한 보급은 전쟁의
사활을 가르는 문제가 되었다. 이와 같은 상황에서 유엔군은 일본과 남한의 후
방지역으로부터 보충병력, 물자, 무기를 어려움 없이 공급받을 수 있었지만, 중
국군과 북한군은 미공군의 북한지역 폭격으로 인해 후방에서 또다른 치열한
전투를 벌일 수밖에 없었다. 후방의 주민들도 미공군의 폭격으로 인해 평범한
일상을 영위하는 것이 불가능해졌는데, 특히 야간 철도복구와 노무활동에 종사
하기 위해 상당수가 밤낮을 바꿔 살아야 했다는 점도 눈여겨 살펴볼 만하다.
북한지역의 민중들은 소위 정전협상이 진행되던 2년여의 기간 동안 죽음의 공
포와 끊임없이 싸워야 했을 뿐만 아니라, 지하생활과 야간생활이라는 비정상적
일상을 정전시점까지 견뎌내야만 했다.18)

한국전쟁 이후 철도복구사업

한국전쟁 이후에는 철도복구사업이 본격화된다. 휴전을 전후해 중단되었던 영암선, 영월선의 재공사가 시작되었고, 3대 산업선의 하나인 문경선 건설이 기공되었다. 그 밖에 서울로 환도한 정부는 전후 복구를 하면서 군소 철도망을 건설하기 시작했다. 우암선, 울산선, 김포선, 장생포선, 옥구선, 사천선, 가은선, 영동선, 삼척발전소선, 태백선, 강경선, 충북선, 오류동선, 주인선 등은 한국전쟁 이후 건설되기 시작한 것들이다.

그리고 1953년 4월에는 철도 5개년 건설계획이 수립되었으며, 1955년 6월 1일 한국전쟁 이후 유엔군에 의해 관리되던 철도운영권을 한국정부가 인수받았다.[19]

전쟁과 정치, 동아시아 그리고 철도

프로이센 태생의 장군으로 전쟁에 관한 불멸의 고전인『전쟁론』을 남긴 카를 폰 클라우제비치는 "전쟁은 다른 수단에 의한 정치의 연장이다"라는 명구를 남겼다. 그렇다. 전쟁은 정치를 풀어내는 가장 강력하고 파괴적인 수단이다. 그런 전쟁이 근대에 접어들며 '산업화'되었다. 전쟁이 '산업화'되는 첫 번째 국면에서 수송의 혁신이 무기의 혁신보다 더 큰 역할을 했다. 그리고 수송의 혁신은 오랜 골칫거리였던 보급과 부대 배치에 화석연료로 움직이는 운송수단을 사용하면서 시작되었다. 증기선과 철도는 인간과 무기와 보급물자를 전대미문의 규모로 수송할 수 있게 해주었다.

철도를 이용한 전쟁은 이전 시기보다 훨씬 새로운 방식이었다. '전쟁의 산업화'로 인해 전쟁의 양상은 그 이전 시기와는 질적, 양적으로 달라졌다. 증기기관차의 기계력은 기존 육상운송의 한계를 완전히 뛰어넘었다. 철도로 100마일 이동하는 것이 마차로 10마일 이동하는 것보다 쉬워졌고, 열차를 이용하면 마차 수천 대분의 화물을 실어 나를 수 있었다. 철도 덕분에 수십만의 군대가 수백 마일 떨어져 있는 후방으로부터 보급을 받으면서 몇 년 동안이나 싸울 수 있게 되었다. 이것은 유럽의 남성 인구 대부분에게 전쟁에 필요한 훈련을 받게 하고 실제로 그들을 전장까지 수송할 수 있게 되었음을 의미했다. 과거에는 야만족 사회에서나 실현될 수 있었던 '모든 남성이 병사가 된다는 이상'이 근대 사회에서 현실화되었다.

전쟁의 양상이 달라지자 제국주의 시기 국제정치의 양상 또한 변화했다. 철도는 증기선과 함께 서구 유럽 열강이 제국주의 국가로 성장하는 가장 중요한 도구 중의 하나였다. 제국주의 국가들은 증기선을 타고 동아시아로 왔다. 그리고 동아시아에 철도를 부설하면서 점차 식민화해 나갔다. 총과 대포로 무장한 병사들을 실은 철도는 제국주의 세계체제가 스스로를 확대시키는 중요한 도구였다.

한국에서 철도는 러일전쟁과 함께 출발하였다. 러일전쟁이 일본이 겪은 최초의 근대적 전쟁이었다는 의미에서 출발 당시 한국철도의 의미를 유추해 볼 수 있다. 즉 한국에 철도가 부설되었다는 것은 한국이 세계제국주의 체제의 한 편에 완전히 부속되게 되었음을 의미하는 것이었다. 그리고 그것은 일본제국주의의 식민지로의 전락으로 완결되었다.

지금까지 한국에서 건설된 철도가 근대 한국을 둘러싼 전쟁에 어떻게 이용되었고 또 어떻게 그 전쟁을 변화시켰는가를 살펴보고자 했다. 나아가 이를 통해 근대 동아시아의 질서가 어떻게 변화했는지를 파악하고자 했다.

한국에 철도가 본격적으로 부설되기 시작한 중요한 계기는 러일전쟁이었다. 러일전쟁은 제국주의 국가인 러시아와 이제 막 제국주의 국가로 발돋움하고 있던 일본이 한반도와 만주를 둘러싸고 벌인 한 판 승부였다. 서해에서 시작하여 동해에서 마무리된 러일전쟁이지만 바다에서의 전투 못지않게 동청철도 남만주지선 연선에서 벌어진 전투도 중요했다. 러일전쟁은 동아시아에서 철도 연선을 따라 이동하며 철도역을 점령하는 전투로 진행된 첫 전쟁이었다. 이후 동아시아에서 벌어진 전쟁들, 즉 만주사변과 중일전쟁에서는 이러한 양상이 그대로 이어졌다. 점(철도역)을 점령하여 선(철도)을 잇는 전쟁의 양상이 근대 동아시아에서 벌어진 전쟁을 특징지었다. 때문에 철도의 연결이 중요했다. 한국철도는 만주철도 및 중국철도와 연결되었다. 이를 남만주철도주식회사가 매개했다. 남만주철도주식회사는 제국주의 국가인 일본이 대륙을 침략하는 첨병 역할을 맡았다.

한편 철도를 통해 이루어지는 근대 전쟁의 양상은 제국주의에 저항하는 민족해방투쟁의 양상도 규정했다. 한국의 철도는 일본 식민정책의 결과물이었지만, 다른 시선에서 보면 '저항의 수단'이기도 했다. 근대인이었던 독립운동가들은 민족해방운동 과정에서 전국적 조직망의 구축하고 국내의 운동을 해외와 연결하는 수단으로 철도를 이용했다. 식민지에서 철도는 침략의 도구와 저항의 수단이라는 양가적 특성을 모두 가지고 있었다고 할 수 있다.

해방 이후 분단의 과정을 겪으며 독자적으로 발전해가던 한국의 철도는 우리 민족 최대의 비극인 한국전쟁에서 궤멸적 파괴를 당했다. 한국전쟁에서도 역시 철도는 보급과 수송을 위한 중요한 도구였다. 다만 이전 전쟁과 큰 차이점이 나타났다. 이전의 전쟁이 주로 철도연선을 따라 진격하며 철도역을 점령하는 전투들로 이루어졌던 데 반해 한국전쟁에서는 철도와 철도역을 파괴하는 전투가 빈발했다. 상대방의 보급과 수송을 방해하기 위한 목적이었다. 그리고 공군에 의한 폭격이 수단으로 이용되었다. 폭격과 파괴로 인한 철도의 훼손과 복구가 거듭되었다. 폭격과 이로 인한 철도의 파괴로 고통을 받은 이들은 일반 민중들이었다. 힘겨운 피난살이에 철도는 거의 이용되지 못했다. 오히려 철도를 위해 부설된 교량과 터널은 양민학살의 무대로 등장하기도 했다.

근대 한반도를 둘러싼 전쟁에서 철도가 한 역할을 되새김질 하는 것은 장래 한반도의 평화와 번영에서 철도가 해야 할 역할을 가늠할 수 있는 반면교사로 삼을 수 있기 때문이다. 중요한 점은 철도가 전쟁에 이용되는 것은 철도 자체의 속성이 아닌 철도를 이용하는 인간과 사회의 구조적 모순 때문이다. 제국주의 시대와 냉전 시대에 철도는 침략성과 폭력성을 여실히 드러냈다. 이제는 과거를 반면교사 삼아 철도 속에 내재된 평화적이고 발전적인 성격을 찾아내는 일이 중요하다. 이는 21세기 동아시아의 평화와 공존번영이라는 역사적 과제를 수행하는 디딤돌이 될 것이다.

1. 동아시아 철도의 세계화: 시베리아횡단철도

1) A. 말로제모프 지음, 석화정 옮김, 『러시아의 동아시아 정책』, 지식산업사, 2002, 45-71쪽 참조.

2) 김영수, 「삼국간섭 전후 러시아의 부상과 일본의 대응」, 『동북아시아의 갈등과 대립: 청일전쟁에서 한국전쟁까지』, 동북아역사재단, 2008, 18-19쪽.

3) 홍웅호, 「철도부설권과 러시아의 동아시아정책」, 『사림』 35호, 2010, 5쪽.

4) 홍웅호, 앞의 논문, 2010, 6쪽.

5) A. 말로제모프 지음, 앞의 책, 2002, 117쪽.

6) A. 말로제모프 지음, 앞의 책, 2002, 118쪽.

7) 홍웅호, 앞의 논문, 2010, 7쪽.

8) A. 말로제모프 지음, 앞의 책, 2002, 116쪽.

9) 홍웅호, 앞의 논문, 2010, 8쪽에서 재인용.

10) 홍웅호, 앞의 논문, 2010, 9쪽.

11) 홍웅호, 앞의 논문, 2010, 9-10쪽.

12) 홍웅호, 앞의 논문, 2010, 11쪽.

13) 이노우에 유이치 지음, 석화정 박양신 옮김, 『동아시아 철도 국제관계사: 영일동맹의 성립과 변질 과정』, 지식산업사, 2005, 184쪽 · 41-42쪽.

14) 이노우에 유이치, 앞의 책, 54쪽.

15) 정재정, 『일제침략과 한국철도(1892~1945)』, 서울대학교출판부, 1999, 37쪽.

16) 山縣有朋記念事業會, 『公爵山縣有朋傳』(下), 1933(정재정, 앞의 책, 1999, 37쪽에서 재인용).

17) 山縣有朋記念事業會, 앞의 책, 1933(정재정, 앞의 책, 1999, 38쪽에서 재인용).

18) 정재정, 앞의 책, 1999, 40-50쪽.

19) 홍웅호, 앞의 논문, 2010, 17-18쪽에서 재인용.

20) 홍웅호, 앞의 논문, 2010, 18쪽에서 재인용.

21) 홍웅호, 앞의 논문, 2010, 19쪽에서 재인용.

22) 홍웅호, 앞의 논문, 2010, 20-21쪽.

23) 최덕규, 「비테의 대한정책과 한러은행」, 『슬라브학보』 제14권 2호, 1999. 431쪽.

24) 홍웅호, 앞의 논문, 2010, 21쪽에서 재인용.

25) 홍웅호, 앞의 논문, 2010, 21-22쪽에서 재인용.

26) 홍웅호, 앞의 논문, 2010, 22-23쪽.

27) 정재정, 앞의 책, 1999, 44쪽.

28) 정재정, 앞의 책, 1999, 45쪽.

29) 정재정, 앞의 책, 1999, 47-50쪽.

30) 정재정, 앞의 책, 1999, 50-58쪽.

31) 정재정, 앞의 책, 1999, 97-104쪽.

2. 철도역을 점령하라: 러일전쟁의 회전들

1) 로스뚜노프 외 전사연구소 편, 김종헌 옮김, 『러일전쟁사』, 건국대학교출판부, 2004, 121쪽.

2) 로스뚜노프 외 전사연구소 편, 앞의 책, 2004, 121-125쪽.

3) История русской армии и флота(러시아 육군 및 해군사), вып. 15, М., 1913. с.42

4) 로스뚜노프 외 전사연구소 편, 앞의 책, 2004, 125-126쪽.

5) 로스뚜노프 외 전사연구소 편, 앞의 책, 2004, 134-135쪽.

6) 로스뚜노프 외 전사연구소 편, 앞의 책, 2004, 135-136쪽.

7) 로스뚜노프 외 전사연구소 편, 앞의 책, 2004, 138쪽.

8) 로스뚜노프 외 전사연구소 편, 앞의 책, 2004, 142-169쪽.

9) 강성학, 『시베리아 횡단철도와 사무라이 : 러일전쟁의 외교와 군사전략』, 고려대학교 출판부, 1999, 334-315쪽.

10) 심헌용, 『한러군사관계사』, 국방부 군사편찬연구소, 2007쪽, 192-193쪽.

11) 심헌용, 앞의 책, 2007, 193-194쪽.

12) 콘스탄틴 플레샤코프 지음, 표완수 황의방 옮김, 『짜르의 마지막 함대』, 중심, 2003.

13) 심헌용, 앞의 책, 2007, 181-186쪽.

14) 로스뚜노프 외 전사연구소 편, 앞의 책, 2004, 327-362쪽.

15) 로스뚜노프 외 전사연구소 편, 앞의 책, 2004, 362-376쪽.

16) 로스뚜노프 외 전사연구소 편, 앞의 책, 2004, 376-413쪽.

17) 강성학, 앞의 책, 1999, 405쪽.

18) 강성학, 앞의 책, 1999, 406-428쪽.

3. 대륙침략의 선봉, 남만주철도주식회사

1) 이군호, 「일본의 중국 및 만주침략과 남만주철도: 만주사변(1931) 이전까지를 중심으로」, 『평화연구』 12, 2004, 157-158쪽.

2) 최문형, 『(국제관계로 본) 러일전쟁과 일본의 한국병합』, 지식산업사, 2004, 346쪽.

3) 고바야시 히데오, 임성모 역, 『만철 : 일본제국의 싱크탱크』, 산처럼, 2004, 35쪽.

4) 이군호, 앞의 논문, 2004, 159쪽.

5) 김진우, 「산업시대 해외식민도시개발 주체의 구조적 특성에 관한 연구 : 영국 동인도회사, 일본 남만주철도주식회사를 중심으로」, 성균관대학교 건축학과 석사논문, 2011, 57쪽

6) 고바야시 히데오, 앞의 책, 2004, 62-64쪽.

7) 김진우, 앞의 논문, 2011, 56쪽.

8) 이노우에 유이치, 『동아시아 철도 국제관계사: 영일동맹의 성립과 변질 과정』, 지식산업사, 2005, 184쪽.

9) 이노우에 유이치, 앞의 책, 2005, 185-198쪽.

10) 이노우에 유이치, 앞의 책, 2005, 199-204쪽.

11) 이오누에 유이치, 앞의 책, 2005, 184쪽.

12) 고바야시 히데오, 앞의 책, 2004, 84-87쪽.

13) 이군호, 앞의 논문, 2004, 163~164쪽.

14) 정재정, 『일제침략과 한국철도(1892~1945)』, 서울대학교출판부, 1999, 113-114쪽.

15) 정재정, 앞의 책, 1999, 130-132쪽.

16) 이군호, 앞의 논문, 2004, 164~165쪽.

4. 철도선을 따라 이루어진 일제의 대륙 침략

1) Ким Сын-хва, Очерки по истории Советских Корейцев, изд. наука, Алма Ата, 1965.(정태수 편역, 『소련한족사』, 대한교과서 주식회사, 1989, 76-77쪽)

2) Б.И.Мухачев, Александр Краснощеков, Историко-биографический очерки(『알렉산드르 크라스노쇼코프, 역사적 전기』), Владивосток, 1999, с.85-90.

3) 러시아혁명 이후 내전에 대해서는 E.H. Carr, A Hitory of Soviet Russia, The Bolshevik Revolution, 1917-1923, vol.1, London, 1954, p.286-365 참조.

4) 憲兵司令部, 『西伯利出兵憲兵史』, 東京: 國書刊行會, 1976, 14-15쪽.

5) 憲兵司令部, 앞의 책, 10-12쪽.

6) 「海港 陷落」, 『독립신문』, 1920. 2. 3, 4면.

7) Воззвание(호소문), РГДВИА ф.341, оп.1, д.1, с.33.

8) Б.И.Мухачев, Там же(알렉산드르 크라스노쇼코프, 역사적 전기), с.85-90,

9) 뒤바보, 「金알렉산드라傳(續)」, 『獨立新聞』, 1920. 4. 22, 3면.

10) Б.И.Мухачев, Там же(알렉산드르 크라스노쇼코프, 역사적 전기), с.95,

11) 憲兵司令部, 앞의 책, 12쪽.

12) Н. Ильюхов, И. Самусенко, Партизанское движение во приморье(1918-1922)(연해주에서 빨치산운동), Москва, 1962, 18-19쪽.

13) 憲兵司令部, 앞의 책, 12쪽.

14) 原暉之, 『シベリア出兵, 革命と干渉 1917-1922』, 1989, 176쪽.

15) Японская интервенция 1918-1922 гг. в документах(자료로 본 일본의 간섭), Москва, 1934, с.5.

16) 憲兵司令部, 앞의 책, 48쪽.

17) Японская интервенция 1918-1922 гг. в документах(자료로 본 일본의 간섭), Москва, 1934, с.6-8.

18) 原暉之, 앞의 책, 217쪽.

19) 김준엽·김창순, 『한국공산주의운동사』 1권, 청계출판사, 1967, 93쪽.

20) 憲兵司令部, 앞의 책, 49-50쪽.

21) 김준엽·김창순, 앞의 책, 95쪽. 8월 12일 하루 동안에만도 1만 6천 명의 병력이 블라디보스토크에 상륙했다. 미국 국방장관 뉴톤 베이켈이 1919년 9월 15일 상원 국방위원회에서 행한 보고에 따르면 연해주와 시베리아 파병된 제국주의 열강의 병력은 일본군이 6만 명 이상, 미군이 9,000명, 영국군 1,500명, 이탈리아군 1,500명, 프랑스군 1,100명이었으며, 약간의 중국군, 루마니아군, 폴란드군이 있었다고 한다.

22) Японская интервенция 1918-1922 гг. в документах(자료로 본 일본의 간섭), Москва, 1934, c.8-9.

23) 憲兵司令部, 앞의 책, 51쪽.

24) 憲兵司令部, 앞의 책, 52쪽.

25) 憲兵司令部, 앞의 책, 52-53쪽.

26) 「日本의 癡夢」, 『獨立新聞』, 1919. 11. 8, 2면

27) 憲兵司令部, 앞의 책, 54쪽.

28) 고바야시 히데오, 임성모 역, 『만철 : 일본제국의 싱크탱크』, 산처럼, 2004, 97-99쪽.

29) 김지환, 「만철과 동북교통위원회」, 『중국현대사연구』 40, 2008, 110-111쪽.

30) 고바야시 히데오, 앞의 책, 2004, 88쪽.

31) 김지환, 앞의 논문, 2008, 115-122쪽.

32) 郭洪茂, 「滿鐵과 滿洲事變: 9·18事變」, 『아시아문화』 19, 2003, 59-60쪽.

33) 郭洪茂, 앞의 논문, 2003, 63-66쪽.

34) 郭洪茂, 앞의 논문, 2003, 67-70쪽.

35) 郭洪茂, 앞의 논문, 2003, 57쪽.

36) 김지환, 앞의 논문, 2008, 125쪽.

37) 이군호, 「일본의 중국 및 만주침략과 남만주철도: 만주사변(1931) 이전까지를 중심으로」, 『평화연구』 12, 2004, 169쪽.

38) 고바야시 히데오, 앞의 책, 2004, 169쪽.

39) 김영숙, 「東支鐵道 매각 문제를 둘러싼 동아시아 외교관계」, 『한국일본어문학회 학술발표대회논문집』, 2005, 445-448쪽.

40) 오카베 마키오, 『만주국 탄생과 유산』, 어문학사, 2009, 24쪽.

41) 고바야시 히데오, 앞의 책, 2004, 142-144쪽.

42) 임채성, 「滿鐵의 華北分離工作과 華北進出 : 鐵道運營을 中心으로」, 『경제사학』 40, 경제사학회, 2006, 190쪽.

43) 오카베 마치오, 앞의 책, 2009, 91쪽.

44) 邵雲瑞 李文榮 지음, 박강 옮김, 『일제의 대륙침략사』, 고려원, 1992.

45) 윤휘탁, 『중일전쟁과 중국혁명』, 일조각, 2003.

46) 임채성, 앞의 논문, 2006, 193-195쪽.

47) 임채성, 앞의 책, 2006, 197-207쪽.

48) 고바야시 히데오, 앞의 책, 2004, 152-163쪽.

5. 철도부설: 동원과 저항

1) 박천홍,『매혹의 질주, 근대의 횡단: 철도로 돌아본 근대의 풍경』, 산처럼, 2003, 47쪽.

2) 박만규,「韓末 日帝의 鐵道 敷設. 支配와 韓國人動向」,『韓國史論』 8, 1982. 252쪽.

3) 박만규, 앞의 논문, 251-253쪽.

4) 이병천,「구한말 호남철도부설운동(1904~1908)」,『경제사학』 5, 1987, 256쪽.

5) 박만규, 앞의 논문, 256쪽.

6) 주경식,「경부선 철도부설에 따른 한반도 공간조직의 변화」,『대한지리학회지』, 1994, 306쪽.

7) 정재정,『일제침략과 한국철도』, 서울대학교출판부, 1999, 250쪽.

8) 정재정, 앞의 책, 272쪽.

9) 정재정, 앞의 책, 256-257쪽.

10) 정재정, 앞의 책, 258쪽.

11) 이병천, 앞의 논문, 258쪽.

12) 정재정, 앞의 책, 261쪽.

13) 정재정, 앞의 책, 269쪽.

14) 정재정, 앞의 책, 302~303쪽.

15) 정재정, 앞의 책, 306쪽.

16) 정재정, 앞의 책, 240-242쪽.

17) 박만규, 앞의 논문, 266-267쪽.

18) 정재정, 앞의 책, 242-243쪽

19) 박만규, 앞의 논문, 277쪽.

20) 이철우,「일본의 철도부설과 한국민족주의의 저항」,『평화연구』 12권 2호, 2004, 102쪽.

21) 정재정, 앞의 책, 312쪽.

22) 정재정, 앞의 책, 303쪽.

23) 정재정, 앞의 책, 330쪽.

24) 정재정, 앞의 책, 332쪽

25) 정재정, 앞의 책, 370쪽.

26) 정재정, 앞의 책, 335쪽.

27) 정재정, 앞의 책, 370쪽.

28) 정재정, 앞의 책, 346쪽.

29) 이철우, 앞의 논문, 103쪽.

30) 이철우, 앞의 논문, 106쪽.

31) 정재정, 앞의 책, 1999, 346-347쪽.

32) 정재정, 앞의 책, 1999, 347-348쪽.

33) 이철우, 앞의 논문, 107쪽.

34) 정재정, 앞의 책, 348-349쪽.

35) 정재정, 앞의 책, 349쪽.

36) 정재정, 앞의 책, 349-350쪽.

37) 정재정, 앞의 책, 350쪽.

38) 정재정, 앞의 책, 350-351쪽.

39) 정재정, 앞의 책, 351쪽.

40) 이철우, 앞의 논문, 107쪽.

41) 이철우, 앞의 논문, 107쪽.

42) 정재정, 앞의 책, 351-352쪽.

43) 이철우, 앞의 논문, 108쪽.

44) 『한국철도 100년사』, 철도청, 1999, 123쪽.

45) 이철우, 앞의 논문, 110-111쪽.

46) 박천홍, 앞의 책, 114쪽.

6. 침략의 도구 vs 저항의 수단

1) 김문택, 『탈출기 : 광복군 김문택 수기 上』, 독립기념관 한국독립운동사연구소, 2005, 135쪽.

2) 「關機高收 第4403號ノ1 ; 高麗共産黨員 逮捕」, 1922. 4. 19, 『不逞團關係雜件-朝鮮人의 部-鮮人과 過激派』 2.

3) 「법정에 현한 공산당. 공소한 김태연 등 3명의 사실, 고려공산당의 내용은 어떤가」, 『동아일보』, 1922. 9. 22.

4) 심훈, 「동방의 애인」(『沈熏文學全集』 2권, 探求堂, 1955, 539쪽)

5) 이상 내용은 심훈, 「동방의 애인」(『沈熏文學全集』 2권, 探求堂, 1955, 539쪽)

6) 「移動警察 計劃」, 『동아일보』, 1922. 2. 1.

7) 「京義 京釜 兩線 乘客보다 警官」, 『동아일보』, 1927. 1. 12.

8) 「所持品檢查 中 乘客 金品 失踪, 移動警察班의 餘弊, 本人은 卽時 免職 處分」, 『동아일보』, 1928. 10. 25.

9) 「移動警察의 弊害, 民衆의 監視를 要함」, 『동아일보』, 1928. 9. 20.

10) 다만 너무나 원성이 자자하기 때문에 이동경찰의 검속을 조금 개선하겠다는 시늉은 하고 있다. 「存續은 하여도 方法은 改善. 승차객 원망의 푯거인 移動警察의 장래」, 『중외일보』, 1927. 10. 27

11) 「列車飛降 怪靑年은 龍岡 强盜로 判明」, 『동아일보』, 1929. 10. 28; 「南市金融組合長이 大規模 金 密輸 計劃」, 『동아일보』, 1933. 7. 5.

12) 「國境移動警察의 一年間 檢擧件數」, 『동아일보』, 1932. 12. 7.

13) 「京義線 列車中에서 參議府員 兩名 被逮」, 『동아일보』, 1928. 9. 30.

14) 「正義府員도 被捉, 이십칠일에 검사국 송치」, 『동아일보』, 1928. 9. 30.

15) 「國境 移動警察에 共産黨員 被捉」, 『동아일보』, 1933. 3. 25.

16) 「歸國中의 金若水氏 大邱에서 被捉」, 『동아일보』, 1925. 12. 16.

17) 「金洛俊 調書」, 『韓國共産主義運動史 資料篇 Ⅰ』, 18쪽.

18) 「停車場에 爆發彈. 이십사일 신의주에서 발견」, 『동아일보』, 1921. 6. 26.

19) 김문택, 앞의 책, 2005, 195-196쪽.

20) 「警察部도 特別警戒. 각 정거장과 사람 모이는 곳을」, 『중외일보』, 1926. 12. 23; 「各 港口와 停車場과 思想關係 特別警戒. 大典 兼하야 一層 嚴重」, 『동아일보』, 1934. 2. 27.

21) 「檢擧의 鐵網 停車場까지 警戒. 재작일에 열네명을 또 검거」, 『동아일보』, 1925. 4. 23.

22) 「赤書籍 가진 靑年을 引致取調」, 『조선중앙일보』, 1933. 8. 4.

23) 金台俊, 「延安行」(『김태준 전집』 3권, 보고사, 1998, 440쪽)

24) 김문택, 앞의 책, 2005, 190-192쪽.

25) 「要視察人 寫眞을 移動警察隊에 分配, 변명 출몰하는 사람이 만타고, 警察當局의 新方針」, 『동아일보』, 1928. 10. 11.

26) 김문택, 앞의 책, 2005, 137쪽.

27) 김문택, 앞의 책, 2005, 185쪽.

28) 김문택, 앞의 책, 2005, 245-246쪽.

29) 「咸鏡線 南部에 汽車轢死屍. 주소 성명 미상」, 『동아일보』, 1925. 12. 15.

30) 「移動警察 審問 避하여 進行 列車에서 跳下, 安東縣에서 廣島 가는 車票 가진 商人 비슷한 靑年」, 『조선중앙일보』, 1934. 9. 8.

31) 박태원, 『약산과 의열단』(2000년 깊은샘에서 재간행, 66-76쪽)

32) 金台俊, 「延安行」(『김태준 전집』 3권, 보고사, 1998, 447-448쪽)

33) 김사량, 「노마만리」(『김사량 선집 1, 노마만리』, 실천문학사, 2002, 60-61쪽)

34) 金台俊, 같은 책, 1998, 440-441쪽.

35) 김문택, 앞의 책, 2005, 223쪽.

36) 『이정 박헌영 전집』 9권, 149-150쪽.

37) 신의주경찰서, 「피의자 박헌영 신문조서(제2회)」, 1925. 12. 8.

38) 신의주경찰서, 「피의자 박헌영 신문조서(제2회)」, 1925. 12. 8.

39) 「金在鳳外十九人調書(Ⅲ)」, 『韓國共産主義運動史 資料篇 Ⅰ』, 615-616쪽.

40) 「第二次朝鮮共産黨事件檢擧關報告綴」, 『韓國共産主義運動史 資料篇 Ⅱ』, 135쪽.

41) 『遲耘 金錣洙』, 한국정신문화연구원 현대사연구소(편), 127쪽.

42) 『遲耘 金錣洙』, 한국정신문화연구원 현대사연구소(편), 22쪽.

43) 吉野藤藏, 「제2차 조선공산당 사건과 그 검거의 전모」(지중세 역편, 『조선 사상범 검거 실화집』, 돌베개, 1984, 49쪽)

44) Копия протокола 2 ЦК Партии Кореи, 1926. 11. 28, РГАСПИ ф.495, оп.135, д.123.

45) 『遲耘 金錣洙』, 한국정신문화연구원 현대사연구소(편), 83쪽.

46) Представитель ЦК ККП Ким-Черсу, Доклад в Востсекретариат ИККИ, 1927. 2. 10, 3쪽, РГАСПИ ф.495, оп.45, д.19.

47) 조선공산당 제2회 대회 임시의장 盧百容, 「대회보고서」, 1926. 12. 7, 3쪽, РГАСПИ ф.495, оп.135, д.123.

48) 『遲耘 金錣洙』, 한국정신문화연구원 현대사연구소(편), 22쪽.

49) 『遲耘 金錣洙』, 한국정신문화연구원 현대사연구소(편), 83쪽.

50) 박태원, 같은 책, 34-35쪽.

51) 박태원, 같은 책, 38-39쪽.

52) 「七可殺을 宣言하고 國權回復을 圖謀한 義烈團 爆事件」, 『동아일보』, 1920. 7. 30.

53) 「入獄 當年엔 紅顔少年 出獄 今日엔 軒軒壯年」, 『동아일보』, 1928. 3. 9.

54) 박태원, 같은 책, 59-76쪽.

55) 김상옥 나석주 열사 기념사업회, 『김상옥 나석주 항일실록』, 91-114쪽.

56) 박태원, 같은 책, 184-187쪽.

57) 앞에서 언급했듯이 만주의 정의부와 참의부도 계속해서 국내로 조직원을 파견하였다.

58) 이에 대해서는 임경석, 「잡지 〈꼼뮤니스트〉와 국제선 공산주의그룹」, 『한국사연구』 126, 2004. 참조.

59) 「共黨再建事件 金某도 被捉. 金炳善과 同一한 系統」, 『동아일보』, 1933. 7. 21.

60) 「國際共産黨事件 取調 半歲만에 송국」, 『동아일보』, 1934. 1. 17.

61) 「新義州 移動警察 重大犯人 檢擧」, 『동아일보』, 1934. 9. 12.

7. 점과 선을 면으로 압박하라: 철도를 둘러싼 민족해방투쟁

1) 「일본 로동쟈의 활동」, 「로동운동쟈가 붓잡히어」, 「얻은 것이 일흔 턱도 못되」, 『로동쟈』, 1922. 7. 15, 2면. 이상의 기사들은 블라디보스토크에서 원동직업의회고려부가 발행한 잡지 『로동쟈』 1922년 7월 15일자에 실린 일본에서의 반전운동에 대한 것이다. 이에 따르면 일본이 시베리아에 출병한 이후 쏟아 부은 돈이 6억만 엔에 달한다고 했다.

2) 鹿島守之助, 『日本外交の史的考察』, 49쪽.(金敬泰, 「1925年의 蘇日協約과 소련의 朝鮮政策」, 『韓國史學』 13, 1993, 194쪽에서 재인용)

3) Ким Сын-хва, Очерки по истории Советских Корейцев, изд. наука, Алма Ата, 1965.(정태수 편역, 『소련한족사』, 대한교과서 주식회사, 1989, 124쪽.)

4) 「대련회의의 결렬. 일본정부는 서로 책망」, 『로동자』, 1922. 6. 15, 2면.

5) 위와 같음.

6) Ким Сын-хва, 『Очерки по истории Советских Корейцев』, изд. наука, Алма Ата, 1965. (정태수 편역, 같은 책, 1989, 125쪽)

7) 위의 책, 125쪽

8) 「강우건 유고」, 앞의 책, 112쪽.

9) 강상진, 「군비단약사」(1967. 3. 29), 앞의 책, 250쪽.

10) 「강우건 유고」, 앞의 책, 112쪽.

11) 「강우건 유고」, 앞의 책, 113-114쪽.

12) 강상진, 「군비단약사」(1967. 3. 29), 앞의 책, 256쪽.

13) Цой-Хорим, Там же(최호림, 「내전 시기 극동주에서 한인빨치산운동」), c.165.

14) 이만전투에 대한 기록이 남아 있는 자료는 다음과 같다. Ким Сын-хва, 앞의 책, 126-127쪽); 십월혁명십주년 원동긔념준비위원회 편찬, 『십월혁명십주년과 쏘베트고려민족』, 해삼위도서주식회사, 1927, 70-75쪽; Боевой путь отряда Херсендана воспоминания участника гражданской войны на Дальнем Востоке Пак Чен Лима(「극동내전 참가자 박청림이 회고한 혈성단부대의 전투행로」),(В.Д. Ким, Туманган пограчная река(국경의 강 두만강), Изд. Узбекистон, 1994), c.33-34; 김규면, 「이만전쟁」,

『韓國獨立運動史資料集 - 洪範圖편』, 정신문화연구원, 181-188쪽; 홍파, 「군비단」, 『韓國獨立運動史資料集 - 洪範圖篇』, 111-112쪽; Цой-Хорим, Там же(최호림, 「내전 시기 극동주에서 한인빨치산운동」), c.162-165; 「강우건 유고」, 앞의 책, 1995, 115-121쪽; 강상진, 「군비단약사」(1967. 3. 29), 같은 책, 252-257쪽; 김하경, 「이만빨치산 김하경 회상기」, 『이인섭 친필 노트』 6권, 22-26쪽; 리종학, 「이만전투」, 『이인섭 친필 노트』 9권, 146-151쪽; 최계립, 「이만빨찌산대, 최계립 동지 회상기 1958. 7. 16」, 『이인섭 친필 노트』 9권, 173-184쪽; 김원, 「이만戰役에서 戰死한 韓雲用씨의 略史」, 『이인섭 친필 노트』 9권, 154-155쪽; Ким Сын Бин, Очерк партизанского движения Корейцев на Дальнем Востоке(1918-1922)(김승빈, 『극동 한인빨치산운동 개관』), 1981, c.24-26.

15) 「강우건 유고」, 앞의 책, 80쪽.

16) 위의 책, 82쪽.

17) 강상진, 「군비단약사」(1967. 3. 29), 앞의 책, 256-257쪽.

18) 김규면, 「이만전쟁」, 『韓國獨立運動史資料集 - 洪範圖편』, 182쪽.

19) 위의 책, 186쪽. 강표도르와 박훙은 다른 전사자들과 함께 합장되지 않고 강표도르 부모의 소원에 의해 합장묘 앞에 각각 독장되었으며, 부모에 의해 비석도 세워졌다. 강상진, 「군비단약사」(1967. 3. 29), 앞의 책, 278쪽.

20) 「浦潮 第374號, 白軍占領前後イマン方面鮮人ノ情況ニ關スル件」, 1922. 1. 4, 『在西比利亞部』 13권, 27항.

21) 「公信 第73號, イマン不逞鮮人ニ關スル件」, 1921. 12. 17, 『在西比利亞部』 13권, 31항.

22) 위의 자료.

23) Б.Д.Пак, Там же(보리스 박, 「내전, 외국 열강 간섭, 독립운동 그리고 한인」), ст.174. (『러시아에서의 140년간』, 시대정신, 2004, 210쪽) 이것은 마뜨베이 찌모피예비치의 김의 연구에 근거를 두고 있는 것으로 보인다. 마뜨베이 김은 자신의 저서에서 다음과 같이 기록했다. "그러나 1921년 말 일본장군 다나까는 공공연하게 몰차노프 백위군 장군의 특수부대가 중립지역을 통과하게 도와주었다. 백군 복장으로 변장한 일본인 부대는 백군과 함께 소비에트 영토로 이동했다. 그들의 계획은 대단히 명백했다. 일거에 하바롭스크를 점령하고 아무르 주변지역에 접근하려는 것이었다."Матвей Ким, Корейские интернационалисты в ворьбе за власть советов на Дальнем Востоке (1918-1922), изд. наука, Москва, 1979.(마뜨베이 찌모피예비치 김 지음, 이준형 옮김, 『일제하 극동시베리아의 한인 사회주의자들』, 역사비평사, 1990, 166-167쪽)

24) 심지어 김승빈은 "1921년 12월 4일 이만전투에는 단지 한운용 중대와 백군만 참가했다. 일본군은 참가하지 않았다. 일본 간섭군은 단지 백위군들이 극동공화국을 공격하는 것을 자극하고 그들을 도왔다. 그러나 그들은 백위군들이 극동공화국을 공격하는 것에는 참가하지 않고 주둔하던 곳에 머물렀다."이라고 하여 이만전투가 백군과 한운용 중대 사이에만 벌어졌음을 명확히 하고 있다. Ким Сын Бин, Там же(김승빈, 『극동 한인빨치산운동 개관』), c.26

25) 「浦潮 第374號, 白軍占領前後イマン方面鮮人ノ情況二關スル件」, 1922. 1. 4, 『在西比利亞部』13권, 27항.

26) 「公信 第73號, イマン不逞鮮人二關スル件」, 1921. 12. 17, 『在西比利亞部』13권, 31항.

27) 「浦潮 第372號, 白軍二抵抗スルイマン鮮人軍隊二關スル件」, 1922. 12. 29, 『在西比利亞部』13권, 29항.

28) 십월혁명십주년 원동긔념준비위원회 편찬, 『십월혁명십주년과 쏘베트고려민족』, 해삼위도서주식회사, 1927, 77쪽. "이르보! 뻬료드!"는 "앞으로!"라는 러시아어 뻬료드(Пере д) 앞에 한국어 "이르보(여보)"를 붙인 말이다. 돌격할 때 쓰여진 구령이라고 생각된다.

29) 강우건은 당시 우수리강에 연안에 자리잡고 있던 박일리야의 부대 70명도 비낀으로 왔다고 회상하고 있다.(「강우건 유고」, 앞의 책, 66쪽) 자유시사변 당시 탈출했던 소수의 부대원만을 데리고 탈출했던 박일리야는 이후 대한의용군과 함께 움직였다.

30) 최계립, 「이만빨찌산대 최계립 동지 회상기 1958. 7. 16」, 『이인섭 친필 노트』 9권, 173-184쪽.

31) 金弘壹, 앞의 책, 145-147쪽.

32) 「강우건 유고」, 앞의 책, 67-68쪽.

33) 최계립, 「이만빨찌산대 최계립 동지 회상기 1958. 7. 16」, 『이인섭 친필 노트』 9권, 173-184쪽; 金弘壹, 앞의 책, 149-150쪽.

34) 박노순, 「쏘련원동에서 1918년 1921년까지 국민전쟁에 참가한 朴魯順 회상긔」, 『이인섭 친필 노트』10권, 84-91쪽.

35) Ким Сын-хва, Там же, с.128.

36) 김하경, 「이만빨치산 김하경 회상긔」, 『이인섭 친필 노트』6권, 22-26쪽. 이 전투에서 김하경은 두 손가락을 잃고 병원으로 후송되었다고 한다.

37) 「강우건 유고」, 앞의 책, 70-71쪽.

38) Ким Сын Бин, Там же(김승빈, 『극동 한인빨치산운동 개관』), с.28.

39) Ким Сын-хва, Там же, с.130-131.

40) 강상진은 볼로차예프카 전투에서 "아군측 전망자는 482명, 중경상자 48명이였고 백군은 사망자 2000여 명"이라고 했다.(「강우건 유고」, 앞의 책, 70-71쪽) 이인섭은 전투 후 인에서 볼로차예프카, 블라지미로프까까지 전쟁터를 청소하는데 "얼마나 사상자가 많안던지 500여 명 되는 부대들이 24일간 소제하게 되엿"다고 회상했다.(이인섭, 「망명자의 수기: 모스크바에서 해삼까지」, 『이인섭 친필 노트』 15권)

41) Ким Сын Бин, Там же(김승빈, 『극동 한인빨치산운동 개관』), с.29.

42) 「강우건 유고」, 앞의 책, 72-73쪽.

43) 김하경, 「이만빨치산 김하경 회상긔」, 『이인섭 친필 노트』6권, 22-26쪽; 이종학, 「이만전투」, 『이인섭 친필 노트』9권, 146-151쪽.

44) 최계립, 「이만빨찌산대 최계립 동지 회상기 1958. 7. 16」, 『이인섭 친필 노트』 9권, 173-184쪽

8. 철도연선을 넘나드는 독립운동가들

1) '지원'이 사실상 강제동원이었다는 사실은 당시 학병에 지원했던 많은 이들의 회고에서 동일하게 나타난다. 당시 경성고등상업학교 재학 중이던 손종영은 군대에서 학교에 파견한 배속장교가 일본도를 들고 지원서를 받는 장면을 증명하고 있다. 손종영, 『학병』, 북코리아, 2008. 60-66쪽.

2) 1·20동지회는 당시 특별지원병제도로 입대한 학병의 수를 4,385명으로 추정하고 있다. 1·20同志會 刊, 『1·20學兵史記 第一卷』, 三進出版社, 1987, 305-306쪽. 하지만 이 역시 정확한 숫자는 아니다.

3) 樋口雄一, 『戰時下朝鮮の民衆と徵兵』, 總和社, 2001, 120쪽.

4) 김예림, 「치안, 범법, 탈주 그리고 이 모든 사태의 전후(前後)」, 『대중서사연구』 제24호, 2010, 58쪽.

5) 김준엽, 앞의 책, 68쪽.

6) 정철수 지음, 홍순석 엮음, 『나의 청춘 한 학도병이 걸어온 길』, 채륜, 2013, 41쪽.

7) 정철수, 앞의 책, 2013, 40-42쪽.

8) 이인성, 「輸送列車中의 亂鬪記」, 『1·20學兵史記 第一卷』, 三進出版社, 1987, 305-306쪽.

9) 노현섭, 「나의 强壓的 志願手記」, 『1·20學兵史記 第一卷』, 三進出版社, 1987, 124쪽.

10) 유재영, 『日本學兵 脫出手記 七人의 脫出』, 삼화출판사, 1984, 42쪽.

11) 유재영, 위의 책, 47쪽.

12) 1·20同志會 刊, 『1·20學兵史記 第一卷』, 三進出版社, 1987, 317쪽.

13) 정철수는 산동성 제남에서 복무하다 탈출하여 팔로군 지대로 이동하였다. 화중지방에서 복무하던 신상초의 경우 부대를 탈출하여 만난 이들이 신사군이었기 때문에 이후 조선의용군으로 편입되었다.

14) 김준엽, 앞의 책, 229-232쪽.

15) 장준하, 『돌베개』, 세계사, 1992, 123-129쪽.

16) 김준엽, 앞의 책, 320-323쪽.

17) 김문택은 자신의 장대한 탈출과정을 기록으로 남겼다. 『탈출기: 광복군 김문택 수기 上』, 독립기념관 한국독립운동사연구소, 2005.

18) 김문택이 탈출과정에서 철도와 기차를 이용했던 방법에 대해서는 윤상원, 「저항의 도구: 식민지 민족해방운동과 철도」, 『역사교육』 제129집, 2014, 197-225쪽 참조.

19) 광복군 제3지대의 활동에 대해서는 김문택,『광복군: 광복군 김문택 수기 下』, 독립기념관 한국독립운동사연구소, 2005 참조.

20)『독립운동사 제6권: 독립군전투사(하)』, 독립운동사편찬위원회, 1975, 436-437쪽.

9. 철도를 이용하라 vs 파괴하라: 달라진 전쟁의 양상

1) 철도청,『한국철도100년사』, 1999, 518-519쪽.

2) 철도청, 앞의 책, 1999, 511쪽.

3) KORAIL,『철도창설 제111주년 기념 철도주요연표』, 2010, 516-519쪽.

4) 철도청, 앞의 책, 1999, 511쪽.

5) 임채성,「미군정하 신국가건설과 한국철도의 재편」,『경제사학』제36호, 2004, 69쪽.

6) 임채성, 앞의 논문, 2004, 152쪽.

7)『동아일보』, 1946년 11월 15일.

8) 임채성, 앞의 논문, 2004, 152쪽.

9) 철도청, 앞의 책, 1999, 512쪽.

10) 철도청, 앞의 책, 1999, 512-513쪽.

11) 박종철,「남북한 철도의 단절과 사회문화적 변화: 해방부터 한국전쟁 기간을 중심으로」,『평화연구』제14권 1호, 2006, 18-19쪽.

12) 철도청, 앞의 책, 1999, 516-517쪽.

13) 박종철, 앞의 논문, 2006, 30쪽.

14) 철도청, 앞의 책, 1999, 525쪽.

15) 철도청, 앞의 책, 1999, 525-533쪽.

16) 임채성, 앞의 책, 2004, 153쪽.

17) 임채성, 앞의 책, 2004, 153쪽.

18)『조선일보』1947. 5. 24.

19) 박종철, 앞의 논문, 2006, 21쪽.

20)『조선일보』, 1959. 4. 18.

21) 이태욱,『북한의 경제』, 을유문화사, 1999, 134쪽.

22)『동아일보』1946. 11. 16.

23) 박종철, 앞의 논문, 2006, 23-25쪽.

24)『서울신문』1946. 1. 2.

25) 신복룡, 『한국분단사연구』, 2003, 330쪽.

26) 『조선일보』 1946. 1. 20.

27) 신복룡, 앞의 책, 2003, 331쪽.

28) 『조선일보』, 1946. 5. 24.

29) 박종철, 앞의 논문, 2006, 28쪽.

30) 이수석, 「남북한 철도와 군사적 가치: 대결의 수단에서 협력의 수단으로」, 『평화연구』 제14권 1호, 2006, 52-54쪽.

31) 이수석, 앞의 논문, 2006, 55-56쪽.

32) 김철범, 『한국전쟁을 보는 시각』, 을유문화사, 1990, 128쪽.

33) 조선일보 편, 『6.25 우리들의 이야기』, 조선일보사, 2001, 163쪽.

34) 이수석, 앞의 논문, 2006, 59-60쪽.

35) 하기와라 료 지음, 최태순 옮김, 『한국전쟁: 김일성과 스탈린의 음모』, 한국논단, 1995, 279-280쪽.

36) 김동춘, 『전쟁과 사회: 우리에게 한국전쟁은 무엇이었나?』, 돌베개, 2000, 90-91쪽.

37) 김동춘, 앞의 책, 2000, 92쪽.

38) 〈금강철교 폭파사건〉 (디지털공주문화대전), 공주시.

10. 피난: 철도와 고달픈 한국인의 삶

1) 김동춘, 『전쟁과 사회: 우리에게 한국전쟁은 무엇이었나?』, 돌베개, 2000, 65쪽.

2) 박종철, 「남북한 철도의 단절과 사회문화적 변화: 해방부터 한국전쟁 기간을 중심으로」, 『평화연구』 제14권 1호, 2006, 36-37쪽.

3) 조선일보 편, 『6.25 우리들의 이야기』, 조선일보사, 2001, 56쪽.

4) 조선일보 편, 앞의 책, 2001, 95-96쪽.

5) 조선일보 편, 앞의 책, 2001, 163쪽.

6) 조선일보 편, 앞의 책, 2001, 166-167쪽.

7) 박종철, 앞의 논문, 39쪽.

8) 마틴 러스 저, 임상균 역, 『브레이크 아웃: 1950 겨울, 장진호 전투』, 나남출판, 2006

9) 빌 길버트 저, 안재철 역, 『마리너스의 기적의 배』, 자운각, 2004.

10) 김동춘, 앞의 책, 2000, 97-108쪽.

11) 김귀옥, 『월남민의 생활 경험과 정체성: 밑으로부터의 월남민 연구』, 서울대학교출판부, 1999, 248쪽.

12) 김태우,『폭격: 미공군의 공중폭격 기록으로 읽는 한국전쟁』, 창비, 2013, 324-326쪽.

13) 정구도,『노근리 사건의 진상과 교훈』, 두남, 2003.

11. 파괴와 복구의 반복

1) 김태우,『폭격: 미공군의 공중폭격 기록으로 읽는 한국전쟁』, 창비, 2013, 104-105쪽.

2) 김태우, 앞의 책, 2013, 108-116쪽.

3) 김태우, 앞의 책, 2013, 120-127쪽.

4) 김태우, 앞의 책, 2013, 133-138쪽.

5) 김태우, 앞의 책, 2013, 239-242쪽.

6) 손정목,「서울만들기 2: 잿더미 서울」,『중앙일보』 2003. 9. 2.

7) 김태우, 앞의 책, 2013, 243-249쪽.

8) 김태우, 앞의 책, 2013, 249-262쪽.

9) 김태우, 앞의 책, 2013, 337-343쪽.

10) 철도청,『한국철도100년사』, 1999, 534쪽.

11) 철도청, 앞의 책, 1999, 535-536쪽.

12) 철도청, 앞의 책, 1999, 536-537쪽.

13) 철도청, 앞의 책, 1999, 537-540쪽.

14) 철도청, 앞의 책, 1999, 540-541쪽.

15) 철도청, 앞의 책, 1999, 541-546쪽.

16) 김태우, 앞의 책, 2013, 344쪽에서 재인용.

17) 김태우, 앞의 책, 2013, 346쪽에서 재인용.

18) 김태우, 앞의 책, 2013, 343-347쪽.

19) 철도청, 앞의 책, 1999, 547-554쪽.

1. 단행본

십월혁명십주년 원동긔념준비위원회 편찬, 『십월혁명십주년과 쏘베트고려민족』, 해삼위
　　　도서주식회사, 1927.

김준엽·김창순, 『한국공산주의운동사』 1권, 청계출판사, 1967.

金弘壹, 『大陸의 憤怒 - 老兵의 回想記』, 文潮社, 1972.

『독립운동사 제6권: 독립군전투사(하)』, 독립운동사편찬위원회, 1975.

김준엽·김창순 편, 『韓國共産主義運動史 資料篇 Ⅰ,Ⅱ』. 고려대학교출판부, 1979.

지중세 역편, 『조선 사상범 검거실화집』, 돌베개, 1984.

유재영, 『日本學兵 脫出手記 七人의 脫出』, 삼화출판사, 1984.

1·20同志會 刊, 『1·20學兵史記 第一卷』, 三進出版社, 1987.

김철범, 『한국전쟁을 보는 시각』, 을유문화사, 1990.

장준하, 『돌베개』, 세계사, 1992.

邵雲瑞 李文榮 지음, 박강 옮김, 『일제의 대륙침략사』, 고려원, 1992.

『韓國獨立運動史資料集 - 洪範圖편』, 한국정신문화연구원, 1995.

金台俊, 「延安行」(『김태준 전집』 3권, 보고사, 1998)

『遲耘 金錣洙』, 한국정신문화연구원 현대사연구소(편), 1999.

철도청, 『한국철도100년사』, 1999.

이태욱, 『북한의 경제』, 을유문화사, 1999.

볼프강 쉬벨부쉬, 박진희 옮김, 『철도여행의 역사』, 궁리, 1999.

정재정, 『일제침략과 한국철도(1892~1945)』, 서울대학교출판부, 1999.

강성학, 『시베리아 횡단철도와 사무라이: 러일전쟁의 외교와 군사전략』, 고려대학교출판부, 1999.

김귀옥, 『월남민의 생활 경험과 정체성: 밑으로부터의 월남민 연구』, 서울대학교출판부, 1999.

박태원, 『약산과 의열단』(2000년 깊은샘에서 재간행)

김동춘, 『전쟁과 사회: 우리에게 한국전쟁은 무엇이었나?』, 돌베개, 2000.

이현희, 『한국철도사』 제1권, 한국학술정보, 2001.

조선일보 편, 『6.25 우리들의 이야기』, 조선일보사, 2001.

김사량, 『김사량 선집 1, 노마만리』, 실천문학사, 2002.

A. 말로제모프 지음, 석화정 옮김, 『러시아의 동아시아 정책』, 지식산업사, 2002.

콘스탄틴 플레샤코프 지음, 표완수 황의방 옮김, 『짜르의 마지막 함대』, 중심, 2003.

윤휘탁, 『중일전쟁과 중국혁명』, 일조각, 2003.

박천홍, 『매혹의 질주, 근대의 횡단: 철도로 돌아본 근대의 풍경』, 산처럼, 2003.

신복룡, 『한국분단사연구』, 2003.

정구도, 『노근리 사건의 진상과 교훈』, 두남, 2003.

로스뚜노프 외 전사연구소 편, 김종헌 옮김, 『러일전쟁사』, 건국대학교출판부, 2004.

최문형, 『(국제관계로 본) 러일전쟁과 일본의 한국병합』, 지식산업사, 2004.

고바야시 히데오, 임성모 역, 『만철: 일본제국의 싱크탱크』, 산처럼, 2004.

빌 길버트 저, 안재철 역, 『마리너스의 기적의 배』, 자운각, 2004.

김경일 외, 『동아시아의 민족이산과 도시: 20세기 전반 만주의 조선인』, 역사비평사, 2004.

이노우에 유이치 지음, 석화정 박양신 옮김, 『동아시아 철도 국제관계사: 영일동맹의 성립과 변질 과정』, 지식산업사, 2005.

『탈출기: 광복군 김문택 수기 上』, 독립기념관 한국독립운동사연구소, 2005.

마틴 러스 저, 임상균 역, 『브레이크 아웃: 1950 겨울, 장진호 전투』, 나남출판, 2006.

심헌용, 『한러군사관계사』, 국방부 군사편찬연구소, 2007.

조진구 편, 『동아시아 철도네트워크의 역사와 정치경제학 Ⅰ, Ⅱ』, 리북, 2008.

김주용, 『일제의 간도 경제침략과 한인사회』, 선인, 2008

손종영, 『학병』, 북코리아, 2008.

오카베 마키오, 『만주국 탄생과 유산』, 어문학사, 2009.

이철우, 『한반도 철도와 철의 싱크로드의 정치경제학』, 한국학술정보, 2009.

KORAIL,『철도창설 제111주년 기념 철도주요연표』, 2010.

허우긍,『일제강점기의 철도수송』, 서울대학교출판부, 2010.

이수광,『경부선 눈물과 한의 철도 이야기』, 효형출판, 2010.

이용상 외,『한국철도의 역사와 발전 I』, 북갤러리, 2011.

조병로 외,『조선총독부의 교통정책과 도로건설』, 2011.

성주현,『시선의 탄생: 식민지 조선의 근대관광』, 선인, 2011.

임채성,『중일전쟁과 화북교통』, 일조각, 2012.

이용상 외,『한국철도의 역사와 발전 II』, 북갤러리, 2013.

김태우,『폭격: 미공군의 공중폭격 기록으로 읽는 한국전쟁』, 창비, 2013.

정철수 지음, 홍순석 엮음,『나의 청춘 한 학도병이 걸어온 길』, 채륜, 2013.

김지환,『철도로 보는 중국역사』, 학고방, 2014

이용상 외,『한국철도의 역사와 발전 III』, 북갤러리, 2015.

Японская интервенция 1918-1922 гг. в документах(자료로 본 일본의 간섭), Москва, 1934.

E.H. Carr, A Hitory of Soviet Russia, The Bolshevik Revolution, 1917-1923, vol.1, London, 1954.

Н. Ильюхов, И. Самусенко, Партизанское движение во приморье(1918-1922)(연해주에서 빨치산운동), Москва, 1962.

Ким Сын-хва, Очерки по истории Советских Корейцев, изд. наука, Алма Ата, 1965(정태수 편역,『소련한족사』, 대한교과서 주식회사, 1989).

Матвей Ким, Корейские интернационалисты в ворьбе за власть советов на Дальнем Востоке (1918-1922), изд. наука, Москва, 1979(마뜨베이 찌모피예비치 김 지음, 이준형 옮김,『일제하 극동시베리아의 한인 사회주의자들』, 역사비평사, 1990).

Ким Сын Бин, Очерк партизанского движения Корейцев на Дальнем Востоке (1918-1922)(김승빈,『극동 한인빨치산운동 개관』), 1981.

Б.И.Мухачев, Александр Краснощеков, Историко-биографичсский очерки(『알렉산드르 크라스노쇼코프, 역사적 전기』), Владивосток, 1999.

憲兵司令部,『西伯利出兵憲兵史』, 東京:國書刊行會, 1976.

原暉之,『シベリア出兵, 革命と干涉 1917-1922』, 1989.

樋口雄一,『戰時下朝鮮の民衆と徵兵』, 總和社, 2001.

林采成,『戰時經濟鐵と道運營:「植民地」朝鮮から「分斷」韓國への歷史的經路を探る』, 東京大學出版會, 2005.

高成鳳, 『植民地の鐵道』, 日本經濟評論社, 2006.

国分隼人, 『將軍樣の鐵道: 北朝鮮鐵道事情』, 新潮社, 2007.

2. 연구논문

郭洪茂, 「滿鐵과 滿洲事變 - 9·18事變」, 『아시아문화』 19, 2003.

김경림, 「日帝下 朝鮮鐵道 12年計劃線에 關한 研究」, 『경제사학』 12, 1988.

김경태, 「1925年의 蘇日協約과 소련의 朝鮮政策」, 『韓國史學』 13, 1993.

김양식, 「충북선 부설의 지역사적 성격」, 『한국근현대사연구』 33, 2005.

김영수, 「삼국간섭 전후 러시아의 부상과 일본의 대응」, 『동북아시아의 갈등과 대립: 청일
　　　전쟁에서 한국전쟁까지』, 동북아역사재단, 2008.

김영숙, 「東支鐵道 매각 문제를 둘러싼 동아시아 외교관계」, 『한국일본어문학회 학술발표
　　　대회논문집』, 2005.

김예림, 「치안, 범법, 탈주 그리고 이 모든 사태의 전후(前後)」, 『대중서사연구』 제24호, 2010.

김원수, 「日本의 京義鐵道 敷設權 획득기도와 龍岩浦事件: 러일 개전과 관련하여」, 『韓日
　　　關係史研究』 9, 1998.

김재완·이기봉, 「구한말-일제강점기 한강 중류지역에 있어서 교통기관의 발달에 따른 유
　　　통구조의 변화」, 『한국지역지리학회지』 6-3, 2000.

김지환, 「만철과 동북교통위원회」, 『중국현대사연구』 40, 2008.

김진우, 「산업시대 해외식민도시개발 주체의 구조적 특성에 관한 연구: 영국 동인도회사,
　　　일본 남만주철도주식회사를 중심으로」, 성균관대학교 건축학과 석사논문, 2011.

김철준, 「韓末 日帝의 鐵道敷設에 대하여 -敷地收用과 役夫動員을 중심으로-」, 서울대학교
　　　국사학과 석사학위 논문, 1982.

김희중, 「일제지배하의 호남선 철도에 관한 고찰」, 『호남대학교 논문집』 23, 2002.

나희승, 「단계별 남북·대륙철도 구축방안과 한·러 철도협력」 『한국시베리아연구』 제13집
　　　제1호, 2009;

노기영, 「日帝末 釜山 赤崎灣 埋立과 臨港鐵道 建設事業」, 『港都釜山』 22,, 2006.

도도로키 히로시, 「수려선 철도의 성격변화에 관한 연구」, 『지리학논총』 37, 2001.

박만규, 「韓末 日帝의 鐵道 敷設. 支配와 韓國人動向」, 『韓國史論』 8, 1982.

박장배, 「만철 조사부의 확장과 조사 내용의 변화」, 『중국근현대사연구』 43, 2009.

박종철, 「남북한 철도의 단절과 사회문화적 변화: 해방부터 한국전쟁 기간을 중심으로 」,
　　　『평화연구』 제14권 1호, 2006.

윤상원, 「저항의 도구: 식민지 민족해방운동과 철도」, 『역사교육』 제129집, 2014.

이군호, 「일본의 중국 및 만주침략과 남만주철도: 만주사변(1931) 이전까지를 중심으로」, 『평화연구』 12, 2004.

이기훈, 「일제하 전라남도의 육상교통망 형성과 일상의 변화」, 『지방사와 지방문화』 13-2, 2010.

이병천, 「舊韓末 湖南鐵道敷設運動(1904~08)에 대하여」, 『經濟史學』 5, 1981.

이병천, 「구한말 호남철도부설운동(1904~1908)」, 『경제사학』 5, 1987.

이수석, 「남북한 철도 연결사업과 주변 관리국가들의 이해」, 『평화학연구』 제9권 2호, 2008.

이수석, 「남북한 철도와 군사적 가치: 대결의 수단에서 협력의 수단으로」, 『평화연구』 제14권 1호, 2006.

이영민, 「경인선 철도와 인천의 문화지리적 변화」, 『인천학연구』 4, 2005,

이창식, 「日帝下의 水驪・水仁線의 鐵道考」, 『畿甸文化』 3, 1987.

이창훈, 「경의선 철도의 정치외교사적 의미」, 『한국정치외교사논총』 22, 2001.

이철우, 「일본의 철도부설과 한국민족주의의 저항」, 『평화연구』 12권 2호, 2004.

이현희, 「19世紀末 日帝의 韓國鐵道 敷設權 爭取問題-淸日侵略戰爭 前後의 鐵道敷設權 問題-」, 『建大史學』, 1973.

임경석, 「잡지 〈꼼뮤니스트〉와 국제선 공산주의그룹」, 『한국사연구』 126, 2004.

임성진, 「동북아 철도네트워크의 지정학적 의미: 러일전쟁 전후와 탈냉전 이후 시기의 비교 고찰」, 인하대학교 정치학과 석사논문, 2008.

임채성, 「미군정하 신국가건설과 한국철도의 재편」, 『경제사학』 제36호, 2004.

임채성, 「한국철도와 산업부흥5개년계획」, 『경영사학』 제19호 1집, 2004.

임채성, 「滿鐵의 華北分離工作과 華北進出: 鐵道運營을 中心으로」, 『경제사학』 40,2006.

임채성, 「쌀과 철도 그리고 식민지화-식민지조선의 철도운영과 미곡경제」, 『쌀・삶・문명 연구』, 2008.

임채성, 「근대 철도 인프라스트럭처의 운영과 그 특징- 한일비교의 시점에서」, 『경영사학』 제25집 제1호, 2010.

전경선, 「中國 東北에서의 滿鐵의 정보선전활동(情報宣傳活動)」, 『中國史硏究』 69, 2010.

전성현, 「일제하 東海南部線 건설과 지역 동향」, 『한국근현대사연구』 48, 2009.

전성현, 「일제시기 동래선건설과 근대 식민도시 부산의 형성」, 『지방사와 지방문화』 12-2, 2009.

전성현, 「일제하 조선상업회의소의 철도부설운동(1910~1923)」, 『석당논총』 40, 2008.

정재정, 「京釜鐵道의 敷設에 나타난 日帝의 韓國侵略定策의 性格」, 『韓國史硏究』 44, 1984.

정재정, 「京義鐵道의 敷設과 日本의 韓國縱貫鐵道 支配政策」, 『韓國放送通信大學 論文集』 3, 1984.

정재정, 「역사적 관점에서 본 남북한 철도연결의 국제적 성격」, 『東方學志』 129, 2005.

정재정, 「조선총독부철도국장 大村卓一과 朝滿鐵道連結政策」, 『역사교육』 104, 2007.

조기준, 「韓國 鐵道業의 先驅者 朴琪淙」, 『韓國企業家史』, 博英社, 1973.

조성면, 「철도와 문학: 경인선 철도를 통해서 본 한국의 근대문학」, 『인천학연구』 4, 2005.

조영대, 「대한제국기 박기종의 철도부설사업 추진과 그 의의」, 동국대학교 교육대학원 역사교육 석사학위논문, 2004.

주경식, 「京釜線 鐵道建設에 따른 韓半島 空間組織의 變化」, 『대한지리학회지』 29-3, 1994.

진수찬, 「京東鐵道(水驪 · 水仁線)의 부설과 변천」, 『인하사학』 10, 2003.

진시원, 「동북아시아 철도건설과 지역국가관계의 변화: 19세기 후반과 20세기 초반 제국주의시기를 중심으로」, 『평화연구』 12, 2004.

최덕규, 「비테의 대한정책과 한러은행」, 『슬라브학보』 제14권 2호, 1999.

최덕규, 「러시아의 대만주정책과 동청철도 (1894-1904)」, 『만주연구』 1, 2004.

최덕규, 「제국주의 열강의 만주정책과 간도협약(1905-1910)」, 『역사문화연구』 31, 2008.

최현식, 「철도창가와 문명의 향방-그 계몽성과 심미성 교육의 한 관점-」, 『민족문학사연구』 43, 2010.

坂本悠一, 「植民地期 朝鮮鐵道에 있어서 軍事輸送 - 시베리아 출병, 만주사변과 부산을 중심으로」, 『한국민족문화』 28, 2006.

한만수, 「식민지 시기 근대기술(철도, 통신)과 인쇄물 검열」, 『한국문학연구』 32, 2007.

홍웅호, 「철도부설권과 러시아의 동아시아정책」, 『사림』 35호, 2010.